VOLTAIRE

CANDIDUS
ZADIG · TREUHERZ

Aus dem Französischen übersetzt von Albert Baur
Nachwort von Ernst Merian-Genast
Illustriert von Hanny Fries

MANESSE VERLAG
ZÜRICH

CIP-Kurztitelaufnahme der Deutschen Bibliothek

Voltaire:
Candidus. Zadig [u.a.] / Voltaire
Übers. von Albert Baur. Nachw. von Ernst Merian-Genast
3. Aufl., 13.–15. Tsd.
Zürich: Manesse Verlag, 1984
(Manesse Bibliothek der Weltliteratur)
Einheitssacht.: Candide ou l'optimisme ⟨dt.⟩
Einheitssacht. d. beigef. Werkes: Zadic ou la destinée ⟨dt.⟩
ISBN 3-7175-1670-1 Gewebe
ISBN 3-7175-1671-X Ldr.

NE: Voltaire: [Sammlung ⟨dt.⟩]; Baur, Albert [Übers.]

Copyright © 1956 by Manesse Verlag, Zürich
Alle Rechte vorbehalten

Inhalt

ZADIG 9

CANDIDUS 127

TREUHERZ 279

Voltaire als Erzähler 391

ZADIG ODER DAS SCHICKSAL

Ein Märchen aus dem Morgenland

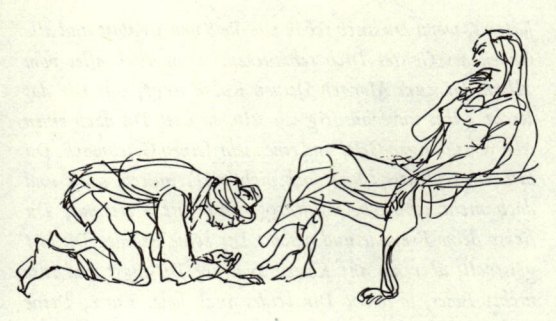

WIDMUNGSEPISTEL VON SADI
AN DIE SULTANIN VON SHERAHA

*Am 10. Tag des Monats Schawal
im Jahr 837 der Hedschra*

Du Zauber aller Augäpfel, Du Qual aller Herzen, Du Leuchte der Geister, ich will nicht den Staub Deiner Füße küssen; denn niemals gehst Du, oder Du gehst nur auf Rosen. Hier bring' ich Dir das Buch eines alten Weisen dar, das ich mich erkühnt habe nachzudichten. Der lebte einmal in dem Glück, sich ledig aller Pflicht zu fühlen, und da schrieb er die Geschichte von Zadig, hinter der mehr steckt, als es anfangs scheinen möchte. Ich bitte Dich: lies sie und laß mich Dein Urteil wissen. Wenn Du auch im Lenze Deines Lebens blühst, wenn auch alle Kurzweil der Welt Dich um-

flattert, wenn Du auch schön wie die Sonne strahlst und alle Gaben des Geistes Dich schmücken, wenn auch alles vom Abend bis zum Morgen Deinen Ruhm singt, was Dir das Recht gäbe, unvernünftig zu sein, so hast Du doch einen sehr verständigen Geist und einen sehr feinen Geschmack. Du bist zurückhaltend und doch nicht mißtrauisch, sanft und doch nicht schwach, mildtätig, aber mit Verstand; Du liebst deine Freunde und machst Dir keine Feinde. Du bist geistvoll, aber nie auf Kosten anderer; Du sagst und tust nichts Böses, so leicht Dir beides auch fiele. Kurz, Deine Seele schien mir immer so rein wie Deine Schönheit. Es fehlt Dir sogar nicht an philosophischer Bildung, und so hoffe ich, daß Du an diesem Werk eines Weisen mehr als andere Frauen Geschmack finden wirst.

Es wurde zuerst verfaßt auf chaldäisch, was wir beide nicht verstehen. Dann hat man es, dem ruhmvollen Sultan Ouloug zur Lust, ins Arabische übertragen zur Zeit, als die Araber und die Perser begannen, die Geschichten von Tausend und einer Nacht und von Tausend und einem Tag aufzuzeichnen. Ouloug las lieber den Zadig; die Damen des Harems lieber Tausend und eine Nacht. – «Wie könnt ihr nur diese Geschichten bevorzugen», sagte der Sultan, «die ohne Sinn und Bedeutung sind?» – «Eben darum!» meinten die Sultaninnen.

Ich gebe mich der Hoffnung hin, daß Du nicht ihnen, sondern dem weisen Sultan gleichst. Und so schmeichle ich mir, daß ich mit Dir ein vernünftiges Wort reden darf, wenn Du der üblichen Unterhaltungen müde bist, die viel Ähnlichkeit mit den Tausend und einen Geschichten haben, nur daß sie weniger kurzweilig sind. Hättest Du als Königin von Saba zur Zeit des weisen Suleiman gelebt, so wäre er zu DIR gekommen.

Ich flehe die Genien des Himmels an, daß Deine Freude ewig ungetrübt, Deine Schönheit unvergänglich und Dein Glück ohne Ende sei.

Sadi

ERSTES KAPITEL

Der Einäugige

Zur Zeit des Königs Moabdar lebte in Babylon ein Jüngling namens Zadig, der von guter Art und überdies wohlerzogen war. Obwohl reich und jung, wußte er doch seine Gelüste zu mäßigen; er gab sich, wie er war, wollte nicht immer recht haben und nahm Rücksicht auf die Schwächen der Menschen. Man sah mit Staunen, daß er trotz seinem schlagfertigen Geiste niemand durch boshaften Spott verletzte, über niemand im geheimen lästerte und schmähte und sich nie in Zweideutigkeiten erging, oder was man sonst in Babylon gesellige Unterhaltung nennt. Aus dem ersten Buch Zoroasters hatte er gelernt, daß die Eigenliebe wie ein vom Wind aufgeblasener Ball ist, aus dem Stürme hervorbrechen, sobald einer hineinsticht. Er rühmte sich nicht, die Frauen zu verachten oder zu unterjochen. Er war voll Großmut, tat auch Undankbaren etwas zulieb und befolgte jene Lehre Zoroasters, die besagt: «Wenn du issest, so gib auch den Hunden, selbst wenn sie dich beißen möchten.» Er war so weise, als man nur sein kann; denn er suchte mit Weisen zu leben. In jeglichem Wissen der alten Chaldäer bewandert, kannte er die Geheimnisse der Natur, soweit man sie verstand, und vom Übernatürlichen wußte er so viel, als man immer gewußt hat, das heißt recht wenig. Er war sicher, daß das Jahr dreihundertfünfundsechzig und einen Vierteltag zählt, trotz der neuen Philosophie seiner Zeit, und daß die Sonne der Mittelpunkt des Alls ist. Die Magier konnten ihm lange in anmaßendem Stolz vorhalten, das seien schlechte Gesinnungen, und nur ein Staatsfeind könne behaupten, die Sonne drehe sich um sich selbst und das Jahr zähle zwölf Mondwechsel; da schwieg er immer ohne Zorn und spöttische Blicke.

Da Zadig reich war, hatte er viele Freunde; er war gesund, hatte ein freundliches Antlitz, dachte klug und maßvoll; sein Herz war aufrichtig und edel, und so nahm er an, daß er glücklich sein könne. Er war der schönen Semiris anverlobt, die wegen ihrer Schönheit, ihrer Geburt und ihres Wohlstandes mancher gerne gehabt hätte. Er liebte sie treu und tugendhaft, und Semiris liebte ihn nicht minder. Schon war der Tag ihrer Verbindung nahegerückt, als sie sich unter den Palmen bei einem Stadttor am Ufer des Euphrats ergingen; da sahen sie einige mit Schwertern und Pfeilen bewaffnete Männer auf sich zukommen. Es waren Leibwächter des jungen Orkan, des Neffen eines Wesirs, dem die Höflinge seines

Oheims eingeredet hatten, es sei ihm alles erlaubt. Zwar hatte er keine der Tugenden und Gaben Zadigs; doch hielt er sich für besser, und es verdroß ihn, daß man jenen bevorzugte. So war aus lauter Eitelkeit eine böse Eifersucht in ihm erwachsen, und er redete sich ein, Semiris maßlos zu lieben. Er gedachte, sie zu entführen. Die Wächter ergriffen sie also und verletzten sie im Ungestüm der Gewalttat; sie vergossen das Blut eines Wesens, dessen Anblick selbst die Tiger der Berge besänftigt hätte. Sie schrie voller Verzweiflung: «Mein Gemahl! Man entreißt mich meinem Geliebten!» Sie dachte weniger an die eigene Gefahr als an den Verlobten. Dieser verteidigte sie mit allen Kräften, die Mut und Liebe zu geben vermögen. Mit seinen zwei tapfern Sklaven schlug er die Angreifer in die Flucht und brachte Semiris ohnmächtig und blutend nach Hause. Als sie

die Augen aufschlug, erblickte sie ihren Befreier und sprach zu ihm: «Oh, Zadig! Ich liebte dich als meinen Gatten; jetzt liebe ich dich als den Retter meiner Ehre und meines Lebens.» Nie zeigte sich ein Herz von so rührender Liebe erfüllt; nie hatte ein reizenderer Mund mit feurigeren Worten den heißesten Dank und die zärtlichste Liebe ausgesprochen. Ihre Wunde war nur leicht und heilte bald. Zadig war ernsthafter verletzt; ein Pfeil hatte ihn neben dem Auge getroffen und eine tiefe Wunde hinterlassen. Semiris bat die Götter um baldige Heilung. Tag und Nacht flossen ihre Tränen; sie sehnte sich danach, daß er bald wieder seine Augen gebrauchen könne. Doch bildete sich ein gefährliches Geschwür, das alles befürchten ließ. Man schickte nach Memphis, um den Arzt Hermes kommen zu lassen, und er erschien mit großem Gefolge. Er untersuchte Zadig, erklärte, er werde sein Auge verlieren, und sagte Tag und Stunde voraus, wo das geschehen werde. «Wäre es das rechte Auge», meinte er, «so hätte ich es heilen können; doch die Wunden des linken Auges sind unheilbar.» Ganz Babylon beklagte das Schicksal Zadigs und bewunderte die profunde Wissenschaft des Hermes. Nach zwei Tagen brach das Geschwür durch, und Zadig wurde ganz gesund.

Hermes schrieb ein Buch, in dem er nachwies, daß er nicht hätte gesund werden dürfen. Zadig las es nicht; sobald er aber wieder ausgehen konnte, machte er sich bereit, jene zu besuchen, die sein Leben mit Glück und Hoffnung erfüllte und um derentwillen ihm so sehr am Besitz seiner Augen gelegen war.

Semiris war seit drei Tagen auf dem Lande. Unterwegs erfuhr er, sie habe geäußert, ihr Widerwille gegenüber Einäugigen sei unüberwindlich, und dann habe sie sich mit Orkan vermählt. Da brach Zadig ohnmächtig zusammen. Er verfiel in eine schwere Krankheit. Schließlich überwand die Vernunft seine Trauer, und die Bitterkeit des Erlebnisses diente ihm am Ende zum Troste.

«Nachdem eine Dame vom Hof mir so übel mitgespielt hat», erwog er, «will ich lieber ein Bürgermädchen zur Frau nehmen.» Er erwählte Azora, das sittsamste Mädchen der Stadt, aus der besten Familie, und verlebte mit ihr einen Monat in den Freuden eines jungen Eheglückes. Nur stellte er fest, daß sie etwas leichtsinnig war und dazu neigte, die am besten aussehenden jungen Männer auch für die geistvollsten und tugendhaftesten zu halten.

ZWEITES KAPITEL

Die Nase

Eines Tages kam Azora höchst aufgeregt von einem Spaziergang zurück und machte ihrer Empörung in lauten Ausrufen Luft.

«Was ist geschehen?» suchte sie Zadig zu beschwichtigen, «was bist du so außer dir?»

«Denk dir nur», erklärte sie ihm, «du wärest gerade so entrüstet wie ich, hättest du das Schauspiel gesehen, dessen Zeuge ich eben war. Ich wollte die junge Witwe Chosrou trösten, die vor zwei Tagen ihrem Gatten am Ufer des Wiesenbaches ein Denkmal errichten ließ. In ihrem Schmerz hat sie den Göttern geschworen, bei diesem Denkmal zu weinen, solange dieser Bach vorbeifließen würde.»

«Nun, das ist ja eine sehr achtbare Frau», meinte Zadig, «die ihren Gatten wahrhaft geliebt hat.»

«Wüßtest du nur, was sie eben tat, als ich sie aufsuchte!» antwortete Azora.

«Was denn?»

«Den Bach ließ sie aus seinem Bett ablenken!» Und damit erging sie sich in so langen Schmähreden und so heftigen Vorwürfen gegen die junge Witwe, daß dieses Übermaß von Tugend Zadig etwas verdächtig schien.

Er hatte einen Freund namens Kador; es war einer von den jungen Leuten, die seine Frau redlicher und verdienstvoller fand als andere; den zog er ins Vertrauen und versicherte sich seiner Treue durch ein bedeutendes Geschenk. Azora hatte ein paar Tage bei einer Freundin auf dem Lande verbracht und kam nun eben wieder nach Hause. Die Diener meldeten ihr weinend, ihr Gatte sei plötzlich in der Nacht gestorben und man habe nicht gewagt, ihr die Unglücksbotschaft zu überbringen; schon habe man ihn im Grab seiner Väter hinten im Garten beigesetzt. Sie weinte, raufte sich die Haare und wollte sterben. Da erschien Kador, erbat sich die Erlaubnis, mit ihr zu reden, und dann weinten sie zusammen. Am nächsten Tag weinten sie etwas weniger und speisten zusammen. Kador erzählte ihr, der Freund habe ihm einen wesentlichen Teil seiner Güter vermacht, und gab ihr zu verstehen, er sei nicht abgeneigt, sie mit ihr zusammen zu genießen. Sie weinte, zürnte ein wenig und beruhigte sich wieder; das Nachtmahl dehnte sich länger aus als das Mittagsmahl, und man wurde immer vertrauter. Azora rühmte den Toten, räumte aber ein, daß er Mängel hatte, von denen Kador frei sei.

Während des Essens stöhnte Kador auf einmal über ein Leiden an der Milz; die Dame ließ alle Essenzen kommen, deren sie zu ihrer Pflege bedurfte; doch war nichts darunter, was für die Erkrankung der Milz gut war. Sie bedauerte herzlich, daß der große Hermes nicht mehr in der Stadt sei; sie berührte sogar die Stelle, wo Kador so böse Schmerzen verspürte.

«Bist du diesem argen Leiden öfters unterworfen?» fragte sie ihn teilnehmend.

«Manchmal bringt es mich fast um», belehrte er sie, «und dagegen gibt es ein einziges Mittel. Ich muß mir die Nase eines Mannes auflegen, der am Tage vorher gestorben ist.»

«Das ist ein merkwürdiges Mittel», meinte Azora. Dann dachte sie eine Weile nach, sah sich den neuen Freund an, für dessen Vorzüge sie ein so offenes Auge besaß, und sagte zögernd: «Wenn mein armer Gatte von der heutigen zur künftigen Welt über die Brücke Schinavar schreiten muß, wird ihm der Engel Asrael sicher den Durchpaß nicht verweigern, wäre auch seine Nase im Jenseits etwas kürzer, als sie es hier war.» Damit nahm sie ein Rasiermesser, schritt zum Grabe Zadigs, begoß es erst mit heißen Tränen und trat dann mit dem gezückten Messer auf ihn zu, wie er längelang dalag. Auf einmal richtete er sich auf, faßte seine Nase mit der einen Hand und wehrte mit der andern das Messer ab: «Erzürn dich nicht allzusehr über die junge Chosrou!» sagte er dabei leise, «der Einfall, mir die Nase abzuschneiden, ist nicht viel besser als der, ein Bächlein abzulenken.»

DRITTES KAPITEL

Der Hund und das Pferd

So begriff Zadig, warum man den ersten Ehemonat, wie es im Buche Zend geschrieben steht, den Honigmond nennt, und den zweiten Wermutmond. Er mußte nicht lange nachher Azora verstoßen, mit der es nicht mehr auszuhalten war, und suchte dann sein Glück in der Erforschung der Natur. «Was gibt es Schöneres», sagte er sich, «als einen Weisen, der in dem großen Buche liest, das uns Gott vor Augen gelegt hat! Was er als neue Wahrheit entdeckt, gehört ihm allein; es stärkt und erhebt seine Seele; er lebt ruhig, braucht die Menschen nicht zu fürchten, und keine zärtliche Gattin schneidet ihm die Nase ab.»

So zog er sich denn in ein Landhaus am Ufer des Euphrat zurück. Da gab er sich nicht mit der Frage ab, wieviel Zoll Wasser in einer Sekunde unter den Bogen einer Brücke durchfließe, oder ob mehr Regen im Monat der Maus als im Monat des Schafes falle. Er bemühte sich auch nicht, aus Spinngeweb Seide zu zwirnen oder aus zerschlagenen Flaschen Porzellan zu gewinnen. Er erforschte vor allem die Eigenschaften der Pflanzen und Tiere und wurde dabei so scharfsinnig, daß er tausend Unterschiede entdeckte, wo den andern alles gleichförmig erschien.

Als er sich eines Tages neben einem Wäldchen erging, sah er einen Eunuchen der Königin herbeilaufen und hinter ihm ein paar Leibwächter, die sehr beunruhigt schienen und wie Leute, die etwas Kostbares suchen, nach allen Seiten rannten.

«Hast du nicht den Hund der Königin gesehen?» rief ihm der Obereunuch zu.

«Es ist eine Hündin, und kein Hund», sagte Zadig ganz ruhig, und der Eunuch nickte ihm bestätigend zu. «Ein kleines Bologneserhündchen», fuhr er dann fort, «es hat vor kurzem geworfen, hinkt am linken Vorderfuß und hat ganz lange Ohren.»

«Sehr richtig», sagt der Eunuch atemlos, «du hast es also gesehen?»

«Nein», antwortete Zadig; «ich habe es meiner Lebtag nicht gesehen; ich wußte nicht einmal, daß die Königin einen Hund hat.»

Durch einen merkwürdigen Zufall war zur selben Stunde das schönste Pferd aus dem königlichen Marstall einem Reitknecht entwischt und bald in der weiten Ebene verschwunden. Der Oberjägermeister mit seinen Jägern rannte mit der nämlichen Besorgtheit hinter ihm her wie der Obereunuch hinter dem Hündchen. Der Oberjägermeister rief Zadig an und fragte ihn, ob er nicht das Pferd des Königs habe vorbeilaufen sehen.

«Kein Pferd galoppiert so flott», gab Zadig zur Auskunft; «es ist fünf Fuß hoch, hat sehr kleine Hufe, sein Schweif mißt dreiundeinhalb Fuß, die

Buckel seines Zaums sind aus echtem Gold, und die Hufe sind mit feinstem Silber beschlagen.»

«In welcher Richtung ist es gerannt?» fragte der Jägermeister.

«Ich hab' es nie gesehen und auch nie von ihm gehört», antwortete Zadig.

Der Jägermeister und der Eunuch glaubten bestimmt, Zadig habe das Pferd des Königs und die Hündin der Königin gesehen; sie führten ihn vor das Gericht des großen Defterder, das ihn ohne weiteres zur Knute und zur Verbannung nach Sibirien verurteilte. Da führte man gerade Pferd und Hündlein herbei, die man gefunden hatte. Die Richter sahen sich zu ihrem Leidwesen genötigt, ihr Urteil aufzuheben; doch verknurrten sie Zadig zu einer Buße von vierhundert Unzen Gold, da er gesagt habe, er habe nicht gesehen, was er gesehen hatte. Zuerst mußte er zahlen; dann erst durfte er sich vor dem großen Defterder verteidigen und tat das mit folgenden Worten:

«Ihr Sterne der Gerechtigkeit, ihr Abgründe der Wissenschaft, ihr Spiegel der Wahrheit, die ihr die Härte des Stahls, den Glanz der Diamanten und die Schwere des Bleis und viel Anziehungskraft auf das Gold besitzt, da es mir also erlaubt ist, mich vor diesem erhabenen Diwan zu rechtfertigen, so schwöre ich bei Ormuzd, daß ich nie weder die göttliche Hündin der Königin noch das heilige Pferd des Königs gesehen habe. Doch habe ich Folgendes beobachtet, kurz bevor ich den hochwürdigen Eunuchen und den gestrengen Jägermeister traf. Auf dem Sande sah ich Spuren, die ich gleich als die eines Hündchens erkannte. Leichte, lange Furchen waren über die höchsten Stellen des Sandes zwischen den Fußspuren gezogen; daraus ersah ich, daß es eine Hündin mit tiefhängenden Zitzen war, wie das zu sein pflegt, wenn sie vor kurzem geworfen hat. Aus andern zarten Spuren ersah ich, daß lange Ohren über den Sand geschleift waren, und da ich weiter feststellte, daß sich ein Füßlein immer etwas weniger als die andern eingedrückt hatte, konnte ich nicht mehr daran zweifeln, daß das Tierlein hinke, wenn das bei einem Hund der Königin zu sagen erlaubt ist.

Was nun das Pferd des Königs der Könige betrifft, so wißt, daß ich beim Spazieren im Walde Abdrücke von Hufeisen entdeckte, die genau gleich weit voneinander entfernt waren, woraus ich schloß, daß es ein trefflich geschulter Renner sein müsse. Von den Bäumen zu beiden Seiten des Wegs, der da sieben Fuß breit ist, war der Staub etwas abgewischt; also mußte der Schweif dreiundeinenhalben Fuß lang sein. Dort, wo die Äste bis auf fünf Fuß von der Erde herunterhangen, waren einige Blätter abgestreift; daraus ergab sich ohne weiteres die Höhe des Pferdes. Sein Gebiß mußte aus probesteinechtem Gold gearbeitet sein, da seine Buckel an hartem Stein gerieben hatten, wo man das wohl untersuchen konnte. Und als ich mir ein paar Kiesel des Weges genauer besah, zeigte es sich, daß die Hufe mit Silber von großem Feingehalt beschlagen waren.»

Die Richter staunten über die scharfe Beobachtungsgabe Zadigs. Das Gerücht drang bis zu den Ohren des Königs und der Königin. In allen Vorsälen, Gemächern und Kabinetten sprach man von ihm, und obgleich einige Magier der Meinung waren, man solle ihn als Zauberer verbrennen, befahl der König, ihm die Buße von vierhundert Unzen Gold zurückzuerstatten. Die Schreiber, Beisitzer und Prokuratoren brachten das Geld in feierlichem Zuge herbei; sie behielten bloß dreihundertachtundneunzig Unzen als Gerichtskosten zurück, und ihre Diener verlangten auch noch Bezahlung.

Zadig mußte einsehen, welche Gefahren mit allzu großem Wissen verbunden sind und nahm sich vor, künftig nicht mehr zu sagen, was er gesehen hatte.

Die Gelegenheit bot sich bald. Ein Staatsgefangener entwich und kam an seinem Fenster vorüber. Man verhörte Zadig, und er sagte nichts aus; man bewies ihm aber, daß er aus dem Fenster geschaut habe. Für dieses Verbrechen wurde er mit fünfhundert Unzen Goldes gebüßt und mußte sich noch bei den Richtern für ihr gnädiges Urteil bedanken, wie das in Babylon Brauch ist.

«Wie ist man zu beklagen, großer Gott», sagte er sich, «wenn man sich in einem Wäldchen ergeht, wo das Hündchen der Königin und das Pferd des Königs durchgelaufen sind! Und wie gefährlich ist es, aus dem Fenster zu sehen! Und wie schwer ist es, auf dieser Welt glücklich zu leben!»

VIERTES KAPITEL

Der Neidhammel

Zadig wollte sich mit Philosophie und Freundschaft über alles trösten, was ihm das Schicksal Schlimmes zugefügt hatte. In einer Vorstadt Babylons besaß er ein Haus, das er so geschmackvoll eingerichtet hatte, wie es sich für einen feingebildeten Mann gehört. Am Morgen stand sein Büchersaal allen Gelehrten offen, am Abend seine Tafel der guten Gesellschaft. Aber bald mußte er erfahren, daß mit den Gelehrten nicht gut Kirschen essen ist. Da stritt man sich über ein Gebot Zoroasters, das untersagte, das Fleisch der Greifen zu essen.

«Wie kann er uns verbieten, von einem Tier zu essen, das es überhaupt nicht gibt?» sagten die einen.

«Es muß also doch vorkommen», sagten die andern, «da Zoroaster will, man solle nicht davon essen!»

Zadig wollte sie unter einen Hut bringen, indem er vorschlug: «Nichts ist einfacher. Gibt es Greifen, so essen wir sie nicht; gibt es aber keine, so essen wir sie erst recht nicht, und so ist das Gebot auf jeden Fall erfüllt.»

Ein Gelehrter, der dreizehn Bände über die Eigenschaft der Greifen verfaßt hatte und der überdies ein großer Geisterbeschwörer war, verklagte Zadig bei einem Erzmagier namens Yebor, dem dümmsten und fanatischsten aller Chaldäer. Der hätte am liebsten Zadig zur höhern Ehre des Sonnengottes pfählen lassen, um dann sein Zoroasterbrevier mit um so größerer Befriedigung herzubeten. Da ging der Freund Kador – ein Freund gilt mehr als hundert Priester – zum alten Yebor und sagte zu ihm: «Heil der Sonne und den Greifen! Nimm dich in acht vor Zadig. Das ist ein Heiliger Gottes. In seinem Hühnerhof hält er sich Greifen und ißt nie davon. Sein Gegner ist ein Ketzer, der behauptet, die Kaninchen hätten gespaltene Hufe und seien nicht unrein.»

«Also gut», verfügte Yebor, indem er sein kahles Haupt schüttelte, «da muß man eben Zadig pfählen, weil er übel über die Greifen gesprochen, und den andern, weil er schlecht von den Kaninchen geredet hat.»

Kador brachte dann die Geschichte ins reine durch eine Ehrenjungfrau, die ein Kind von ihm hatte und die bei den Magiern sehr gut angeschrieben war. Niemand wurde gepfählt, was einige gelehrte Herren sehr verdroß, so daß sie den Untergang Babylons weissagten. Und Zadig rief: «Woran hängt das Glück? Alles verfolgt mich, sogar jene Wesen, die es gar nicht gibt.» Von den Gelehrten wollte er nichts mehr wissen und hielt sich nur noch an die gute Gesellschaft.

Da empfing er bei sich die feinsten Herren und die angenehmsten Damen; man aß bei ihm vortrefflich und hörte sich dabei gute Musik an. Man unterhielt sich sehr anregend, ohne geistreich zu tun, was ja immer die sicherste Art ist, geistlos zu werden und die glänzendste Gesellschaft zu verderben. Er wählte weder Freunde noch Speisen aus bloßer Eitelkeit, er zog immer das Sein dem Scheine vor. So erwarb er denn allgemeine Achtung, ohne sich darum zu bemühen.

Gerade seinem Hause gegenüber wohnte ein gewisser Arimaza, dessen niederträchtige Seele auf seinen Gesichtszügen zu lesen war. Er war voller Galle und Dünkel und obendrein ein langweiliger Schöngeist. Da ihn niemand leiden mochte, rächte er sich durch üble Nachrede. Obwohl er reich war, hatte er Mühe, Schmeichler um sich zu versammeln. Wenn die Wagen abends bei Zadig anrollten, wurde er grün vor Neid, und noch mehr, wenn er ihn rühmen hörte. Manchmal ging er auch zu ihm und setzte sich zu Tisch, ohne daß er geladen war. Da vergiftete er dann die Freude aller, wie die Harpyien die Speisen vergiften, die sie berühren. Eines Tages lud er eine Dame zu sich, die aber nicht erschien und lieber zu Zadig ging. Als beide beieinander standen, lud ein

Wesir Zadig zu Tisch und überging Arimaza. Aus so nichtigen Ursachen erwächst oft der erbittertste Haß. Man nannte Arimaza in ganz Babylon den Neidhammel; er suchte das Verderben Zadigs, weil man ihn den Glücklichen nannte. «Die Gelegenheit, Böses zu tun, zeigt sich hundertmal jeden Tag; Gutes zu tun, vermagst du einmal im Jahr», sagt Zoroaster.

Der Neidhammel ging zu Zadig, der sich in seinem Garten mit zwei Freunden und einer Dame erging; dieser sagte er öfter angenehme Dinge aus keinem andern Grund, als daß es ihm eben Spaß machte. Man sprach von einem Krieg des Königs gegen den Fürsten von Hyrkanien, seinen Vasallen, der soeben glücklich beendet worden war. Zadig, der sich hierbei mehrmals durch seinen Mut ausgezeichnet hatte, rühmte den König sehr und die Dame nicht viel weniger. Er schrieb vier Verse auf seine Wachstafel, die er der Dame zu lesen gab. Auch die Freunde hätten sie gern gelesen; doch konnte er sich aus Bescheidenheit oder vielmehr aus wohlverstandener Eigenliebe nicht dazu verstehen. Wußte er doch, daß aus dem Stegreif hingeworfene Verse bloß der Dame gefallen können, für die sie gemacht sind. Er brach die Tafel in zwei Stücke und warf sie in einen Rosenstrauch, wo man sie vergeblich suchte. Dann fing es an zu regnen, und man zog sich ins Haus zurück. Der Neidhammel blieb im Garten und suchte so lange, bis er ein Stücklein gefunden hatte.

Durch einen Zufall war der Bruch mitten durch den Vierzeiler gegangen und hatte ihn in zwei Hälften zerlegt; die erste ergab einen Sinn und war wieder durch Reime verbunden. Diese Hälfte, die der Neidhammel gefunden hatte, konnte als schwere Beleidigung der königlichen Majestät gedeutet werden. Sie lautete:

> *Durch Hinterlist und Tück'*
> *Der Herrscher auf dem Thron*
> *Im allgemeinen Glück*
> *Wird ihm nur Haß zum Lohn.*

Da fühlte sich der arglistige Neidhammel zum erstenmal in seinem Leben beglückt. Er hatte eine Waffe in Händen, um einen tugendhaften und liebenswürdigen Mann zu vernichten. Voll Schadenfreude ließ er diese Verse in des Königs Hände gelangen; man führte Zadig ins Gefängnis und dazu die beiden Freunde und die Dame. Sein Prozeß war bald entschieden; man hörte ihn nicht einmal an. Der Neidhammel war dabei, als das Urteil verlesen wurde, und rief in den Saal, die Verse seien übrigens auch schlecht. Daraus machte sich Zadig nichts; doch tat es ihm leid, daß nicht nur er unschuldig verurteilt war, sondern daß auch die Freunde mit der Dame im Gefängnis zurückbehalten wurden. Man führte ihn durch die Menge der Schaulustigen zur Hinrichtung, und niemand wagte, ihn zu beklagen; man wollte nur sehen, ob er mit Festigkeit und Mut

zu sterben wisse. Nur seine Verwandten waren sehr traurig, weil sie ihn nicht beerben konnten; denn drei Vierteile seines Vermögens waren dem König verfallen, und das letzte Viertel bekam der Neidhammel.

Während sich Zadig auf den Tod vorbereitete, war der Papagei des Königs entflogen und hatte sich im Garten des Verurteilten niedergesetzt. Unter einem Rosenbusch fand er einen Pfirsich, den der Wind dorthin geschüttelt hatte. Er faßte ihn mit seinen Krallen und brachte ihn auf den Schoß des Königs. Und da zeigte sich, daß ein Stück einer Schreibtafel daran klebte; der König brachte keinen Sinn in die Bruchstücke der Verse, die darauf zu lesen waren. Da er ein begeisterter Freund der Dichtkunst war, hätte er gerne des Rätsels Lösung gewußt. Die Königin entsann sich, daß auch auf der Tafel, die zur Verurteilung Zadigs geführt hatte, ein Vierzeiler zu lesen war. Man ließ das Stück kommen, und da ergab sich, daß die Bruchstellen genau zusammenpaßten. Und nun konnte man auch den Vierzeiler lesen, so wie ihn Zadig verfaßt hatte. Er lautete:

Durch Hinterlist und Tück' sucht der Vasall den Sieg.
Der Herrscher auf dem Thron straft ihn, wie er's verdient.
Im allgemeinen Glück führt nur die Liebe Krieg.
Wird ihm nur Haß zum Lohn, der dir so treu gedient?

Da befahl der König, man möchte Zadig sofort zu ihm bringen, ihn, die beiden Freunde und die Dame. Zadig warf sich dem Herrscherpaar zu Füßen und bat sie demütig um Entschuldigung, daß er keine bessern Verse zustande gebracht habe. Er sprach so anmutig, geistvoll und verständig, daß ihn der König nicht mehr missen wollte. Er bekam die Güter des Neidhammels zugesprochen, der ihn zu Unrecht angeschuldigt hatte; doch verzichtete er großmütig darauf, und der Neidhammel freute sich mehr darüber, sein Gut zu behalten, als über die Großmut des Gegners. Diesen schätzte der Fürst je länger je mehr. Er machte ihn zu seinem Gefährten bei seinen Vergnügungen, zum Ratgeber bei seinen Regierungsgeschäften. Die Königin betrachtete ihn mit einem Wohlgefallen, das für sie, für ihren erlauchten Gemahl, für Zadig und das Königreich gefährlich werden konnte. Zadig fing an zu glauben, es sei nicht schwer, glücklich zu sein.

FÜNFTES KAPITEL

Die Edelmütigen

Man bereitete sich auf ein großes Fest vor, das man alle fünf Jahre feierte. Dabei sollte nach uraltem Brauch jener Bürger belohnt werden, der die edelmütigste Tat begangen hatte. Die Großen des Reiches und die Magier waren die Richter. Der Satrap, der die Hauptstadt verwaltete, trug die einzelnen Taten vor; dann stimmte man ab, und der König sprach den Entscheid aus. Dazu kamen Leute von allen Enden der Welt herbei. Der Sieger erhielt aus den Händen des Königs eine goldene, mit Juwelen verzierte Schale, und dazu sprach der Monarch die Worte: «Empfange den Preis deiner Hochherzigkeit. Mögen mir die Götter viele Untertanen bescheren, die dir gleichen.»

Als der Tag gekommen war, erschien der König auf seinem Thron, umgeben von den Großen des Reiches und den Abgesandten der Völker, die erschienen waren, um zu sehen, wie man sich den Ruhm nicht durch Kraft seiner Sehnen oder Schnelligkeit seiner Pferde, sondern durch Tugend erwarb. Der Satrap berichtete von mancher edelmütigen Tat; doch erwähnte er Zadig nicht, der dem Neidhammel sein Vermögen zurückgegeben hatte;

das war offenbar keine Tat, die für den Preis in Betracht kam. Zuerst stellte er einen Richter vor. Durch einen Irrtum, für den er nicht einmal verantwortlich war, hatte er einen Prozeß um eine hohe Summe gegen einen Bürger entschieden und sein ganzes Vermögen geopfert, um ihm den Schaden zu ersetzen.

Dann kam ein junger Mann an die Reihe. Der hatte das heißgeliebte Mädchen, das er sich zur Frau nehmen wollte, einem Freunde abgetreten, da er ihretwegen liebeskrank geworden war, und ihm überdies die Mitgift geschenkt.

Am Ende erschien ein Krieger, der ein bewunderswertes Beispiel einer selbstlosen Tat geboten hatte. Feindliche Söldner wollten ihm sein Mädchen rauben, und dagegen wehrte er sich mit der ganzen Kraft eines tapfern Mannes. Da rief man ihm zu, daß ein paar Schritte weiter seine Mutter in Gefahr sei, den Feinden zum Opfer zu fallen. Unter Tränen kam er zuerst seiner Sohnespflicht nach und eilte dann zu seinem Mädchen zurück, das er in den letzten Zügen fand. Er wollte sich töten. Doch seine Mutter beschwor ihn, ihr nicht die einzige Stütze zu rauben, und das gab ihm den Mut, das Leben weiter zu ertragen.

Diesem Krieger hatten die Richter den Preis zugedacht. Da ergriff der König das Wort und sprach: «Wohl ist seine Tat schön wie auch die der andern. Doch bringt sie mich nicht zum Erstaunen wie jene, die Zadig vollbracht hat. Mein Wesir und Günstling war bei mir in Ungnade gefallen. Ich beklagte mich heftig über ihn, und alle meine Höflinge versicherten mir, ich sei noch zu milde. Sie wetteiferten darin, mir Schlechtes von ihm zu sagen. Ich fragte Zadig, was er von ihm halte, und er wagte es, ihn in Schutz zu nehmen. In unsern Chroniken habe ich schon Beispiele gelesen, daß einer mit seinem Vermögen einen Irrtum gutgemacht hat, daß einer seine Geliebte einem andern abgetreten, daß einer die Mutter über sein Mädchen gestellt hat. Aber niemals ist jemand bei seinem zornigen Fürsten für einen in Ungnade gefallenen Wesir eingetreten. Tausend Goldstücke gebe ich jenen andern, die sich edelmütig und tugendhaft gezeigt haben; doch die goldene Schale gebührt Zadig.»

«Mein König und Herr», sagte dieser, «Deiner Majestät allein gebührt die Schale. Denn es war die schönste Tat von allen, daß du dich nicht gegen deinen Diener erzürntest, als er dir in deinem Zorne widersprach.»

Alle beugten sich vor dem König und vor Zadig. Der Richter, der sein Gut hergab, der Freund, der die Geliebte dem Freunde überließ, der Krieger, der das Heil der Mutter dem Heile seines Mädchens vorzog, erhielten ihre Geschenke und wurden ins Buch der Edelmütigen eingeschrieben. Zadig bekam die Schale. Der König erwarb sich den Ruhm eines guten Fürsten, den er freilich nicht lange behielt. Dieser Tag wurde durch längere Feste gefeiert, als es sonst Brauch war. Noch heute hat man ihn in Asien nicht vergessen.

SECHSTES KAPITEL

Der Wesir

Der König hatte seinen Wesir verloren und wählte Zadig an seiner Stelle. Darüber waren alle Damen erfreut; denn es hatte seit der Gründung des Reiches noch nie einen so jungen Wesir gegeben. Die Höflinge waren enttäuscht; der Neidhammel ärgerte sich, bis er Blut spuckte und ihm die Nase anschwoll. Zadig bedankte sich nicht nur beim König und der Königin, sondern auch beim Papagei. «Du schöner Vogel», sagte er, «du hast mir das Leben gerettet und durch dich bin ich Wesir geworden. An der Hündin und dem Pferd erlebte ich nichts als Verdruß; aber du hast mir Gutes getan. Von was für Dingen hängt nicht unser Schicksal ab! Wird aber mein gutes Geschick auch anhalten?» Dazu schüttelte der weise Vogel leise den Kopf. Zadig wunderte sich; doch da er die Natur der Tiere erforscht hatte, glaubte er nicht an die Weissagung eines Vogels und ging an die Erfüllung seiner neuen Pflichten.

Er ließ jedermann die heilige Gewalt der Gesetze und niemand das Gewicht seiner Würde fühlen. Im hohen Diwan durfte jeder reden, wie er es für gut fand, ohne sein Mißfallen befürchten zu müssen. War er Richter in einer Sache, so urteilte nicht er, sondern das Gesetz; schien es zu hart, wußte er es zu lindern, und wo die Gesetze fehlten, schuf er so gerechte, daß man sie für das Werk Zoroasters hätte halten können.

Von ihm lernten die Völker jene Weisheit, daß es besser ist, einen Schuldigen laufen zu lassen als einen Unschuldigen zu verurteilen. Er hielt dafür, daß die Gesetze eher den Bürgern helfen als sie einschüchtern sollen. Er verstand es, die Wahrheit ans Licht zu bringen, die alle zu verdunkeln suchen. Das erkannte man gleich bei seinem Amtsantritt.

Ein reicher Kaufmann der Stadt war in Indien gestorben; sein Erbe hatte er zwei Söhnen überlassen, nachdem er seine Tochter verheiratet hatte. Ein Geschenk von dreißigtausend Goldstücken war überdies für jenen seiner Söhne bestimmt, der ihn am herzlichsten liebe. Der eine baute ihm ein schönes Grab; der andere vermehrte beträchtlich die Mitgift seiner Schwester. Alle meinten: «Der ältere liebt den Vater mehr, und der jüngere mehr die Schwester; dem älteren gehört das Geschenk zugesprochen.»

Zadig ließ beide zu sich kommen, einen nach dem andern. Dem ältern sagte er: «Dein Vater ist nicht tot; er ist geheilt und kommt bald nach Hause zurück.»

«Dem Himmel sei gedankt», bekam er zur Antwort; «aber das Grab ist mir teuer zu stehen gekommen.»

Dann sagte er das nämliche zum jüngern Bruder. «Der Himmel sei gelobt», antwortete auch der. «Da geb' ich ihm alles zurück, was ich erhalten; doch möchte ich, daß er meiner Schwester läßt, was ich ihr geschenkt habe.»

«Nichts brauchst du zurückzugeben», belehrte ihn Zadig, «und du bekommst auch die dreißigtausend Goldstücke; denn du liebst deinen Vater am meisten.»

Ein wohlhabendes Mädchen hatte zwei Magiern die Ehe versprochen; nachdem es einige Monate von ihnen unterrichtet worden war, zeigte sich, daß es ein Kind erwartete. Da wollten es beide zur Frau haben.

«Ich gebe meine Hand jenem, der mich instand gesetzt hat, dem Reich einen Bürger zu schenken», erklärte es darauf.

Da schwur jeder, daß er dies gute Werk vollbracht habe.

«So nehme ich jenen, der dem Kind die bessere Erziehung zu geben vermag», sagte sie darauf. Sie genas eines Knäbleins; jeder der beiden wollte es erziehen.

Der Streit wurde Zadig vorgelegt, der die Magier kommen ließ.

«Was willst du das Kind lehren?» fragte er den ersten.

«Die acht Wortarten, die Dialektik, die Astrologie, die Dämonomanie, das Abstrakte und das Konkrete, die Monaden und die prästabilierte Harmonie», sagte der weise Doktor.

«Und ich möchte ihm zeigen, wie man gerecht wird und sich echte Freunde erwirbt», versicherte der andere.

«Ob du der Vater bist oder nicht», bestimmte Zadig, «du sollst die Mutter heimführen.»

Jeden Tag liefen Klagen über den Fürsten von Medien namens Irax ein. Er war im Grund kein übler Mann, aber durch Eitelkeit und Wollust verdorben. Kaum durfte man ihn anreden; niemals durfte man ihm widersprechen. Eitel war er wie ein Pfau, gierig wie ein Täuberich, träg wie eine Schildkröte; er trachtete nur nach eitlem Ruhm und eitlen Freuden. Da erwog Zadig, wie er ihn bessern könne.

Er sandte ihm im Auftrag des Königs einen Musikmeister mit seinem Chor und einen Oberkoch mit sechs Köchen und vier Kammerherren, die ihn nie verlassen durften. Für jeden Tag, so hatte es der König befohlen, mußte genau die nämliche Ordnung innegehalten werden. Am ersten Tag trat, sobald Irax erwachte, der Musikmeister mit seinem Chor und Orchester ein, und es wurde eine Kantate gesungen, wobei sich immer die Worte wiederholten:

> *Welche Würde, welche Hoheit*
> *Mit der Anmut im Verein!*
> *Ach, wie sehr darf Euer Gnaden*
> *Mit sich selbst zufrieden sein.*

Nach der Kantate mußte er eine lange Rede anhören, in der ihm alle herrlichen Eigenschaften angedichtet wurden, die er nicht besaß. Dann führte man ihn zum Klang der Musik an die Tafel, wo das Essen drei Stunden dauerte. Wollte er etwas bemerken, rief gleich der erste Kammerherr: «Er hat recht!» Und sobald er wieder den Mund auftat, schrie der zweite: «Er hat recht!» Versuchte er ein bescheidenes Witzwort, lachten alle übermäßig. Und dann wiederholte man die Kantate.

Am ersten Tag gefiel ihm das ausnehmend gut; er glaubte, der König ehre ihn endlich nach Gebühr.

Am zweiten Tag konnte er kaum das Gähnen verwinden, am dritten Tag sah er recht verdrossen aus, am vierten mochte er es nicht mehr aushalten, und als er am fünften immer wieder hören mußte:

Ach, wie sehr darf Euer Gnaden
Mit sich selbst zufrieden sein!

und versichert bekam, er habe immer recht, verfaßte er eine Bittschrift, worin er den König anflehte, seine Kammerherren, seine Musiker, seinen Oberkoch zurückzurufen; er gelobte, hinfort weniger eitel und pflichtbewußter zu sein; er ließ sich weniger beweihräuchern, feierte weniger Feste und war glücklicher; denn, wie es im Zend-Avest heißt: «Immer Vergnügen ist kein Vergnügen.»

SIEBENTES KAPITEL

Streitfragen und Audienzen

So bewies Zadig jeden Tag seinen Scharfsinn und seine Herzensgüte; man bewunderte ihn, und doch liebte man ihn. Nun durfte er als vollkommen glücklich gelten; sein Name war in aller Mund, die Damen blickten nach ihm, die Bürger priesen seine Gerechtigkeit, den Gelehrten galt er als Orakel, selbst die Priester gestanden, er wisse mehr als der Erzmagier Yebor. Niemand wollte ihn mehr wegen der Greifen zur Rechenschaft ziehen; man glaubte nur, was ihm glaublich schien.

Es bestand in Babylon eine alte Streitfrage, die seit mehr als tausend Jahren das Reich in zwei Parteien teilte; die eine wollte, daß man die Schwelle des Mithrastempels mit dem linken Fuß überschreite; die andere verabscheute diesen Brauch und trat mit dem rechten Fuß ein. Nun wollte man beim Fest des heiligen Feuers darauf achten, welcher Sekte Zadig anhange. Alles schaute auf seine Füße, alles war aufs höchste gespannt. Da hüpfte er mit geschlossenen Füßen über die Schwelle und bewies dann in einer feurigen Rede, daß der Gott des Himmels und der Erde niemand den Vorzug gebe, und den rechten wie den linken Fuß gleich gelten lasse. Der Neidhammel und seine Frau erzählten zwar überall, die Rede sei zu wenig bilderreich gewesen. «Er ist trocken und schwunglos», sagten sie, «man sieht bei ihm nicht das Meer heranwallen noch die Sterne herabstürzen noch die Sonne dahinschmelzen; das ist nicht der wahre orientalische Stil.» Zadig lachte darüber und sagte, er kenne nur den Stil der klaren Vernunft. Und das war auch die Meinung aller andern, nicht weil er recht hatte, nicht weil er vernünftig und liebenswürdig, sondern weil er erster Wesir war.

Dann legte er den uralten Streit zwischen den weißen und schwarzen Magiern bei. Jene behaupteten, man müsse sich, wenn man zu den Göttern bete, nach Sonnenaufgang drehen, und die andern hielten die Richtung nach Sonnenuntergang für allein erlaubt. Zadig entschied, man solle sich dorthin wenden, wohin man Lust habe.

So gelang es ihm, am Morgen immer die laufenden Geschäfte zu erledigen. Den Rest des Tages widmete er sich der Verschönerung von Babylon. Er ließ Trauerspiele aufführen, bei denen man weinte, und Lustspiele, bei denen man lachte, was seit längerer Zeit aus der Mode gekommen war und was er wieder einführte, weil er Geschmack hatte. Niemals vermaß er sich, alles besser zu verstehen als die Künstler; er belohnte sie durch Wohltaten und Auszeichnungen und war nicht eifersüchtig auf ihre Talente. Abends unterhielt er den König und die Königin. Der König sagte immer: «Unser großer Wesir», und die Königin: «Unser liebenswürdiger Wesir», und beide zusammen meinten, es wäre doch schade gewesen, wenn man ihn gehängt hätte.

Nie war ein Staatsmann so sehr von den Damen in Anspruch genommen worden. Die meisten redeten mit ihm über ihre Verhältnisse, um eines mit ihm anzuknüpfen. Die Frau des Neidhammels kam als eine der ersten; sie schwor bei Mithras und beim heiligen Feuer, daß sie die Kabalen ihres Mannes immer verabscheut habe; er sei ein eifersüchtiger und roher Patron, und die Götter hätten ihm zur Strafe die köstlichen Wirkungen jenes heiligen Feuers versagt, durch die allein der Mensch den Unsterblichen gleichkomme. Schließlich ließ sie ihr Knieband fallen; Zadig hob es höflich auf, knüpfte es aber nicht selber wieder an. Das sollte für ihn die schrecklichsten Folgen haben. Er dachte nicht mehr daran; aber die Frau des Neidhammels vergaß es nicht.

Ein einziges Mal, so weiß die geheime Chronik Babylons zu berichten, sei er einer Dame zu Willen gewesen, jedoch in einer merkwürdigen Zerstreutheit und ohne sich seiner Lust ganz hinzugeben. Die Auserkorene war die schönste Kammerzofe der Königin Astarte, und sie dachte sich, der Wesir müsse wohl viele Geschäfte im Kopf haben, daß er sie nicht einmal vergäße, wo die Männer sonst alles vergessen. Hatte er doch auf einmal gerufen: «Die Königin», wobei die Zofe sich dachte, er hätte sie seine Königin genannt. Auch den Namen Astarte flüsterte er, was sich die Zofe dahin auslegte, er halte sie für schöner noch als Astarte. Er entließ sie mit reichen Geschenken. Doch ging sie gleich zur Frau des Neidhammels, ihrer besten Freundin, und berichtete ihr alles. Diese war tief verletzt, daß Zadig ihr eine andere vorgezogen hatte.

«Mir», sagte sie, «hat er nicht einmal dies Strumpfband umbinden wollen; ich mag es gar nicht mehr benutzen.»

«Oh», sagte die Glückliche zu der Neidischen, «du trägst ja dieselben Strumpfbänder wie die Königin! Beziehst du sie denn von derselben Putzmacherin?»

Die Neidische versank in tiefes Sinnen, antwortete nichts und ging zu ihrem Mann, dem Neidhammel, um sich Rat zu holen.

Zadig bemerkte indessen immer häufiger, daß er bei den Audienzen oder wenn er zu Gericht saß, zerstreut war. Er träumte, er liege auf einem Haufen dürrer Gräser, von denen ihn einige recht peinlich stächen; dann war er auf einmal weich auf Rosen gebettet, und aus diesen wand sich eine Schlange hervor, die mit ihrem Giftzahn sein Herz verwundete. «Auf dem stachligen Gras lag ich wohl lange», so deutete er sich den Traum; «jetzt bin ich auf Rosen gebettet; doch wer wird die Schlange sein?»

ACHTES KAPITEL

Die Eifersucht

Das Unglück Zadigs erwuchs ihm aus der Fülle seines Glücks und vor allem aus seinem Verdienst. Jeden Tag hatte er lange Gespräche mit dem König und seiner erhabenen Gemahlin, und die Art, wie er seine Worte zu setzen wußte, seine frische Jugend und Anmut bezauberten diese, ohne daß sie dessen gewahr wurde. Ohne Furcht und Gewissensbisse glaubte sie auf einen Mann hören zu dürfen, der für ihren Gatten und den Staat von so hohem Wert war; sie lobte ihn aufs höchste vor dem König, der ihr überzeugt zustimmte. Sie machte Zadig Geschenke, in denen sich eine gewisse Vertraulichkeit aussprach, und wenn sie als huldvolle Fürstin zu ihm sprach, so waren ihre Ausdrücke doch oft die einer zärtlichen Frau.

Sie war unendlich viel schöner als jene Semiris, die keinen Einäugigen sehen konnte, oder jene Azora, die ihrem Mann die Nase abschneiden wollte. Die Vertraulichkeit der Königin, ihre zärtlichen Worte, bei denen sie sanft errötete, ihre Blicke, die sie oft wie gebannt auf ihn heftete, ließen das Herz Zadigs höher schlagen. Wohl kämpfte er gegen die aufkeimende Liebe, suchte sich durch Philosophie zu beschwichtigen, wie er früher oft getan hatte; doch es geriet ihm nur halb. Er stellte sich Pflicht, Dankbarkeit, die beleidigte Majestät als rächende Gottheiten vor Augen; aber wenn er sich zu überwinden suchte, so führte das zu Tränen und Seufzern. Er wagte nicht mehr, frei und unbekümmert mit der Königin zu reden. Seine Blicke umschleierten sich, und wenn er sie auf Astarte richtete, sah er, wie feucht ihre Augen oft waren. Dann ging Zadig verwirrt von ihr, eine Last auf dem Herzen, die ihm unerträglich schien. Er beichtete seine Liebe dem

Freunde Kador, da es ihm unmöglich war, sein Geheimnis bei sich zu behalten.

Der sagte ihm: «Ich habe längst bemerkt, was die Veränderung, die mit dir vorgegangen ist, zu bedeuten hat. Glaubst du wohl, mein armer Freund, der König sei so blind, daß er nicht ahne, was ihm da drohte? Ist er doch der eifersüchtigste aller Männer! Eher wird es dir als der Königin gelingen, Herr über dein Herz zu werden; denn du bist ein Weiser, du bist Zadig, und sie ist ein schwaches Weib; da sie sich nicht schuldig fühlt, nimmt sie sich weniger in Zucht. Ich zittere für sie, solange sie sich nichts vorzuwerfen hat. Wäret ihr euch einig, so gelänge es eher, alle zu täuschen; denn eine befriedigte Liebe weiß sich leicht zu verbergen.»

Zadig erschrak über den Plan, den König zu täuschen; nie war er seinem Fürsten treuer, als da er sich ihm gegenüber gegen seinen Willen schuldig fühlte. Indessen sprach Astarte so oft seinen Namen aus und errötete dabei, zeigte sich so oft erregt oder niedergeschlagen, wenn sie vor dem König ihn ansprach oder wenn er das Gemach verließ, daß ganz leise ein Verdacht im Herzen des Königs erwachte. Er sah manches, und er glaubte mehr, als was seine Augen sahen. Er bemerkte, daß die Pantöffelchen der Königin blau waren und daß auch Zadig blaue Schuhe trug; er bemerkte ihre gelben Bänder und seinen gelben Turban, und das schienen ihm Hinweise zu sein, die er nicht leicht

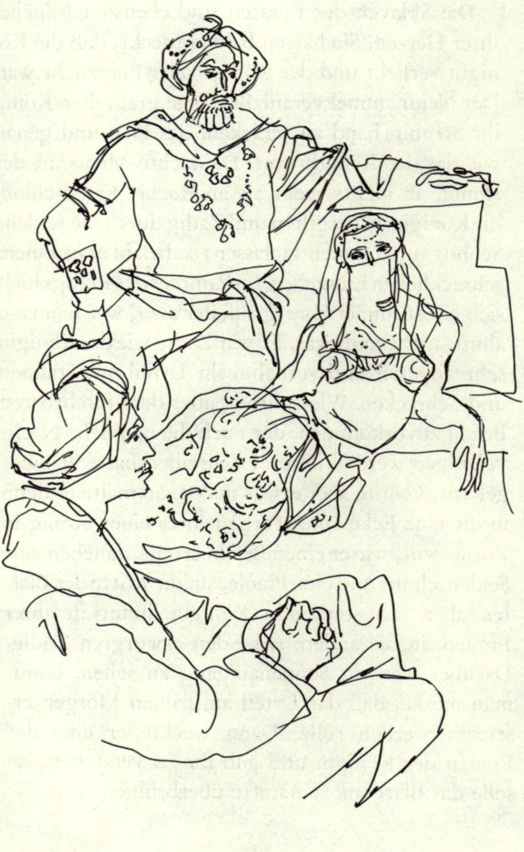

nahm. Und so glaubte er bald, seiner Sache sicher zu sein.

Die Sklaven der Fürsten sind ebensoviel Späher ihrer Herzen. Sie hatten bald entdeckt, daß die Königin verliebt und der König voller Eifersucht war. Der Neidhammel veranlaßte seine Frau, dem König ihr Strumpfband zu schicken, das blau und genau wie das der Königin war. Da dachte Moabdar, der König, an nichts mehr als an Rache. Er beschloß, die Königin zu vergiften und Zadig durch die seidene Schnur umkommen zu lassen; so befahl er es einem schrecklichen Eunuchen. Im Zimmer des Königs hielt sich ein stummer Zwerg auf, der aber, was niemand ahnte, nicht taub war. Er war Zadig wie der Königin sehr zugetan und vernahm ihr Urteil mit Staunen und Schrecken. Wie sollte er aber dem furchtbaren Befehl zuvorkommen, der noch die nämliche Nacht vollzogen werden mußte? Schreiben hatte er nicht gelernt, konnte aber etwas malen. So malte er denn in die eine Ecke eines Pergamentes einen König in Zorneswut, wie er einen Befehl erteilt, daneben eine Seidenschnur und eine Phiole, auf die Mitte des Blattes aber die sterbende Königin inmitten ihrer Frauen, in die andere Ecke den erwürgten Zadig. Darüber war ein Sonnenaufgang zu sehen, damit man merke, daß das Urteil am frühen Morgen erstreckt werden solle. Dann weckte er eine der Frauen der Königin und gab ihr zu verstehen, sie solle das Blatt sofort Astarte überbringen.

Mitten in der Nacht weckt man Zadig und übergibt ihm einen Brief der Königin; er öffnet ihn beseligt und ist dann bestürzt, als er die Worte liest: «Mache dich sofort auf die Flucht, oder du bist verloren; aber ich fühle, daß ich als Schuldige sterben werde.»

Zadig konnte erst kein Wort hervorbringen. Er ließ seinen Freund Kador kommen und zeigte ihm den Brief. Kador zwang ihn, zu gehorchen und den Weg nach Memphis zu nehmen. «Wagtest du die Königin aufzusuchen, so würde das ihr Ende beschleunigen, und noch schlimmer wäre es, wolltest du mit dem Könige reden. Ich werde versuchen, sie zu retten. Ich werde das Gerücht verbreiten, du seiest nach Indien geflohen. Dann reise ich dir nach und berichte dir, was in Babylon geschehen ist.»

Kador ließ zwei leichte Rennkamele an einer Geheimtüre bereitstellen; man hob Zadig, der fast bewußtlos war, in den Sattel. Ein treuer Diener begleitete ihn, und bald verschwand er in der Dunkelheit.

Vom Hange eines Hügels aus schaute er nochmals nach der Hofburg zurück, und die Sorge, was wohl aus der Königin geworden sei, brach ihm fast das Herz; seine Tränen flossen ohne Unterlaß, und er wünschte sich den Tod. Seine Gedanken waren ganz bei ihr, und er sagte sich: «Was ist denn das Leben der Menschen! Und was hat die Tugend für einen Sinn? Zwei Frauen haben mich unwürdig getäuscht; die dritte, die nicht schuldig ist und beide an Wert und

Schönheit weit überragt, geht einem grausamen Tode entgegen. Was ich auch Gutes tat, alles ist mir zum Bösen gediehen; ich habe den Gipfel der Macht nur erstiegen, um in den tiefsten Abgrund zu stürzen. Wäre ich niederträchtig, wie so viele andere, wer weiß, ob ich nicht glücklich wäre wie sie.» Und dann zog er in düstrem Schweigen seine Straße nach Ägypten weiter.

NEUNTES KAPITEL

Die geprügelte Frau

So folgte er dem Lauf der Sterne; Orion und Sirius leiteten ihn zum Hafen von Kanope. Er suchte seinen Trost in den hehren Himmelsleuchten, die uns als schwache Fünklein erscheinen, wo doch die Erde, die ihnen gegenüber ein Stäubchen ist, uns so groß und mächtig vorkommt. Und dazu stellte er sich vor Augen, wie die Menschen sind; bösartige Milben, die sich auf einem Häufchen Kot zerbeißen. Das tröstete ihn etwas; er begriff dabei sein eigenes Nichts, und er sah ein, daß auch Babylon ein Nichts war. Er verlor sich in der Endlosigkeit der himmlischen Räume und ihrer unabänderlichen Ordnung. Dann besann er sich wieder darauf, daß Astarte vielleicht seinetwegen ihr Leben gelassen habe; da sah er auch die ewige Weite der Welt nicht mehr und wußte nur noch, wie unselig sie beide waren.

So wechselten Ebbe und Flut in seinem Herzen, als er sich den Grenzen Ägyptens näherte. Schon hatte er seinen Diener in das erste Dorf vorausgeschickt, damit er ihm eine Unterkunft suche, und ritt nun einsam zwischen den Gärten hin. Da sah er eine Frau unweit der Straße, weinend und den Himmel um Hilfe anrufend, durch die Felder laufen, und einen wütenden Mann, der sie verfolgte; der holte sie ein, und sie umfaßte klagend seine Knie. Doch er schlug sie und machte ihr bittere Vorwürfe. Aus der Wut des Ägypters und ihren Bitten um Verzeihung schloß Zadig, daß er einen Eifersüchtigen und eine Ungetreue vor sich habe; als er die Frau näher ansah, bemerkte er, daß sie von rührender Schönheit war und etwas der Königin Astarte glich. Da wurde sein Herz von Mitleid erfaßt und von Zorn gegen den abscheulichen Mann.

«Hilfe!» schrie die Unglückliche, «befreie mich aus den Händen dieses Barbaren und rette mein Leben.»

Zadig eilte herbei, trennte die beiden, und da er etwas die Sprache des Landes kannte, sprach er zu dem Manne: «Sei menschlich, nimm dir ihre Schönheit und Schwäche zu Herzen! Wie kannst du solch ein Meisterwerk der Natur zerstören, das nichts als Tränen kennt, um sich deiner zu erwehren?»

Da schrie der andere noch zorniger als zuvor: «So

bist du also auch ihr Liebhaber; auch an dir muß ich mich rächen!» Damit ließ er die Haare des Weibes fahren und wollte den Fremden mit seiner Lanze durchbohren. Doch dieser packte kalten Mutes die Lanze nahe ihrem Eisen; so rangen sie miteinander, bis sie zerbrach. Dann griffen beide zu ihren Schwertern und fochten; Zadig wehrte als gewandter Fechter die wütenden Hiebe des andern sicher ab. Die Frau saß auf dem Rasen, band sich die Haare auf und schaute ruhig zu. Es war ein Mann von ungewöhnlicher Kraft; doch gelang es Zadig, ihn zu entwaffnen; er wirft ihn zu Boden und setzt ihm die Spitze seines Schwertes auf die Brust, bereit, ihm das Leben zu schenken. Da zückt der andere seinen Dolch und verletzt ihn. Erst jetzt sticht Zadig zu, und der Ägypter bricht mit einem furchtbaren Schrei zuckend zusammen.

Zadig tritt auf die Frau zu und sagt mit herzlichem Bedauern in der Stimme: «Er hat mich gezwungen, ihn zu töten. Du bist jetzt gerächt und vor seinen Gewalttaten sicher. Was kann ich noch für dich tun?»

«Stirb, du Schurke», schrie sie, «du hast meinen Freund umgebracht, dein Herz möchte ich zerreißen!»

«Da hattest du einen Freund eigener Art», entgegnete ihr Zadig; «er hat dich mit aller Kraft verprügelt und wollte mich umbringen, weil ich dir auf deine Bitten beigesprungen.»

«Ich wollte, er prügelte mich noch!» schrie sie mit

herzzerreißenden Tönen. «Verdient hatt' ich es wohl. Ich hab' ihn eifersüchtig gemacht. Wärest du an seiner Stelle tot!»

Da geriet auch Zadig in Zorn und schrie sie an: «So schön du auch bist, du verdientest, daß ich dich schlüge, wie er dich geschlagen hat, so toll bist du. Aber sei ruhig, ich tu' dir nichts.» Damit bestieg er sein Kamel und ritt weiter.

Kaum hatte er ein paar Schritte zurückgelegt, sah er vier Reiter aus Babylon, die mit verhängtem Zügel heransausten. Als der erste die Frau erblickte, rief er: «Das ist sie; das stimmt genau zu der Beschreibung, die man uns gemacht hat!»

Sie ergriffen die Frau und ließen den Toten liegen. Sie schrie Zadig noch im Wegreiten zu: «Hilf mir noch einmal, großmütiger Fremdling, und ich werde dir treu bis zum Grabe sein!»

Der zeigte aber keine Lust, sich ein zweites Mal für sie zu schlagen.

«Such dir einen andern Helfer!» rief er, «mich hältst du nicht noch einmal zum Narren!»

Überdies war er verwundet und brauchte Hilfe; auch hatte ihn der Anblick der vier Babylonier etwas beunruhigt. So ritt er denn in aller Eile weiter; er konnte sich nicht denken, weshalb sie das ägyptische Weib in den Sattel gehoben und mit ihr davongeritten waren.

ZEHNTES KAPITEL

Die Sklaverei

Als er in das Dorf einritt, sah er sich von einer Menge umringt, die schrie: «Das ist der Mann, der die schöne Missouf entführt und Kletofis ermordet hat!»

«Gott bewahre mich davor, eure schöne Missouf zu entführen!» entgegnete er, «sie ist mir zu launisch. Und Kletofis habe ich nicht ermordet, ich habe mich nur gegen ihn verteidigt. Er wollte mich töten, weil ich ihn ganz bescheiden um Gnade für die schöne Missouf bat, die er unbarmherzig verprügelte. Ich bin ein Fremder, der in Ägypten Zuflucht sucht, da werde ich mich doch nicht damit einführen, daß ich eine Frau raube und einen Mann töte.»

Die Ägypter waren gerecht und menschlich. Man führte Zadig in das Stadthaus, verband seine Wunden und verhörte dann ihn und seinen Diener, jeden für sich, um die Wahrheit herauszubekommen. Man überzeugte sich, daß er kein Mörder sei; da er aber das Blut eines Bürgers vergossen hatte, wurde er nach den Gesetzen des Landes zur Sklaverei verurteilt. Man verkaufte seine Kamele, verteilte sein Gold und seine Edelsteine unter die Bürger und stellte ihn und seinen Gefährten auf dem Platze zum Kauf aus. Ein arabischer Händler namens Setok erwarb ihn und den Diener; da dieser tüchtiger zur Arbeit schien, wurde er um einen höhern Preis zugeschlagen und Zadig ihm untergeordnet. Man fesselte ihre Füße an eine lange Kette, und so folgten sie dem Händler in sein Haus. Unterwegs tröstete Zadig den Diener und ermahnte ihn zur Geduld, und daran knüpfte er seine Überlegungen: «Du siehst, wie der Unstern meines Schicksals nun auch dich ins Unglück gestürzt hat. Alles ist mir bis heute zum Unheil ausgeschlagen. Weil ich die Hündin der Königin vorbeilaufen sah, wurde ich schwer gebüßt, wegen der Greifen hätte ich gepfählt werden sollen, und gehängt, weil ich Verse zum Lobe des Königs gedichtet hatte; beinahe wäre ich erwürgt worden, weil die Königin blaue Pantöffelchen trug, und jetzt bin ich ein Sklave, weil ein roher Mensch seine Geliebte verprügelt hat. Verliere den Mut nicht; auch das wird ein Ende nehmen. Arabische Händler müssen Sklaven haben; warum sollte ich es nicht sein so gut wie ein anderer, da ich doch ein Mensch bin wie ein anderer? Der Händler ist vielleicht nicht gar zu hartherzig; er muß uns gut behandeln, wenn er auf unsere guten Dienste zählt.» So sprach er und war in seinem Herzen um das Schicksal der Königin mehr als um alles andere besorgt.

Setok brach nach zwei Tagen mit seinen Sklaven und Kamelen nach dem wüsten Arabien auf; sein Stamm hauste am Berge Horeb. Der Weg war lang und mühselig. Setok kümmerte sich unterwegs mehr um den Diener als um den früheren Herrn, da jener sich besser auf das Packen der Kamele verstand. Zwei Tagereisen vor Horeb brach eines der Kamele zusammen; man verteilte seine Last auf die Schultern der Sklaven; auch Zadig erhielt seinen Teil. Setok mußte lachen, als er sah, wie nun alle gebückt gingen; da erklärte ihm Zadig, warum das geschehe und erläuterte ihm die Gesetze des Gleichgewichts. Der Händler staunte darüber und sah nun Zadig mit andern Augen an. Zadig reizte seine Wißbegier, indem er ihn manches lehrte, was er in seinem Handel gebrauchen konnte, wie das spezifische Gewicht der Metalle und anderer Waren, die Eigenschaften nützlicher Tiere und die Mittel, unnütze zu nützlichen zu machen; kurz, er erschien Setok als ein Weiser, und dieser gab ihm nun den Vorzug vor seinem ehemaligen Diener.

Als Setok bei seinem Stamme angelangt war,

wollte er von einem Hebräer fünfhundert Unzen Silbers eintreiben, die er ihm vor zwei Zeugen geliehen hatte. Nun waren die beiden Zeugen gestorben und der Hebräer sicher, daß man ihm nichts beweisen konnte; er pries Gott, daß er ihm ermöglichte, einen Araber zu betrügen. Setok klagte seine Not Zadig, der in allem sein Ratgeber geworden war.

«An welchem Ort hast du diesem Ungläubigen das Geld gegeben?»

«Auf einem gewaltigen Stein nahe beim Berg Horeb.»

«Wie ist dein Schuldner geartet?» fragte Zadig weiter.

«Er ist ein Schuft», antwortete Setok.

«Ich meine, ob er lebhaft oder langsam, überlegt oder aufbrausend ist.»

«Von allen schlechten Zahlern kenne ich keinen lebhaftern», erklärte ihm der Händler.

«Dann will ich deine Sache vor dem Richter führen.»

Zadig lud den Hebräer vor und sprach: «Du Polster vom Thron der Gerechtigkeit, ich verlange von diesem Mann im Auftrag meines Herrn fünfhundert Unzen Silbers zurück, die er nicht herausgeben will.»

«Hast du Zeugen?» fragte der Richter.

«Sie sind tot; aber da ist ein großer Stein, auf dem das Geld ausgezählt wurde; ich bitte deine Herrlichkeit, den Stein holen zu lassen, daß er Zeugnis ablege; der Hebräer und ich warten so lange, bis er hier ist; ich lasse ihn auf Kosten meines Herrn bringen.»

Der Richter war einverstanden und erledigte unterdessen andere Streitfälle. Als am Ende der Sitzung der Richter wissen wollte, ob der Stein nun da sei, lachte der Hebräer und sagte: «Da kann deine Herrlichkeit bis morgen warten, und er ist noch nicht da. Er ist mehr als sechs Meilen von hier, und es braucht fünfzehn Männer, um ihn von der Stelle zu heben.»

«Hatte ich nicht recht», rief da Zadig, «als ich sagte, der Stein würde Zeugnis ablegen? Wenn dieser Mann weiß, wo er ist, gesteht er also, daß auf ihm das Geld ausgezählt wurde.»

Da blieb dem verdutzten Hebräer nichts anderes übrig als zu gestehen. Der Richter befahl, daß er ohne Speise und Trank an den Stein gefesselt werde, bis die fünfhundert Unzen bezahlt seien, was bald geschah.

Das verschaffte dem Sklaven Zadig und dem Stein großen Ruhm in ganz Arabien.

ELFTES KAPITEL

Der Scheiterhaufen

Darauf wurde Zadig der vertraute Freund Setoks. Der konnte so wenig mehr ohne ihn sein wie einst der König von Babylon, und Zadig war glücklich, daß Setok keine Frau hatte. Er erkannte, daß sein Herr zu allem Guten geneigt, rechtschaffen und vernünftig war; nur sah Zadig es ungern, daß er die himmlischen Heerscharen, das heißt Sonne, Mond und die Sterne, nach dem alten Brauch der Araber anbetete. Darüber sprach er oft sehr verständig mit ihm. Er sagte ihm, das seien Körper wie die andern auch, und sie seien keiner größern Verehrung würdig als Bäume und Felsen.

«Aber», wandte Setok ein, «es sind ewige Wesen, die uns manche Vorteile verschaffen; sie beleben die Natur, regeln die Jahreszeiten und sind außerdem so weit von uns entfernt, daß man nicht umhin kann, sie zu verehren.»

«Und doch», sagte Zadig, «hast du von den Wellen des Roten Meeres größern Nutzen, die deine Waren nach Indien tragen. Und bist du sicher, daß dieses nicht gerade so alt ist wie die Sterne? Willst du aber anbeten, was in weiter Ferne ist, so bete doch das Land der Bengalen an, das am Ende der Welt liegt.»

«Doch siehe, wie hell die Sterne strahlen! Wer möchte sie da nicht verehren!»

Am Abend zündete Zadig eine stattliche Zahl von Fackeln im Zelte an, wo er mit Setok zu speisen pflegte; sobald sein Herr erschien, warf er sich vor ihnen auf die Knie und sprach feierlich: «Ewige, strahlende Lichter, seid mir immer hold!» Und dann setzte er sich zu Tisch, ohne Setok auch nur anzusehen.

«Was tust du da?» fragte dieser erstaunt.

«Gerade, was du tust. Ich bete die Fackeln an und vergesse darüber ihren und meinen Herrn.»

Setok verstand wohl, wie das Gleichnis gemeint war. Er wurde der Weisheit seines Sklaven teilhaftig und verschwendete seinen Weihrauch nicht mehr an die Geschöpfe, sondern betete nur noch das ewige Wesen an, das sie erschaffen hat.

Es herrschte damals in Arabien eine schreckliche Sitte, die man von den Skythen übernommen und die die Brahmanen Indiens aufgebracht hatten. War ein Mann gestorben und wollte seine Frau für heilig gelten, ließ sie sich öffentlich auf dem Leichnam des Gatten verbrennen. Es war eine feierliche Zeremonie, die man den «Scheiterhaufen der Witwe» nannte. Je mehr Witwen in einem Stamm verbrannt wurden, desto angesehener war dieser. Nun war eben ein Araber aus dem Sötas-Stamm gestorben, und die Witwe, namens Almona, die sehr fromm war, bestimmte den Tag und die Stunde, wo sie sich zum

Schall der Pauken und Posaunen ins Feuer stürzen wollte. Zadig stellte Setok vor, wie sehr dies dem Wohl des Menschengeschlechtes entgegen sei, wenn man ständig junge Witwen verbrenne, die dem Stamme Kinder schenken oder zum wenigsten die eigenen erziehen könnten, und überzeugte ihn, daß man womöglich damit brechen müsse.

Doch sagte er: «Seit über tausend Jahren lassen sich die Witwen verbrennen. Wer von uns wird es wagen, ein Gesetz zu ändern, das die Zeit geheiligt hat? Gibt es etwas Ehrwürdigeres als eine alte Unsitte?»

«Die Vernunft ist älter», erwiderte Zadig. «Sprich du mit den Häuptern des Stammes, ich will die Witwe aufsuchen.»

Er ging zu ihr, lobte ihre Schönheit, sagte ihr, wie jammerschade es sei, das alles dem Feuer zu überantworten; doch rühmte er auch ihre Treue und ihren Mut.

«Du hast wohl deinen Gatten über alles geliebt?» fragte er sie dann.

«Nicht im geringsten», antwortete sie. «Er war ein Grobian, eifersüchtig und unerträglich; dennoch bin ich fest entschlossen, mich verbrennen zu lassen.»

«Da muß es eine wahre Wollust sein, im Feuer umzukommen.»

«Das gewiß nicht», antwortete die junge Witwe, «ich vergehe fast vor Angst. Aber ich kann es nicht ändern. Ich bin fromm; da käme ich um mein ganzes Ansehen, und man verspottete mich, wenn ich mich diesem grauenvollen Ende entzöge.»

Nachdem Zadig sie überzeugt hatte, daß sie sich nur wegen der andern und aus bloßer Eitelkeit verbrennen lasse, sprach er lange mit ihr auf eine Weise, die ihr das Leben wieder lieb machte, und ein wenig auch den, der mit ihr redete.

«Was würdest du denn tun», sagte er schließlich, «wenn dich nicht die Eitelkeit triebe, dich verbrennen zu lassen?»

«Ach», sagte die Dame, «ich glaube, ich würde dich bitten, mich zu heiraten.»

Da aber im Herzen Zadigs Astarte als Königin herrschte, ging er auf diese Liebeserklärung nicht ein. Doch suchte er die Häupter des Stammes auf, erzählte ihnen, was er vernommen, und bestimmte sie, ein Gesetz zu erlassen, daß es einer jungen Witwe nur erlaubt sei, sich verbrennen zu lassen, nachdem sie eine volle Stunde unter vier Augen mit einem jungen Mann gesprochen habe. Seither ist in Arabien keine Witwe mehr verbrannt worden. Zadig allein hatte es fertiggebracht, an einem Tag eine so grausame Gewohnheit abzuschaffen, die seit Jahrhunderten herrschte. Er war so zum Wohltäter Arabiens geworden.

ZWÖLFTES KAPITEL

Das Gastmahl

Setok konnte sich nicht mehr von dem Manne trennen, der die Weisheit selber war, und nahm ihn mit an die große Messe von Bassora, wo sich die Kaufleute der ganzen Erde zusammenfanden. Zadig fand sein Ergötzen daran, soviel Menschen aus allen Himmelsstrichen zu sehen, die wie eine frohe Familie vereinigt schienen. Schon am zweiten Tag hatte er sich mit einem Ägypter, einem Bengalen, einem Chinesen, einem Griechen und einem Kelten an den nämlichen Tisch gesetzt; dazu kamen noch weitere Gäste, die auf ihren Handelsfahrten durch das Arabische Meer die Sprache des Landes so weit gelernt hatten, daß sie sich leidlich verstanden.

Der Ägypter schien sehr aufgebracht.

«Ist das ein verfluchtes Land hier!» rief er. «Niemand will mir tausend Unzen Goldes auf das allerbeste Pfand vorstrecken.»

«Was ist das für ein Pfand?» fragte Setok neugierig.

«Der Leichnam meiner Tante», erwiderte der Ägypter, «der besten Frau in Ägypten. Sie ist immer mit mir gereist; nun ist sie unterwegs gestorben, und ich habe sie aufs feinste einbalsamieren lassen; für ihre Mumie bekäme ich zu Hause alles,

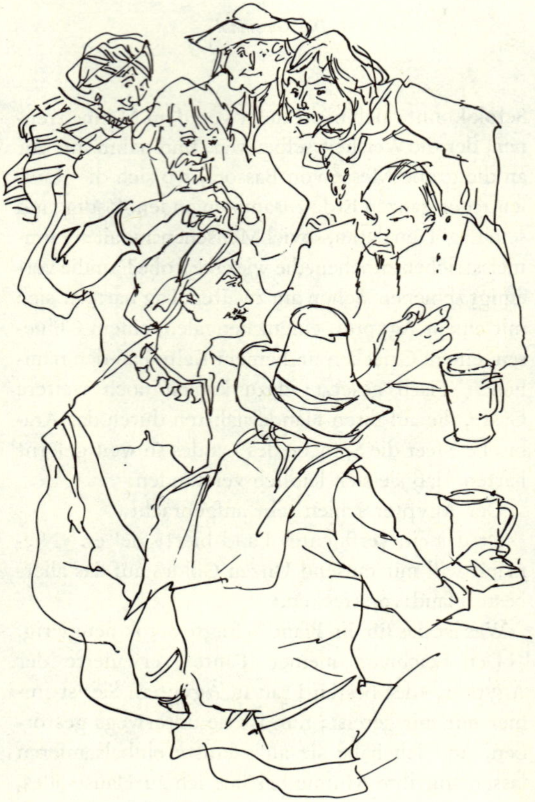

was ich nur wollte. Und hier nicht einmal tausend Unzen.»

Trotz allem Fluchen war er im Begriff, ein gebratenes Hühnchen zu zerlegen, als ihn der Inder an der Hand faßte und rief: «Das ist schrecklich! Was tust du da?»

«Mein Hühnchen esse ich», sagte der Mann mit der Mumie erstaunt.

«Nimm dich in acht», meinte der Inder. «Wie leicht konnte es geschehen, daß die Seele der Verstorbenen in dieses Hühnchen einging. Du wirst doch nicht deine Tante essen wollen! Hühnchen braten ist ein Frevel an der Natur.»

«Was willst du mit deiner Natur und deinen Hühnchen?» fuhr ihn der zornige Ägypter an; «unser heiligstes Tier ist ein Stier; das hat uns nie von einem Rindsbraten abgehalten.»

«Rinder betet ihr also an», rief der Inder. «Ist das möglich?»

«Warum soll das nicht möglich sein?» meinte der andere. «Das treiben wir schon seit hundertfünfunddreißigtausend Jahren, und nie hat einer etwas dagegen eingewendet.»

«Das mit den hundertfünfunddreißigtausend Jahren ist ein bißchen übertrieben. Unser Indien ist erst seit achtzigtausend Jahren bevölkert, und wir Inder sind doch gewiß das ältere Volk; Brahma hat uns verboten, Rinder zu essen, lange bevor ihr darauf verfallen seid, sie auf Altäre und Bratspieße zu bringen.»

«Das ist ein spaßiges Tierlein, euer Brahma! Glaubt ihr, der lasse sich mit unserm Apis vergleichen? Was hat er denn fertiggebracht?»

Empört sagte darauf der Brahmine: «Lesen und schreiben hat er die Menschen gelehrt, und die Kunst des Schachspiels hat er der Welt gezeigt.»

«Da irrt ihr», sagte ein Chaldäer, der dabei war. «Es ist der Fisch Oannès, dem man diese Wohltaten verdankt; ihm allein soll man huldigen. Jeder kann euch sagen, daß er ein göttliches Wesen war, mit einem vergoldeten Schwanz und einem Männerkopf; jeden Tag stieg er für drei Stunden aus dem Wasser, um den Menschen zu predigen. Er hatte Kinder, die alle Könige wurden; das weiß man doch; ich trage sein Bild immer bei mir und erweise ihm die schuldige Ehre. Rindsbraten darf man essen, so viel man will; doch ist es eine schreckliche Sünde, Fische zu kochen. Übrigens seid ihr zu geringer und junger Herkunft, um euch mit mir zu streiten. Die Ägypter meinen, sie seien hundertfünfunddreißigtausend Jahre alt und die Inder achtzigtausend; doch wir besitzen Kalender von vierhunderttausend Jahren. Laßt eure Narreteien beiseit, und ich schenke jedem ein Bild des Wunderfisches Oannès.»

Dann ergriff der Mann aus Peking das Wort und erklärte: «Alle Achtung vor den Ägyptern, den Chaldäern, Griechen und Kelten, vor Brahma, dem Apisstier und dem Wunderfisch. Doch scheint mir, daß Li oder Tien, wie man ihn nennen mag, so viel als Stiere und Fische gelten darf. Von meinem Land sage ich nichts; es ist so groß wie alle eure Länder zusammen. Auch über unser Alter will ich nicht streiten; uns genügt es, daß wir glücklich sind, und das dünkt uns wichtiger. Was aber die Kalender anlangt, so hat ganz Asien die unsrigen angenommen, und sie waren schon vorzüglich, bevor einer in Chaldäa höhere Rechenkunst verstand.»

«Ihr wißt alle miteinander nichts!» rief da der Grieche. «Wißt ihr denn nicht, daß das Chaos der Vater aller Dinge ist, und daß Form und Stoff die Welt so weit gebracht haben, wie sie heute ist?»

Er sprach lange und mit sehr kunstvoll gesetzten Worten, wurde aber von dem Kelten unterbrochen, der getrunken hatte, solange man sich stritt, und sich daher gescheiter vorkam als alle andern; er fluchte und schrie, nur Teutah und der Mispelzweig seien es wert, daß man über sie spreche; er habe immer einen bei sich, und die Skythen, seine Urahnen, seien die einzigen Ehrenmänner, die es auf der Welt gegeben habe; sie hätten zwar etwa Menschen gefressen; aber deswegen müsse man sein Volk doch hoch achten, und wenn einer an Teutah zweifle, wolle er ihm zeigen, was Lebensart sei.

Jetzt wurde der Streit immer hitziger; schon sah Setok es kommen, daß Blut fließen würde. Da stand Zadig auf, der bisher geschwiegen hatte; er richtete seine Worte zuerst an den Kelten, als an den wütendsten, erklärte ihm, er habe recht, und bat ihn um ein

Stücklein seines Mispelzweiges; dann lobte er die Beredsamkeit des Griechen und besänftigte so den Sturm der Geister. Dem Mann aus Peking sagte er wenig, da er der vernünftigste zu sein schien.

Zum Schluß ermahnte er alle: «Ihr streitet euch ohne Grund, liebe Freunde; denn ihr seid alle der gleichen Meinung.»

Das wollten sie nicht gelten lassen.

«Ist es nicht so», sagte er zum Kelten, «daß ihr zwar den Mispelzweig anbetet, aber im Grunde jenen meint, der ihn erschaffen hat?»

«Sicherlich», gestand der Kelte.

«Und wenn ihr Ägypter den Apisstier verehrt, denkt ihr dabei an den, der euch die Stiere gegeben hat?»

Der Ägypter nickte beistimmend.

«Und euer Fisch Oannès steht doch hinter dem zurück, der Meer und Fische geschaffen hat.»

«Einverstanden», sagte der Chaldäer.

«Auch der Inder und der Chinese erkennen einen Urgrund an. Die herrlichen Dinge, die der Grieche gesagt hat, habe ich nicht recht verstanden; aber ich bin gewiß, auch er nimmt ein höchstes Wesen an, von dem Form und Materie abhängen.»

Der Grieche gab zu, daß Zadig seine Gedanken trefflich erfaßt habe.

«So seid ihr alle einer Meinung, und es hat keinen Sinn, daß ihr euch streitet.»

Alle drückten ihm die Hand. Als Setok seine Waren verkauft hatte, führte er Zadig zu seinem Stamme zurück, und da vernahm dieser, daß man ihm inzwischen den Prozeß gemacht und daß er bei langsamem Feuer verbrannt werden sollte.

DREIZEHNTES KAPITEL

Das Stelldichein

Während Zadig in Bassora war, ratschlagten die Sternenpriester über sein Verderben. Schmuck und Juwelen der jungen Witwen, die sie auf den Scheiterhaufen geschickt, waren ihnen verfallen gewesen; da hatte ihnen Zadig einen bösen Streich gespielt, und das sollte er büßen. Er wurde beschuldigt, Irrlehren über die himmlischen Heerscharen zu verbreiten; hatte man ihn doch sagen hören, es sei nicht wahr, daß die Sterne täglich im Meer versänken. Die Richter erbebten über eine solche Lästerung; fast hätten sie ihre Kleider zerrissen, als sie so gottlose Worte vernahmen, und sie unterließen es nur, weil ihnen Zadig doch keine neuen hätte kaufen können. So verurteilten sie ihn denn dazu, langsam geröstet zu werden. Setok bot vergeblich seinen ganzen Einfluß auf, um den Freund zu retten; man brachte ihn bald zum Schweigen. Da nahm sich Almona, jene

Witwe, die er vom Scheiterhaufen errettet hatte, vor, es ihm mit Gleichem zu vergelten. Keinem Menschen sagte sie, was sie im Sinn führte. Es blieb ihr eine einzige Nacht, um den Plan durchzusetzen, den sie als schlaues und mitfühlendes Weibchen ausgeheckt hatte.

Sie salbte sich mit köstlichen Narden, kleidete sich reich und fein und begab sich zum obersten der Sternenpriester. Als sie vor dem ehrbaren Greise stand, sprach sie folgende Worte: «Du Erstgeborener der Großen Bärin, du Bruder des Stiers, du Vetter des Großen Hunds (das waren die Titel, die ihm zukamen), ich flehe dich an um einen Rat in einer Gewissensfrage. Habe ich nicht schwer gesündigt, als ich mich nicht mit meinem Gatten verbrennen ließ? Was wollte ich denn retten? Dieses vergängliche Fleisch, das schon ganz welk ist?» Und damit streckte sie ihre bloßen Arme aus ihren langen seidenen Ärmeln hervor; sie waren herrlich geformt und von köstlichem Glanze. «Du siehst wohl, wie wenig das taugt», sagte sie dabei.

Der Priester fand zwar, sie seien sehr schön; seine Augen sagten es, und sein Mund bekräftigte es.

«Vielleicht sind die Arme besser erhalten als alles andere», meinte die Witwe, «aber mein Busen ist längst ein Bild der Vergänglichkeit geworden.» Und damit zeigte sie ihre prächtig gewölbte Brust, wie aus Elfenbein mit Rosenknösplein geformt, weiß und zart wie Lämmlein, die aus dem Bade kommen.

Dazu ließ sie ihre schwarzen Augen leuchten, und der Priester sah wohl, wie auch die blühenden Wangen und die Perlenzähnchen noch mancherlei Seligkeit gewähren konnten; er kam sich wieder wie ein Jüngling vor, und sein Mund stammelte heiße Liebesworte.

Als ihn Almona so im Feuer sah, bat sie ihn um Gnade für Zadig.

«Das hülfe dir wenig, du Schönste unter den Schönen», sagte er, «solange du nicht auch die Unterschriften meiner drei Amtsbrüder hast. Die meinige magst du haben, wenn du mir feierlich versprichst...»

«Es wird mir eine Ehre sein», antwortete sie leise, «komm nach Sonnenuntergang in mein Haus; wenn der glänzende Stern Scheat am Himmel aufsteigt, wirst du deine Magd auf einem rosenfarbenen Ruhebett finden und mit ihr verfahren nach deinem Willen.» Dann ging sie mit seiner Unterschrift davon und ließ ihn voll Liebesverlangen und Zweifel an seiner Kraft zurück. Er stieg in ein stärkendes Bad, nahm einen Trank aus dem besten Zimmet Ceylons ein und wartete ungeduldig, daß der Stern Scheat erscheine.

Indessen ging Almona zum zweiten Oberpriester, der ihr schwur, die Sonne, der Mond und alle Feuer des Firmaments seien bloße Irrlichter, verglichen mit ihrem Liebreiz. Sie bat ihn ebenfalls um Gnade für Zadig, und er verlangte dafür dieselbe Gegenleistung. Sie ergab sich drein und gewährte dem zweiten Priester ein Stelldichein beim Aufgang des Sternes Algenib. Von ihm begab sie sich zum dritten und vierten Priester und erhielt auch von ihnen die Unterschrift gegen ein Stelldichein, jedesmal zu einem andern Stern. Dann entbot sie die Richter in einem wichtigen Anliegen auf den Abend zu sich. Sie kamen alle, sahen die Unterschriften und erfuhren, um welchen Preis die Gnade Zadigs feil war. Und dann kamen zur abgemachten Stunde die vier Hohenpriester, einer nach dem andern, waren verdutzt, ihre Amtsbrüder und die Richter da zu finden und schämten sich nicht wenig. So wurde Zadig gerettet. Und Setok bewunderte Almona und ihre gütige List so sehr, daß er sie sich zum Weibe nahm.

VIERZEHNTES KAPITEL

Die Tänzer

Setok sollte in seinen Handelsgeschäften nach der Insel Serendib reisen; aber im ersten Monat seiner Ehe, der bekanntlich der Honigmond ist, brachte er es nicht über sich, seine Frau zu verlassen, ja konnte sich nicht vorstellen, daß er es je über sich bringen werde. So bat er seinen Freund Zadig, an seiner Stelle die Fahrt zu unternehmen. «Soll ich mich immer weiter von der Königin meines Herzens entfernen?» seufzte er. «Doch muß ich meinem Wohltäter zu Diensten sein.»

Noch war er nicht lange auf der Insel Serendib, so wußte man, wie klug und weise er war. Die Kaufleute erwählten ihn oft zum Schiedsrichter; er wurde der Freund der Gelehrten und der Ratgeber der wenigen, die gewillt sind, Rat anzunehmen. Auch der König wollte ihn sehen und hören. Er erkannte bald seinen Wert und schloß ihn in sein Vertrauen und würdigte ihn seiner Freundschaft. Das ängstigte zwar Zadig; denn er wußte wohl, was von der Gunst der Fürsten zu halten ist. Doch konnte er sich seiner Freundschaft nicht entziehen; denn Nabussan, der König von Serendib, Sohn von Nussaban und Enkel von Nabassun, war einer der besten Fürsten von ganz Asien. Wenn man mit ihm sprach, mußte man ihn gern haben.

Dieser gute Fürst wurde allgemein gepriesen, betrogen und bestohlen. Man wetteiferte darin, seinen Schatz zu plündern. Der oberste Steuereinnehmer ging mit dem guten Beispiel voran, und die andern folgten getreulich nach. Der König wußte es; er hatte wiederholt einen andern Schatzmeister genommen; aber das hatte nichts geändert an dem herkömmlichen Brauch, die Staatseinnahmen in zwei Hälften zu teilen, von denen regelmäßig die kleinere seiner Majestät und die größere den Beamten zufiel.

Der König vertraute Zadig seinen Kummer an.

«Du weißt klugen Rat in allen Dingen», sagte er, «weißt du nicht, wie ich einen Schatzmeister finde, der mich nicht bestiehlt?»

«Sicher», entgegnete Zadig, «gibt es ein unfehlbares Mittel, um sich einen Mann mit saubern Händen auszusuchen.»

Da freute sich der König sehr, schloß ihn in seine Arme und fragte, wie er das anstellen müsse.

«Du brauchst nur alle tanzen zu lassen, die sich für diese Würde melden, und der am leichtesten tanzt, wird sicher der Redlichste sein.»

«Du bist ein Spaßvogel», lachte der König, «so finde ich doch nicht den erfahrensten Ratgeber in Geldsachen; das hat nichts mit der Anmut seiner Tanzschritte zu tun!»

«Den geschicktesten meine ich auch nicht», bedeutete ihm Zadig, «aber den redlichsten.»

Zadig schien seiner Sache so sicher, daß der König mutmaßte, er besitze ein übernatürliches Mittel, um zuverlässige Schatzmeister zu erkennen.

«Ich halte nichts vom Wunderbaren», sagte Zadig, «und wenn du mich, o König, die Probe machen läßt, wirst du sehen, daß mein Geheimnis die einfachste Sache der Welt ist.»

Daß das Geheimnis einfach war, erstaunte den König weit mehr, als wenn man es ihm für ein Wunder ausgegeben hätte, und er gab Zadig Vollmacht, zu tun, was er für gut finde.

Zadig ließ bekanntmachen, daß alle, die Schatz-

meister werden möchten, sich am ersten Tag des
Monats Krokodil im Vorzimmer des Königs, mit
leichten seidenen Gewändern angetan, einfinden
sollten. Es kamen ihrer vierundsechzig. In einem
großen Saal hielten sich Musikanten bereit. Doch
blieb die Türe geschlossen. Die Bewerber mußten
einer nach dem andern durch eine ziemlich dunkle
Galerie gehen, wo man sie einige Augenblicke allein
ließ. Hier hatte man alle Schätze des Königs bereitgestellt. Dann traten sie in den Saal und mußten
zum Klang der Musik ihre Künste zeigen. Niemals
ist mit schwereren Füßen und weniger Anmut getanzt worden; alle ließen die Köpfe hangen, krümmten ihre Lenden und preßten die Hände an die Seiten.

«O ihr Spitzbuben», sagte Zadig leise.

Nur ein einziger setzte seine Schritte leicht, hielt

den Kopf hoch, die Arme ausgebreitet, den Körper aufrecht, die Augen gerade ausgerichtet.

«Das ist unser Ehrenmann, unser Schatzkanzler», sagte Zadig.

Der König schloß den guten Tänzer in seine Arme und überreichte ihm seine Bestallung; die andern wurden nach der Gerechtigkeit bestraft. Denn sie hatten in der kleinen Galerie ihre Taschen so vollgestopft, daß sie kaum mehr gehen konnten. Es betrübte den König, daß unter vierundsechzig Bewerbern nicht weniger als dreiundsechzig Diebe gewesen waren. Die dunkle Galerie hieß fortan der Korridor der Versuchung. In Persien hätte man die Schuldigen wohl gepfählt, in andern Ländern hätte man ein Sondergericht eingesetzt, das das Dreifache des geraubten Schatzes gekostet und dem Herrscher nichts abgeliefert hätte; auch gibt es Staaten, wo die dreiundsechzig sich vollkommen gerechtfertigt und den leichtfüßigen Tänzer in Ungnade gebracht hätten. In Serendib mußten sie nur den Staatsschatz vermehren, den sie zu vermindern gedachten; denn Nabussan war ein gnädiger Herr.

Auch dankbar war er; er schenkte Zadig eine größere Summe, als je ein Schatzmeister eine gestohlen hatte. Zadig verwandte sie, um Boten nach Babylon zu senden, die ihm melden sollten, was aus der Königin Astarte geworden sei. Seine Stimme bebte, als er ihnen den Auftrag gab, und seine Augen bedeckten sich mit Finsternis. Zadig sah zu, wie sich die Boten einschifften, kehrte in die Hofburg zurück, und als er sich dort allein sah, seufzte er mehrmals: «Liebe, Liebe!»

Doch der König hatte es vernommen und sprach: «Ja, um Liebe handelt es sich; du hast meinen Kummer erraten. Du bist ein wahrhaft großer Mann! Ich hoffe, du wirst mir eine treue Frau finden helfen, wie vorher einen uneigennützigen Schatzmeister.»

Als Zadig seine Fassung wieder gewonnen hatte, versprach er, ihm wie in seinen Geldsorgen so auch in seinem Liebeskummer zu helfen, obwohl dies noch schwieriger schien.

FÜNFZEHNTES KAPITEL

Die blauen Augen

«Mit Leib und Seele bin ich zur Liebe geboren», sagte der König. «Für den Leib ist reichlich gesorgt; ich habe hundert Frauen; sie sind schön, dienstfertig und voll Sinnenlust oder tun wenigstens so. Doch mein Herz genießt nicht das nämliche Glück. Man gibt dem König süße Worte und kümmert sich wenig um Nabussan. Untreu ist wohl keine meiner Frauen; doch möchte ich eine Seele mein Eigen nennen, die ganz mir gehört. Für einen solchen Schatz gäbe ich alle vergängliche Schönheit hin. Vielleicht entdeckst du unter den Damen des Harems eine, die mich aufrichtig liebt.»

Zadig gab ihm den Rat, den er bei der Wahl des Schatzmeisters befolgt hatte; er bat, ihm die Schätze zu überlassen, die sich in der kleinen Galerie befänden; er werde ihm über alles Rechenschaft geben und nichts für sich behalten. Der König ließ alles geschehen. Dann suchte sich Zadig dreiunddreißig bucklige Zwerge aus, die häßlichsten, die er nur finden konnte, dazu dreiunddreißig Pagen, so schön, als sie zu haben waren, und dreiunddreißig beredte und kräftige Bonzen. Alle sollten freien Zugang zum fürstlichen Harem haben. Jeder Bucklige bekam viertausend Goldstücke zu verschenken, und alle waren schon am ersten Tage glücklich. Die Pagen, die nichts als sich selbst zu geben hatten, triumphierten erst nach zwei oder drei Tagen. Mit den Bonzen ging es etwas länger; doch schließlich gaben sich ihnen dreiunddreißig fromme Haremsdamen hin. Der König durfte durch einen Vorhang zusehen, wie rasch die neunundneunzig uneinnehmbaren Festungen fielen, und er wunderte sich nicht wenig.

Eine einzige war noch übrig, ein ganz junges Mägdlein, das erst seit kurzem da war und dem er seine Gunst noch nicht geschenkt hatte. Man sandte ihr nochmals ein paar Bucklige, die ihr bis zwanzigtausend Goldstücke boten; da lachte sie nur, daß jene vermeinten, dadurch schöner zu werden. Auch die schlankesten Pagen erschienen ihr nicht so schön wie der König. Und die beredten Bonzen sah sie für nichts als Schwätzer an.

«Nur das Herz darf da reden», sagte sie, «was soll dagegen alles Gold der Buckligen, die Anmut der jungen Knaben und die Verführungskünste der Bonzen? Ich liebe niemand als Nabussan, den Sohn des Nussaban, und bin seiner Gnade gewärtig.»

Das brachte den König auf den Gipfel der Freude, des Staunens und der Zärtlichkeit. Er nahm den Zwergen ihr Geld ab und gab es der schönen Falida; dazu schenkte er ihr sein Herz, und sie verdiente es wohl. Wie frisch duftete ihre Jugend, wie bezaubernd war ihr Liebreiz! Zwar verstand sie sich nicht gut auf Hofknixe, doch tanzte sie wie eine Huri, sang wie die Sirenen und plauderte wie die Grazien; sie war ebenso reich an Talenten wie an Tugend.

Nun wußte Nabussan, was Liebe war. Doch hatte Falida große blaue Augen, und das sollte ihr zum Unheil gereichen. Ein altes Gesetz verbot dem König blauäugige Frauen. Das hatte vor fünftausend Jahren ein Oberbonze durchgesetzt, um sich die schöne Frau des ersten Königs von Serendib anzueignen, und seither galt es als Staats-Grundgesetz. Alle Mönchsorden des Landes machten dem König Vorstellungen. Man wagte zu sagen, der Untergang des Reiches stehe bevor, die Ruchlosigkeit habe ihren Gipfel erreicht und Naturkatastrophen seien zu erwarten, weil Nabussan zwei große blaue Augen liebte. Die Buckligen, die Finanzleute, die Bonzen und die braunäugigen Damen erfüllten das Land mit ihren Klagen.

Die wilden Völker im Norden der Insel machten sich das zunutze. Sie brachen in das Land ein; Nabussan mußte Kriegssteuer erheben. Die Bonzen, die über die Hälfte aller Einkünfte verfügten, erhoben die Hände zum Himmel und weigerten sich, sie in ihre Geldkisten zu senken. Sie veranstalteten Gebete mit Flötenbegleitung und überließen das Land den Barbaren.

«Mein liebster Zadig», rief da der König, «weißt du keinen Ausweg aus dieser Not?»

«Das ist nicht schwer», antwortete Zadig. «Das Geld der Bonzen ist dir sicher. Überlaß nur ihre Landgüter den Feinden und verteidige bloß die deinigen.»

Das tat Nabussan. Da warfen sich die Bonzen dem König zu Füßen und baten ihn um Beistand. Der König ließ Chöre singen, deren Worte den Himmel um Beistand für die Güter der Bonzen anflehten. Nun gaben sie ihr Geld her, und bald war der Krieg glücklich beendet. Zadig hatte sich jedoch den unversöhnlichen Haß der Mächtigen zugezogen; die Bonzen und die braunäugigen Damen arbeiteten auf seinen Untergang hin, die Finanzleute und die Buckligen schlossen sich ihnen an, und man verdächtigte ihn beim König.

«Die Dienste, die du geleistet hast, bleiben im Vorzimmer, die Verdächtigungen dringen ins Kabinett», sagt Zoroaster. Die Anklagen folgten sich hageldicht; die ersten prallen ab, die zweiten streifen, die dritten verwunden, die vierten sind tödlich.

Das war Zadig nichts Neues. Er hatte die Geschäfte seines Freundes Setok zu einem glücklichen Ende geführt, und so fand er es an der Zeit, selber auf die Fahrt zu gehen, um zu erfahren, was aus Astarte geworden sei. «Bleibe ich in Serendib», so sagte er sich, «lassen mich die Bonzen pfählen. Doch wo soll ich hin? In Ägypten wäre ich ein Sklave, in Arabien würde ich wohl verbrannt und in Babylon erdrosselt. Doch muß ich wissen, was aus Astarte geworden ist und was sonst das Schicksal mit mir vorhat.»

SECHZEHNTES KAPITEL

Der Räuber

Als er an der Grenze von Arabien und Syrien an einem festen Schloß vorüberkam, stürzten bewaffnete Araber heraus und umzingelten ihn; sie schrien: «Alles, was du hast, gehört uns, und du gehörst unserm Herrn!» Zadig und sein Diener zogen ihre Schwerter; sie streckten einige der Angreifer nieder; doch kamen immer neue herbei, und da beschlossen die beiden, kämpfend zu sterben. Zwei gegen eine große Menge, das konnte nicht lange dauern. Der Herr des Schlosses, mit Namen Arbogad, der aus einem Fenster, verwundert über soviel Heldenmut, zugeschaut hatte, rannte herbei, trennte die Kämpfer und befreite die Reisenden. «Alles, was auf meinem Land vorbeikommt, gehört mir, so gut wie das, was ich im fremden Lande finde. Doch du bist ein tapferer Mann; mit dir mache ich eine Ausnahme.» Er ließ ihn eintreten, befahl, ihn als Gast zu behandeln, und am Abend lud er ihn zu Tisch.

Er gehörte zu jenen Arabern, die man Räuber nennt, aber er war auch edler Handlungen fähig; er raubte mit wütender Gier und war freigebig im Schenken, kühn in seinen Taten und sanft im Verkehr, ein Schlemmer, aber fröhlich bei Tisch und voller Freimut. Mit Zadig plauderte er vergnügt, und die Mahlzeit nahm kein Ende. Er trug ihm an, sich bei ihm anwerben zu lassen; das Handwerk sei nicht schlecht; man könne dabei ein reicher Mann werden.

«Wie lange treibst du es denn schon?» fragte Zadig.

«Seit meiner frühesten Jugend», sagte der Herr des Schlosses. «Ich war Knecht bei einem schlauen Araber; aber da hielt ich es nicht aus; es verdroß mich zu sehr, daß die Güter der Erde, die doch allen gemeinsam sein sollten, so ungerecht verteilt sind

und daß ich leer ausgegangen war. Da sagte mir ein alter Beduine: ‚Verzweifle nicht, mein Sohn. Es war einmal ein Sandkorn in der Wüste, das sich sehr gering vorkam. Da war es eines schönen Morgens ein Diamant geworden und schmückt heute die Krone des Kaisers von Indien.' Das nahm ich mir zu Herzen. Ich selber war das Sandkorn; ich selber wollte Diamant werden. Ich begann damit, daß ich zwei Pferde stahl; dann fand ich Gefährten, mit denen ich kleine Karawanen ausraubte, und so verbesserte sich allmählich jenes Mißverhältnis in der Verteilung der Güter. Mein Anteil wuchs mit Wucherzins; ich gewann an Ansehen, wurde ein großer Herr und erwarb mir dies Schloß mit bewaffneter Hand. Der Satrap von Syrien wollte es mir rauben; doch war ich schon zu stark geworden und bestach den Satrapen mit einem Stück Geld. So vergrößerte ich meinen Besitz. Er ernannte mich zum Schatzmeister für die Stämme der Nachbarschaft. Da ziehe ich die Steuern ein und behalte das Geld.

Der große Defterder von Babylonien sandte im Namen des Königs Moabdar einen kleinen Satrapen, um mich zu erdrosseln. Als er kam, wußte ich schon alles; ich ließ vor seinen Augen seine Gefolgsleute mit der seidenen Schnur erdrosseln und fragte ihn dann, was für einen Lohn er vom König für sein Henkeramt erwarte. Er glaubte, es wären dreihundert Goldstücke. Dann bewies ich ihm, daß bei mir viel mehr zu holen sei. Jetzt ist er einer meiner besten und reichsten Hauptleute. Dir könnte es mindestens so gut ergehen. Die Aussichten sind heute glänzend, seit Moabdar ums Leben kam und Babylon in größter Verwirrung darniederliegt.»

«Moabdar tot!» rief Zadig. «Und was ist aus der Königin Astarte geworden?»

«Das weiß ich nicht», antwortete Arbogad. «Ich weiß nur, daß Moabdar wahnsinnig geworden ist und daß man ihn umgebracht hat. In Babylon ist niemand seines Lebens sicher; das Reich ist in trostlosem Zustand. Da blüht unser Weizen, ich habe schon eine treffliche Ernte eingebracht.»

«Aber die Königin? Weiß denn niemand, was aus ihr geworden ist?»

«Es läuft das Gerücht, sie sei im Harem des Fürsten von Hyrkanien», berichtete der Räuber, «wenn sie nicht im Aufruhr umgekommen ist; ich kümmere mich mehr um Beute als um Neuigkeiten. Mir fallen Frauen genug in die Hände; ich behalte keine und verkaufe sie, ohne zu fragen, wer sie sind. Der Rang wird nicht bezahlt. Ist eine Königin häßlich, geht sie billig ab. Vielleicht war die Königin unter der Beute und ist schon wieder verkauft; vielleicht ist sie tot; ich weiß es nicht, und du solltest dich auch nicht darum kümmern.» Er leerte einen Becher um den andern, und sein Kopf wurde so wirr, daß nichts Vernünftiges aus ihm herauszubekommen war.

Zadig saß wie auf den Kopf geschlagen da. Arbogad bemerkte es nicht, trank lustig weiter, erzählte seine Geschichten, hielt sich für den glücklichsten aller Menschen und lud Zadig ein, seines Glückes teilhaftig zu werden. Dann schlummerte er tief und selig ein. Zadig verbrachte die Nacht in höchster Erregung. «Was ist geschehen?» wiederholte er sich immer wieder, «der König wahnsinnig, tot? Er tut mir trotz allem leid. Das Reich zerrissen, eine Beute der Räuber! Was sind das für Schicksale! Die Diebe sind glücklich, und ein Meisterwerk der Schöpfung wie Astarte ist vielleicht auf die schrecklichste Weise umgekommen oder lebt unter Verhältnissen, die schlimmer sind als der Tod.»

Vom frühen Morgen an befragte er alle im Schlosse darüber; doch jedermann war beschäftigt, und niemand gab ihm Antwort; man hatte in der Nacht neue Beute eingebracht und war gerade bei der Verteilung. Er konnte nichts weiter erreichen, als daß man ihn seines Weges ziehen ließ, und das tat er denn auch alsbald in schmerzliche Betrachtungen versunken.

Er beschleunigte seine Schritte und mußte immer an Astarte und seinen treuen Kador denken, an den glücklichen Räuber Arbogad und auch an jene launische Frau, die die babylonischen Leibwächter für die Königin Astarte gehalten und entführt hatten, kurz, an alles Mißgeschick und Unglück, das er erlebt hatte.

SIEBZEHNTES KAPITEL

Der Fischer

Während Zadig noch sein Schicksal beklagte, kam er, einige Meilen, nachdem er das Schloß Arbogads verlassen hatte, an das Ufer eines Flüßchens. Da sah er einen Fischer, der weinend und mit matter Hand sein Netz warf und seine Augen zum Himmel hob. «Ich bin gewiß der unglücklichste aller Menschen», sagte er. «Ich verkaufte die berühmtesten Rahmkäslein in Babylonien, und jetzt bin ich ruiniert. Ich hatte eine ausnehmend hübsche Frau; nun hat sie mich verlassen. Mein schlichtes Haus hat man geplündert und zerstört. Jetzt lebe ich in einer Hütte, weiß mir nur mit fischen zu helfen, und die Fische beißen nicht an. Eher sollte ich mich selber in die Fluten werfen als mein unnützes Netz.» Damit stand er auf und wankte davon wie einer, der sich ins Wasser stürzen und seinem Leben eine Ende machen will.

Zadig war erstaunt, daß es Menschen gab, die sich noch unglücklicher vorkommen als er selbst. Sofort ist er entschlossen, das Leben des Armseligen zu retten. Er läuft ihm nach, hält ihn an und befragt ihn mit gerührten und trostreichen Worten. Man ist weniger betrübt, wenn man einen Genossen seines Unglücks hat, aber, nach Zoroaster, nicht aus Schadenfreude, sondern aus Bedürfnis nach einer mitfühlenden Seele. Die Freude eines Glücklichen würde man als Beleidigung empfinden. Aber zwei Unglückliche sind wie zwei schwache Bäumchen, die sich aneinanderlehnen und so gegen den Sturm stützen.

«Warum willst du dich deinem Schmerz hingeben?» fragte ihn Zadig.

«Ich weiß mir nicht zu helfen», seufzte der andere. «Niemand war im Dorf Derlbak bei Babylon so angesehen wie ich; mit meiner Frau zusammen machte ich die besten Rahmkäslein im ganzen Lande. Die Königin Astarte und der berühmte Wesir Zadig liebten sie leidenschaftlich. Sechshundert Käslein hatte ich ihnen geliefert. Als ich in die Stadt ging, um mein Geld einzuziehen, vernahm ich, die Königin und Zadig seien verschwunden. Ich lief in den Palast Zadigs, den ich nie erblickt hatte, und da sah ich, wie die Hartschiere des großen Defterder sein Haus auf höhere Weisung gründlich ausplünderten. Dann rannte ich in die Küche der Königin; einige der Oberköche sagten, sie sei tot, andere glaubten, sie sei im Gefängnis, wieder andere meinten, die Flucht sei ihr gelungen; nur darin waren sie einer Meinung, daß mir niemand meine Käslein bezahlen werde. Ich ging mit meiner Frau zu dem Adligen Orkan, der zu meinen Kunden gehörte, und bat ihn um seine Gunst. Er gewährte sie meiner Frau und versagte sie mir. Sie war so weiß wie unsere Rahmkäslein und hatte Wangen und Lippen so rot wie der Purpur von Tyrus; das gefiel Orkan so sehr, daß er sie im Hause behielt und mich davonjagte. Ich schrieb ihr einen Brief und bat sie verzweifelt um Rückkehr. Da sagte sie dem Boten: ‚Ich kenne den Mann, ich habe von ihm gehört; er macht scheint's ausgezeichnete Rahmkäslein. Er soll mir ein paar Dutzend schicken; ich werde sie bezahlen.'

Dann wandte ich mich an die Gerichte. Ich besaß noch sechs Unzen Goldes, zwei mußte ich dem Sachwalter geben, den ich um Rat fragte, zwei bekam der Prokurator, der den Prozeß einleitete, zwei der Schreiber des obersten Richters. Damit hatte der eigentliche Prozeß noch nicht einmal begonnen, und schon hatte ich mehr Geld ausgegeben, als meine Frau und meine Käslein wert waren. Ich kehrte in mein Dorf zurück und wollte mein Haus verkaufen, um für den Preis meine Frau zurückzuerlangen.

Das Haus war gut seine sechzig Unzen Goldes wert; da man aber sah, daß ich arm war und sofort verkaufen mußte, bot mir der erste, an den ich mich wandte, dreißig Unzen, der zweite zwanzig und der dritte zehn. Schon wollte ich zu diesem Preis abschließen, so war ich verblendet, als der Fürst von Hyrkanien in Babylon einbrach und alles auf seinem Weg verwüstete. Mein Haus wurde geplündert und verbrannt.

So hatte ich also Geld, Frau und Haus verloren. Dann zog ich mich hierher zurück und versuchte, als Fischer mein Leben zu fristen. Die Fische machen sich lustig über mich wie die Menschen; ich fange nichts und sterbe vor Hunger und hätte den Tod im Wasser gesucht, wärest du mit deinen gütigen Trostworten nicht dazwischengekommen.»

Zadig ließ ihn nicht auf einen Zug seine Erzählung vollenden; er unterbrach ihn immer wieder erregt und fragte: «Weißt du wirklich nichts über das Schicksal der Königin?»

Das verneinte jener und wiederholte, er wisse nur, daß ihm weder Zadig noch die Königin die Käslein bezahlt hätten, daß er seine Frau verloren habe und so nicht weiterleben möge.

«Dein Geld ist nicht verloren», sagte Zadig zu ihm. «Ich kenne Zadig wohl; er ist ein Ehrenmann; kommt er nach Babylon zurück, wie er es im Sinne hat, gibt er dir mehr als den ausbedungenen Preis. Doch um deine Frau, die nicht allzu ehrbar ist, kümmerst du dich besser nicht mehr. Kehr jetzt ruhig nach Babylon zurück; ich bin vor dir dort, da ich zu Pferd bin und du zu Fuß. Dann gehst du zum edlen Kador und erzählst ihm, du habest seinen Freund getroffen. Dort wartest du auf mich, und dann soll dein Unglück ein Ende finden. O göttlicher Ormuzd», rief er dann noch, «du hast mich ausersehen, daß ich diesen Mann tröste; wen schickst du mir, daß auch ich Trost finde?» Damit gab er dem Fischer die Hälfte des Geldes, das er bei sich trug. Der küßte mit heißem Dank die Füße des Freundes von Kador und nannte ihn begeistert seinen Schutzengel.

Zadig fragte ihn noch weiter aus und vergoß dabei bittere Tränen.

«Bist du denn selber unglücklich, edler Herr?» rief da der Fischer, «und bist doch so großmütig wie keiner!»

«Wohl hundertmal unglücklicher als du», antwortete ihm Zadig.

«Wie ist es nur möglich, daß, wer gibt, beklagenswerter ist, als wer empfängt?»

«Das kommt daher», bekam er zum Bescheid, «daß dein Unglück aus der Not kommt und das meine aus dem Herzen.»

«Hat dir denn auch Orkan dein Weib geraubt?»

Bei diesem Wort erinnerte sich Zadig an alle Tükken des Schicksals, von der Hündin der Königin bis zum Räuber Arbogad.

«Orkan hat sicher Strafe verdient», sagte er zu dem Fischer. «Doch ist das Schicksal solchen Leuten gewöhnlich hold gesinnt. Aber geh nur zu meinem Freunde Kador und warte dort das Weitere ab.»

Damit trennten sie sich; der Fischer zog davon voll Dank gegen das Schicksal, während Zadig das seine verwünschte.

ACHTZEHNTES KAPITEL

Der Basilisk

Er kam auf eine schöne Wiese, und da sah er Frauen, die mit großem Eifer nach etwas suchten. Er trat auf eine zu und fragte sie, ob er ihr nicht helfen könne.

«Untersteh dich nicht», sagte die Syrierin, «was wir suchen, darf nur von einer Frau berührt werden.»

«Das ist seltsam», antwortete ihr Zadig, «was kann das sein, das kein Mann berühren darf?»

Sie sagte, das sei ein Basilisk, und sie suchten ihn für Ogul, ihren Herrn, dem das Schloß am Flußufer zuhinterst an der Wiese gehöre. «Wir sind demütige Sklavinnen», fügte sie bei, «und unser Herr Ogul ist krank. Ein Arzt hat ihm einen in Rosenwasser gekochten Basilisken zu essen verschrieben, und da das ein seltenes Tier ist, das sich nur von Frauen fangen läßt, hat er uns geschworen, er werde jene zur Frau nehmen, die ihm den Basilisken bringe. Störe mich nicht weiter; du siehst, was auf dem Spiel steht, wenn meine Gefährtinnen mir zuvorkommen.»

So ließ denn Zadig die Sklavinnen ihren Basilisken suchen und setzte seinen Weg fort. Als er an ein Bächlein kam, sah er eine andere Frau, die sich auf dem Rasen hingelagert hatte und nichts suchte. Ihre Haltung war nicht die einer Sklavin. Ihr Gesicht war unter einem Schleier verborgen. Sie neigte sich zum Bache und ließ schwere Seufzer hören. In der Hand hielt sie ein Stäbchen, mit dem sie Schriftzeichen in den Sand grub. Es nahm Zadig wunder, was die Frau schreiben mochte; er trat näher heran und sah, daß da ein Z stand, dem nun ein *A*, dann ein *D*, ein *I* und ein *G* zugefügt wurden; er erbebte und stand starr vor Staunen. Dann brach er sein Schweigen und stammelte in höchster Erregung: «Verzeih dem Fremden, dem vom Schicksal Verfolgten, wenn ich dich frage, warum deine schöne Hand den Namen Zadigs schrieb?»

Beim Klang dieser Stimme hob die Frau ihren Schleier mit zitternder Hand, sah Zadig an, stieß einen Schrei der Rührung, Überraschung und Freude aus, und, überwältigt von den verschiedenen Empfindungen, die ihre Seele bestürmten, sank sie ohne Besinnung in seine Arme. Es war wirklich Astarte, die Königin, der Zadig nach so langer Trennung wieder nahe war, die lang beweinte, der die ängstliche Sorge seiner Pilgerfahrt gegolten hatte. Als er sah, wie sie verwirrt und zärtlich die Augen aufschlug, fand er wieder Worte: «Ihr ewigen Mächte, die ihr die Geschicke von uns schwachen Menschen leitet, gebt ihr mir meine Astarte wieder, nach der ich mich Tag und Nacht immer gesehnt habe?» Er warf sich ihr zu Füßen. Die Königin hob ihn auf, hieß ihn, sich neben sie setzen, und wischte die Tränen aus ihren Augen, die stets von neuem flossen.

Immer wieder stockte ihre Rede, wenn sie ihn fragen wollte, welcher Zufall ihn herbeigeführt hatte, und sie unterbrach seine Antworten durch neue Fragen. Dann erzählte sie, was mit ihr geschehen, und wollte seine Abenteuer erfahren. Schließlich beruhigten sich beide so weit, daß er erklären konnte, wie es sich gefügt habe, daß er auf diese Wiese kam. «Aber du, Königin meines Herzens, wie kommst du an diesen entlegenen Ort, als Sklavin gekleidet, unter andern Sklavinnen, die einen Basilisken suchen, um ihn nach ärztlicher Verordnung in Rosenwasser zu kochen?»

«Laß sie nur suchen», sagte Astarte, «indessen erzähl' ich dir, was ich gelitten habe und was ich dem Himmel verzeihe, da du wieder da bist. Du weißt, wie übel es der König aufnahm, daß du der liebenswerteste Mann des Reiches warst, und wie er dich darum eines Tages erdrosseln und mich vergiften wollte. Du weißt auch, wie mein stummer Zwerg mich beizeiten gewarnt hat. Als dich der getreue Kador gezwungen hatte zu fliehen, trat er bei mir durch eine geheime Türe ein, entführte mich und verbarg mich in einem Ormuzd-Tempel, dessen Priester sein Bruder ist; er versteckte mich in dem Standbild des Gottes, dessen Fuß bis auf die Grundmauern des Tempels reicht und dessen Scheitel bis zum Gewölbe aufragt. Da war ich wie in einem Grab, wurde aber mit allem, was ich bedurfte, trefflich versorgt. Als der Leibarzt des Königs bei mir mit

ZADIG

seinem Trank eintrat, der aus allen höllischen Giften gemischt war, und ein Eunuch mit der seidenen Schnur dich aufsuchte, war niemand zu finden. Kador ging dann zum König und schuldigte uns beide an, um selbst nicht in Verdacht zu geraten. Er sagte, du hättest den Weg nach Indien und ich die Straße nach Memphis eingeschlagen, und da schickte man die Leibwächter hinter uns her.

Die Läufer, die mir folgen sollten, hatten mich nie gesehen; außer dem König warst du der einzige Mann, der mein Antlitz geschaut hatte. Da entdeckten sie an der Grenze Ägyptens eine Frau, auf die die Beschreibung zu passen schien; sie war in Tränen und schien ihren Weg nicht zu kennen. Sie brachten sie zu Moabdar. Ihr Irrtum versetzte den König zuerst in Wut, als er aber sah, wie schön sie war, tröstete er sich mit ihr. Sie hieß Missouf; das soll bei den Ägyptern die Launenhafte bedeuten. Und das war sie auch; doch war sie ebenso listig wie launenhaft. Sie gefiel Moabdar so sehr, daß er sie zu seiner Gattin erhob. Da zeigte sich erst ihr wahres Wesen; keine Laune erschien ihr zu toll. Sie wollte den obersten Magier, der alt und gichtig ist, vor sich tanzen lassen, und als er sich weigerte, verfolgte sie ihn mit aller Tücke. Der Waffenträger des Königs konnte lange sagen, er sei kein Zuckerbäcker; er mußte eine Torte backen, und man jagte ihn aus dem Haus, als sie verbrannt war. Dann machte sie ihren Zwerg zum Waffenträger und einen jungen Pagen zum

Kanzler. So brachte sie ganz Babylon in Verwirrung. Man sehnte sich nach mir zurück. Der König war verständig und ehrenhaft gewesen bis zur Stunde, wo er mich vergiften wollte; jetzt beging er eine Torheit nach der andern, seit er sich leidenschaftlich in dieses unsinnige Weib verliebt hatte. Am Tage des heiligen Feuers kam er in den Tempel; zu den Füßen des Standbildes, in das ich eingeschlossen war, sah ich ihn die Götter für Missouf anflehen. Da erhob ich meine Stimme und rief: ‚Die Götter geben einem König, der ein Tyrann geworden ist, kein Gehör. Du hast eine verständige Frau umbringen wollen und eine launische Närrin zur Gattin genommen!' Von diesen Worten fühlte sich Moabdar so betroffen, daß sich sein Geist verdüsterte. Das Orakel, das ich ausgesprochen hatte, und seine Liebesknechtschaft ließen ihn kurz nachher in Wahnsinn verfallen.

Da jedermann seine Krankheit für eine Strafe des Himmels ansah, war bald das ganze Land in Aufruhr. Man eilte zu den Waffen. Das Land, durch langen Frieden und Wohlstand verweichlicht, verfiel in blutigen Bürgerkrieg. Man holte mich aus meinem Götterbild; eine Partei wollte mich auf den Thron setzen. Kador eilte nach Memphis, um dich zurückzubringen. Da zog der Fürst von Hyrkanien, der all das vernommen hatte, mit seinem Heere heran. Moabdar stellte sich mit seiner albernen Ägypterin an die Spitze seiner Truppen und starb als Krieger; Missouf fiel in die Hände des Siegers. Mein Unstern wollte, daß auch ich von einem Haufen der Feinde gefangen wurde, und so wurde ich zusammen mit jenem Weib dem Fürsten von Hyrkanien vorgeführt. Ich gefiel ihm besser, und er bestimmte mich für seinen Harem; sobald der Krieg zu Ende wäre, wollte er zu mir eilen. Du kannst meinen Schmerz ermessen! Das Band, das mich an Moabdar kettete, war zerrissen; ich durfte Zadig angehören und war in der Gewalt jenes Barbaren. Ich sprach zu ihm mit dem hochgemuten Stolz einer Königin und tugendhaften Frau. Ich vermeinte zu wissen, daß die Würde einer Fürstin auch in Gefangenschaft und Elend nichts von ihrer Macht über die Seelen verliere und alle im Zaum zu halten vermöge. Ich sprach als Königin und wurde als Magd behandelt. Der Hyrkanier hielt mich nicht eines Wortes wert; er sagte zu seinem Eunuchen, ich sei ein freches Ding; aber da ich schön sei, möge er mich zu den Favoritinnen bringen, und dort solle ich so gepflegt werden, daß ich frisch und rosig sei, wenn er aus dem Felde zurückkomme. Ich erklärte ihm, ich würde mich eher umbringen; er lachte nur und sagte, er kenne solche Scherze längst, und ging davon wie einer, der einen Papagei in seinen Käfig gesperrt hat. Das war zuviel für die mächtigste Königin der Welt und für ein Herz, das Zadig angehörte.»

Als das Zadig vernahm, warf er sich ihr zu Füßen, und seine Tränen flossen von neuem. Astarte hob ihn voller Zärtlichkeit auf und fuhr in ihrer Geschichte fort: «So war ich denn einem Barbaren ausgeliefert zusammen mit meiner tollen Nebenbuhlerin. Die erzählte mir, was in Ägypten mit ihr geschehen war, und da konnte ich aus allem erkennen, daß kein anderer als Zadig sie beschützt hatte. Ich nahm also an, du seiest in Memphis, und da überlegte ich, wie auch ich dorthin gelangen möchte. Ich sagte zu Missouf: ‚Du bist viel hübscher und gefälliger als ich und wirst den Fürsten leicht beherrschen können, wenn ich nicht mehr da bin. Hilf mir also bei meiner Flucht, so wirst du es sicher zur Lieblingsfrau bringen.' Das leuchtete ihr ein; wir beredeten alles, und es gelang mir, mit einer ägyptischen Sklavin zu entfliehen.

Schon war ich an die arabische Grenze gelangt, als ich in die Hände eines Räubers namens Arbogad fiel, der mich an einen Händler verkaufte, und durch ihn bin ich in dieses Schloß gekommen, dessen Herr Ogul ist. Er erwarb mich, ohne zu wissen, wer ich bin. Das ist ein Mensch, der den Bauch zu seinem Gott gemacht hat und sich ganz den Tafelfreuden hingibt; er ist so dick geworden, daß er fast erstickt. Sein Arzt, auf den er nicht hört, solange er gut verdaut, macht mit ihm, was er will, wenn er sich überessen hat. Nun hat er ihm weisgemacht, er könne ihn mit einem Basilisken heilen. Ogul hat der Sklavin, die ihm einen bringen würde, seine Hand zugesagt, und da lass' ich sie nun suchen. Denn mich gelüstet es heute weniger als je, einen zu fangen.»

Astarte und Zadig sagten sich alles, was so lang zurückgedämmte Gefühle, ihr Unglück und ihre Liebe den edelsten und leidenschaftlichsten Herzen eingeben können, und die Genien der Liebe trugen ihre Worte zur Sphäre der Venus.

Die Frauen kehrten betrübt zu Ogul zurück; keine hatte den Basilisken gefunden. Da suchte Zadig den Herrn des Schlosses auf und sprach folgende Worte zu ihm: «Der Himmel möge um dich besorgt sein und dich mit unverlierbarer Gesundheit segnen. Ich bin Arzt und herbeigereist, als ich von deiner Krankheit vernahm. Ich habe dir einen Basilisken gebracht, in Rosenwasser gekocht. Nicht daß ich dich heiraten möchte; doch bitte ich dich um die Freiheit einer jungen Sklavin aus Babylon, die dir seit ein paar Tagen gehört. Ich selber will dein Sklave sein, gelingt es mir nicht, dich vollkommen zu heilen.»

Damit war Ogul einverstanden. Astarte reiste mit dem Diener Zadigs nach Babylon zurück und versprach, ihm bald einen Boten zu senden, damit er erfahre, was dort vor sich gehe. Sie trennten sich unter zärtlichen Schwüren. Sind doch Trennung und Wiedersehen die großen Meilensteine der Lebensreise, wie es im Zend-Avest heißt.

Dann sprach Zadig zu Ogul: «Man darf nie einen Basilisken essen, edler Herr; seine Kräfte müssen durch die Poren der Haut in dich eindringen. Ich habe ihn in einem Schlauch aus feinem Leder eingeschlossen und diesen fest mit Luft vollgepumpt. Den mußt du nun mit voller Kraft vor dich hinstoßen und das mehrmals im Tag wiederholen; du wirst sehen, wie gut dir diese Behandlung anschlägt.»

Am ersten Tag mußte sich Ogul atemlos niederlegen und glaubte, er komme vor Müdigkeit um. Am zweiten ging es schon spürbar leichter, und er schlief prächtig hernach. In acht Tagen hatte er die Kraft, die Leichtigkeit und Fröhlichkeit seiner Jugend zurückgewonnen.

«Fahre mit diesem Spiele fort», sagte ihm Zadig, «Basilisken findest du in der ganzen Natur sicher keinen, aber mit Mäßigkeit und Leibesübung fühlt man sich immer wohl. Die Kunst, Üppigkeit und Gesundheit unter einen Hut zu bringen, ist ein Wahngebilde wie der Stein der Weisen, die Sterndeuterei und die Gottesgelehrtheit der Magier.»

Der Leibarzt Oguls begriff, wie gefährlich diese Lehren für die Medizin waren; er verabredete sich mit dem Leibapotheker, wie man Zadig in eine andere Welt schicken könne, damit er dort Basilisken suche. So war dieser wieder in Lebensgefahr, aus keinem andern Grund, als weil er eine gute Handlung vollbracht hatte. Man lud ihn zu einem feinen Gastmahl, beim zweiten Gang sollte er vergiftet werden. Aber beim ersten Gang meldete sich der Bote Astartes, und sofort brach Zadig auf. «Wer von einer schönen Frau geliebt ist, dem wird es auf dieser Welt nie ganz schlecht gehen», sagt Zoroaster.

NEUNZEHNTES KAPITEL

Die Wettkämpfe

Man empfing die Königin in Babylon mit der Begeisterung, die man immer einer unglücklichen Fürstin entgegenbringt. Die Stadt hatte sich beruhigt; der Fürst von Hyrkanien war in der Schlacht gefallen. Nun beschloß man, Astarte müsse den Mann zum Gatten nehmen, den man zum König erwähle. Bei dieser Wahl wollte man alle Listen und Intrigen verhindern, und nur der Tapferste und Weiseste sollte König werden. Man richtete in der Nähe der Hauptstadt ein Kampffeld mit Stufenbauten für die Zuschauer ein. Die Kämpfer sollten vom Kopf bis Fuß gewappnet erscheinen. Jeder bekam ein besonderes Zelt, wo er von niemand gesehen und besucht werden durfte. Es mußten vier Lanzen gebrochen werden; die Sieger aus den Vorkämpfen mußten dann gegeneinander streiten, und wer als letzter übrig blieb, sollte den Kranz des Siegers davontragen. Dann sollte er sich vier Tage später in der nämlichen Rüstung einfinden und die Rätselfragen lösen, die ihm die Magier zu stellen hatten. Kam er damit nicht zuschlag, sollte das Lanzenstechen von neuem anheben, bis sich einer fände, der an Mut und Weisheit alle überragte. So lange sollte die Königin streng bewacht werden;

sie durfte nur verschleiert bei den Kämpfen zuschauen, jedoch mit keinem der Bewerber reden, damit keiner begünstigt oder benachteiligt werde.

So meldete der Bote Astartes, sie hoffe, ihr Freund werde alle an Mut und Klugheit übertreffen. Dieser bat den Himmel um Beistand und Erleuchtung. Am Vorabend der Wettkämpfe kam er an. Er ließ sich unter die Bewerber einreihen, mit gesenktem Visier und ohne seinen Namen zu verraten, wie es vorgeschrieben war. Dann ruhte er sich in dem Zelt aus, das ihm durch das Los zugefallen war. Sein Freund Kador, der ihn umsonst in Ägypten gesucht hatte, verschaffte ihm im Auftrag der Königin eine vollständige Rüstung, dazu ein vortreffliches persisches Pferd. Zadig ahnte wohl, von wem diese Geschenke herrührten; sein Mut und seine Liebe gewannen dadurch neue Kräfte und Hoffnungen.

Am folgenden Tag führte man die Königin unter ihren Thronhimmel; die Zahl der herbeigekommenen Zuschauer nahm kein Ende. Dann erschienen die Bewerber auf dem Kampffeld. Jeder nannte dem obersten Magier einen Wahlspruch, und dann entschied das Los über die Reihenfolge. Zadig sollte zuletzt kämpfen. Zuerst zeigte sich in grüngoldener Rüstung, einem grünen Federbusch und grünen Bändern an der Lanze ein reicher Adliger namens Itobad. Er war eitel, nicht gerade mutig, dazu ungeschickt und witzlos. Seine Diener hatten ihm eingeredet, ein Mann wie er sei zum Herrscher berufen, und da hatte er sich gleich beschwatzen lassen. Man sah aber schon an der Art und Weise, wie er sein Pferd lenkte, daß er nicht der Mann sei, einen Staat zu regieren. Der erste Ritter, der gegen ihn anrannte, warf ihn aus dem Sattel, der zweite brachte ihn so zu Fall, daß er wie ein zappelnder Käfer Arme und Beine in die Luft streckte; der dritte packte ihn am linken Fuß und drehte ihn aus den Bügeln in den Sand, der vierte besorgte das von der andern Seite aus. Alles lachte und pfiff, als man ihn in sein Zelt führte, wo er die Nacht verbringen sollte. So hinkte er denn hinaus und murmelte: «Ist das ein Abenteuer für einen Mann wie ich!»

Die andern legten mehr Ehre ein. Einige brachten zwei Ritter zu Fall oder gar drei, nur der Fürst Otama ward vierfacher Sieger. Dann trat Zadig in den Ring und war nicht minder erfolgreich. Da sollte sich nun erweisen, wem von den beiden die Palme gebühre. Otama hatte als Farbe Blau mit Gold erwählt; Zadigs Rüstung und Federbusch waren weiß. Die Gunst der Zuschauer war zwischen den beiden geteilt. Der Königin klopfte das Herz, und sie sandte heiße Gebete zum Himmel um den Sieg der weißen Waffen.

Die beiden Helden erwiesen sich als geschickte Fechter; sie saßen bei ihren starken Lanzenstößen so fest im Sattel, daß alle außer der Königin fanden, es seien beide der Krone würdig. Als ihre Pferde atemlos und alle Lanzen gebrochen waren, bewies

Zadig seine blitzartige Gewandtheit; mit einem kühnen Satz schwingt er sich hinter dem blauen Ritter auf dessen Pferd, faßt ihn mitten um den Leib, wirft ihn in den Sand und läßt das Roß um den Besiegten tänzeln, der reglos daliegt. Alles bricht in den lauten Ruf aus: «Sieg dem weißen Ritter!» Doch Otama erhebt sich nochmals, zieht sein Schwert, und so geht es im Fußkampf weiter. Hageldicht fallen die Schläge; die Federn von den Helmen, die Nieten der Armschienen fliegen durch die Luft. Sie stechen und hauen links und rechts, auf Kopf und Brust; sie springen vorwärts und zurück, winden sich wie Schlangen, stürzen aufeinander los wie Löwen, und Funken zucken durch die Luft. Schließlich hält Zadig einen Augenblick inne, macht dann eine Finte, bringt Otama zu Fall und entwaffnet ihn. Otama verneigt sich und sagt: «Weißer Ritter, du bist würdig, die Krone zu tragen!»

Die Königin war außer sich vor Freude. Man brachte den blauen und den weißen Ritter in ihre Zelte zurück, wie es geordnet war. Sie wurden von stummen Dienern mit allem versorgt, dessen sie bedurften; der stumme Zwerg der Königin war natürlich dem weißen Ritter zugeteilt worden. Dann sollten sie bis zum nächsten Tage ruhn, wo der Sieger dem obersten Magier seinen Wahlspruch bringen sollte, damit sein Name festgestellt werden konnte.

Obwohl Zadig verliebt war, schlief er tief, so müde war er. Itobad, der im nächsten Zelt lag, schlief nicht. Er stand leise auf, schlich sich in das Zelt Zadigs entwendete ihm die weiße Rüstung und ließ an ihrer Stelle die grüne liegen. Beim Tagesgrauen begab er sich dann zum Magier und erklärte dreist, er sei der Sieger. Niemand hatte dies erwartet; doch wurde er als solcher ausgerufen, als Zadig noch in tiefem Schlummer lag. Astarte kehrte bestürzt und verzweifelt nach der Stadt zurück. Die Zuschauer hatten sich schon fast verlaufen, als Zadig erwachte; er suchte seine Waffen und fand nur die grüne Rüstung. Es blieb ihm nichts übrig, als sie anzulegen. Voll wütender Entrüstung erschien er so auf dem Kampffeld.

Was noch an Zuschauern geblieben war, empfing ihn mit Lachen und Hohngebrüll; die unglaublichsten Beleidigungen mußte er einstecken. Schließlich wurde es ihm zuviel. Mit Schwerthieben hielt er sich die Schar der Spötter vom Leibe; doch wußte er nicht, was er tun sollte. Die Königin konnte er nicht sehen und sich nicht darauf berufen, daß sie ihm die weiße Rüstung geschickt habe; das hätte sie in Verdacht gebracht. So war er in äußerster Verwirrung und Sorge. Also hatte ihn das Schicksal wiederum mit niederträchtigster Tücke gepackt. «Da sieht man,» sagte er sich, «was man davon hat, wenn man zu spät aufsteht. Hätte ich nicht so lange geschlafen, so wäre ich König und der Gatte Astartes. Weisheit,

Reinheit der Sitten und Mut, alles ist zu meinem Unglück ausgeschlagen.» Er murrte gegen die Vorsehung, glaubte, die Welt sei von einem grausamen Schicksal beherrscht, das allen Guten feind und nur dem grünen Ritter zu Dienst sei. Und gerade in dessen Rüstung mußte er sich nun herumtreiben! Ein Händler kam vorbei; er überließ sie ihm für billiges Geld und erwarb sich dafür einen langen Kaftan und eine Mütze. So ging er dem Euphrat entlang und klagte die Vorsehung an, die ihn immer verfolgte.

ZWANZIGSTES KAPITEL

Der Einsiedler

Da begegnete er einem Einsiedler, dessen weißer, ehrwürdiger Bart bis zum Gürtel reichte. Er hielt ein Buch in der Hand, in dem er aufmerksam las. Zadig stand still und verneigte sich tief. Der Einsiedler dankte ihm auf so edle und sanfte Art, daß Zadig wagte, mit ihm ein Gespräch anzuknüpfen. Er fragte ihn, in welchem Buch er da lese.

«Es ist das Buch des Schicksals», sagte der Einsiedler, «willst du auch darin lesen?»

Zadig, der in vielen Sprachen bewandert war,

kannte jedoch die Schriftzeichen nicht. Das vermehrte seine Wißbegier.

«Du siehst recht bedrückt aus?» fragte ihn der gute Alte.

«Ich habe allen Grund dazu», erwiderte Zadig.

«Ich will dich begleiten», sprach der Greis, «vielleicht kann ich dir von Nutzen sein. Ich konnte schon öfter Verzweifelte trösten.»

Zadig empfand Ehrfurcht vor dem Einsiedler, seinem Bart und seinem Buch. Seine Reden zeugten von überlegener Einsicht. Er sprach vom Schicksal, von der Gerechtigkeit, dem Sittengesetz, dem höchsten Gut, der menschlichen Schwäche, Tugenden und Lastern mit einer so lebhaften und zu Herzen gehenden Beredsamkeit, daß Zadig sich durch einen unwiderstehlichen Zauber zu ihm hingezogen fühlte. Er bat ihn inständig, ihn nicht zu verlassen, bis sie wieder in Babylon wären.

«Das nämliche erwarte ich auch von dir», sagte der Alte, «aber schwöre mir bei Ormuzd, daß du dich nicht von mir trennst, was ich auch tun werde.»

Zadig tat es, und so brachen sie zusammen auf.

Sie kamen abends in ein prächtiges Schloß. Der Einsiedler bat um das Gastrecht für sich und seinen jungen Begleiter. Der Pförtner, der wie ein vornehmer Herr aussah, ließ sie mit stolzer Herablassung eintreten. Er übergab sie einem Hausverwalter, der ihnen die prächtigen Räume des Herrn zeigte. Sie durften am untern Ende des Tisches Platz nehmen;

doch der Herr würdigte sie keines Blickes; sie wurden aber wie die andern freigebig bedient. Zum Händewaschen reichte man eine goldene Schale herum, die mit Rubinen und Smaragden verziert war. Dann brachte man die beiden in einem herrlichen Saal zu Bett, und am Morgen überreichte man jedem ein Goldstück zur Wegzehrung.

«Der Schloßherr ist wohl recht großmütig», meinte Zadig unterwegs; «doch ist er etwas stolz, wenn es ihm auch nicht an Freigebigkeit gebricht.» Dabei bemerkte er, daß der Zwerchsack des Alten wie aufgebläht war, und er sah, daß er sich die goldene Schale mit dem Edelgestein angeeignet hatte. Er ließ sich nichts merken, fühlte sich aber schmerzlich überrascht.

Gegen Mittag kamen sie zu einem bescheidenen Haus, in dem ein reicher Geizhals wohnte. Da baten sie, ein paar Stunden rasten zu dürfen. Ein alter, schmutziger Knecht führte sie in den Stall, wo man ihnen ein paar faulige Oliven, etwas hartes Brot und verdorbenes Bier reichte. Der Einsiedler aß und trank so zufrieden wie am Tag zuvor; dann wandte er sich an den alten Knecht, der aufpaßte, daß nichts gestohlen werde und daß sie ohne Verzug weitergingen; er schenkte ihm die Goldstücke, die er am Morgen empfangen hatte, und dankte ihm mit freundlichen Worten. Dann bat er ihn, sie zu seinem Herrn zu führen. Das tat er, aufs höchste erstaunt.

«Erhabener Herr», sagte der Einsiedler zu diesem,

«ich kann dir nur bescheidenen Dank abstatten, daß du uns so trefflich bewirtet hast. Doch geruhe, diese goldene Schale anzunehmen.»

Beinahe fiel der Geizhals vor Staunen auf den Rücken. Der Einsiedler ließ ihm keine Zeit zur Besinnung und entfernte sich raschen Schrittes mit seinem Begleiter.

«Ich staune über dich, ehrwürdiger Vater», sagte dieser, «deine Handlungen sind höchst seltsam. Du raubst einem Herrn, der uns großmütig bewirtet hat, eine reiche Schale und schenkst sie dem alten Knauser, der uns unwürdig behandelt.»

«Merke dir, mein Sohn, daß jener Stolze, der Gäste nur aus Eitelkeit aufnimmt, um seinen Reichtum zu zeigen, hinfort weiser sein wird; der Geizige wird niemand mehr knickerig abspeisen. Staune über nichts und komm weiter.»

Kopfschüttelnd folgte ihm Zadig und wußte nicht, ob er es mit einem Narren oder einem Weisen zu tun habe; doch der Einsiedler sprach so ehrfurchtgebietend, daß Zadig, der überdies durch seinen Eid gebunden war, nicht anders konnte als ihm folgen.

Abends kamen sie zu einem netten Häuschen, das weder Verschwendung noch Geiz sehen ließ. Da lebte ein Weiser, der sich von der Welt zurückgezogen hatte, sich eines tugendsamen Wandels befliß und sich doch nicht langweilte. Er empfing die Fremden auf eine feine Art, ohne alle Protzerei. Er ging ihnen freundlich entgegen und ließ sie in einem bequemen Gemach ausruhen. Dann lud er sie zu einem einfachen Mahle ein; da sprach man von den neuen Ereignissen in Babylon. Der Weise schien der Königin sehr zugetan und wünschte, Zadig hätte am Wettstreit um die Krone teilgenommen. «Doch verdienen die Menschen», so sagte er, «keinen König wie Zadig.» Der errötete und fühlte seinen Schmerz heftiger als je. Man war sich darüber einig, daß der Welt Lauf mit den Gedanken der Weisen nicht einig gehe. Der Einsiedler betonte immer wieder, daß die Wege der Vorsehung unerforschlich seien und daß die Menschen unrecht hätten, über das Ganze zu urteilen, da sie ja nur den kleinsten Teil davon überblicken könnten. Auch über die Leidenschaften sprach man; Zadig hielt sie für unheilvoll.

«Sie sind wie der Wind in den Segeln», hielt ihm der Einsiedler entgegen, «sie bringen bisweilen das Schiff zum Kentern, und doch käme es ohne sie nicht vom Fleck. Die Galle macht uns zornig und krank, und doch könnten wir ohne Galle nicht leben. Alles ist gefährlich hienieden, und doch ist alles notwendig.»

Von den Genüssen des Lebens hielt er, sie seien ein wertvolles Geschenk der Gottheit. «Denn der Mensch», sagte er, «kommt aus eigener Kraft weder zu Empfindungen noch zu Gedanken; alles ist ein Geschenk von oben. Schmerz und Lust kommen ihm von einem Höheren.»

Zadig wunderte sich, daß einer bei so tiefen und

wahren Gedanken so seltsame Handlungen begehen könne. Nach belehrenden und angenehmen Gesprächen führte der Herr des Hauses die Gäste in ihr Gemach und segnete den Himmel, daß er ihm zwei so weise und tugendhafte Menschen beschert hatte. Er bot ihnen sogar Geld an, auf so vornehme Weise, daß sie sich nicht verletzt fühlen konnten. Das wies zwar der Einsiedler von sich und nahm Abschied von ihm, da sie schon vor Tau und Tag weiterzuziehen gedachten. Sie trennten sich auf die herzlichste Weise; Zadig hatte den Gastgeber wirklich liebgewonnen.

In ihrem Schlafgemach sangen sie noch lange das Lob ihres Wirtes. Beim Frühlicht weckte der Greis seinen Gefährten.

«Wir müssen aufbrechen», sagte er, «doch will ich, da alles noch schläft, unserm Gastgeber einen Beweis unserer Achtung und Anhänglichkeit hinterlassen.» Damit nahm er eine Fackel und legte Feuer an das Haus. Zadig wollte erschreckt aufschreien und ihn verhindern, eine so abscheuliche Tat zu begehen. Doch zog ihn der Greis mit überlegener Kraft davon. Schon flammte es lichterloh. Aus der Ferne sah er ruhig zu, wie alles niederbrannte.

«Gott sei gedankt», sagte er, «daß das Haus unseres lieben Gastgebers vollkommen zerstört ist. Der Glückliche!»

Zadig hätte am liebsten wild herausgelacht, den Greis beschimpft und verprügelt und die Flucht ergriffen. Doch fühlte er sich so sehr in der geistigen Gewalt des Einsiedlers, daß er ihm ohne ein Widerwort zum letzten Nachtlager folgte.

Das fanden sie bei einer wohltätigen und tugendhaften Witwe, bei der ein Neffe von vierzehn Jahren wohnte, der ihre einzige Hoffnung war. Sie sorgte für ihre Gäste, daß es ihrem Haus wohl anstand. Am Morgen hieß sie ihren Neffen die Fremden bis zu einer Brücke begleiten, die schon mehrmals eingestürzt war und die man nicht ohne Gefahr beschreiten konnte. Als sie mitten auf der Brücke waren, sagte der Alte: «Mein Sohn, nun muß ich deiner Tante noch den richtigen Dank abstatten.» Und damit packt er ihn an den Haaren und stürzt ihn in den reißenden Fluß. Noch einmal taucht sein Gesicht auf, und dann verschwindet es für immer in den Fluten.

«Du Ungeheuer, du Scheusal!» schreit ihn Zadig an.

«Du hast mir doch Geduld versprochen», unterbricht ihn der Greis. «So wisse denn, daß jener Weise unter den Trümmern seines Hauses einen unermeßlichen Schatz gefunden hat und daß der junge Mann, dem die Vorsehung den Hals brach, seine Tante in einem Jahr und dich in zwei Jahren ermordet hätte.»

«Woher weißt du das, du Bösewicht?» rief Zadig. «Wenn du auch im Buche des Schicksals zu lesen verstehst, darfst du deshalb ein Kind ertränken, das dir nichts zuleide getan hat?»

Während er noch sprach, sah Zadig auf einmal, daß der Greis keinen Bart mehr hatte und sein Antlitz im Glanz unvergänglicher Jugend erstrahlte. Auch seine Kutte war verschwunden; vier schöne Fittiche umhüllten seine gewaltige, strahlende Gestalt.

«Du erhabener Bote Gottes!» rief Zadig, «Bist du von den höchsten Sphären herabgeschwebt, um einem schwachen Sterblichen zu zeigen, wie man sich den ewigen Ratschlüssen unterwirft?»

Ihm antwortet der Engel Jesrad: «Die Menschen urteilen über alles und wissen nichts. Doch bei dir ist die Mühe nicht verloren, du kannst eine göttliche Lehre beherzigen.»

Da fragte ihn Zadig demütig, ob er sich eine Frage erlauben dürfe: «Ich traue meinem Urteil selbst nicht mehr. Aber willst du mir einen Zweifel beheben? Wäre es nicht besser gewesen, diesen Knaben zu bessern und auf den Pfad der Tugend zu führen, statt ihn zu ertränken?»

Jesrad antwortete ihm: «Wäre er tugendhaft geworden, so wäre sein Schicksal gewesen, selbst mit seiner künftigen Frau und seinem Sohn ermordet zu werden.»

«Ist es denn unbedingt notwendig, daß Verbrechen und Unglücksfälle sich ereignen und daß das Unglück gerade die Tugendhaften trifft?»

«Die Bösen sind immer unglücklich; sie dienen dazu, die kleine Zahl der Gerechten zu prüfen, und es gibt kein Übel, aus dem nicht etwas Gutes erwachsen könnte.»

«Wenn es aber nur Gutes und nichts Übles auf der Welt gäbe?»

«Dann wäre diese Erde eine andere Erde, die Verkettung der Begebnisse müßte einer andern Ordnung folgen, und diese andere kann nur im Umkreis des höchsten Wesens Geltung haben, dem sich kein Übel nahen darf. Es hat Millionen von Welten vollkommener Ordnung geschaffen, und keine gleicht der andern. Nur die unendliche Macht vermochte diese unendliche Vielgestalt zu erzeugen. Es gibt nicht zwei Blätter eines Baumes auf Erden und nicht zwei Gestirne in den Weiten des Himmels, die gleich wären, und allem, was du auf dem Atom siehst, auf dem du geboren wurdest, ist sein Ort und seine Zeit festgelegt seit dem Beginn der Zeiten, nach dem unabänderlichen Ratschluß dessen, der in seiner Allweisheit alles umfaßt. Die Menschen werden glauben, daß jenes Kind durch einen Zufall in die Fluten stürzte und daß das Haus des Weisen durch einen Zufall verbrannte. Aber es gibt keinen Zufall. Alles ist Prüfung, Strafe, Belohnung, Voraussicht. Denk an jenen Fischer, der sich für den unglücklichsten aller Menschen hielt. Da hat Ormuzd dich geschickt, um den Lauf seines Schicksals umzulenken. Gedenke, daß du sterblich bist und daß du nicht mit Dem rechten sollst, Den anzubeten deine Pflicht ist.»

«Aber», sagte Zadig ...

Da nahm der Engel schon seinen Flug in die höchsten Sphären. Und Zadig verehrte auf den Knien die göttliche Weisheit und unterwarf sich ihr. Aus der Höhe rief ihm der Engel noch zu: «Und nun geh nach Babylon!»

EINUNDZWANZIGSTES KAPITEL

Die Rätsel

Zadig schritt wie ein vom Blitz Geblendeter aufs Gratewohl vor sich hin. Er betrat Babylon am nämlichen Tag, wo sich die Bewerber, die den Kampf bestanden hatten, im Vorhof der Hofburg versammelten, um die Rätsel zu lösen und die Fragen des obersten Magiers zu beantworten. Alle Ritter mit Ausnahme des Grünen waren dazu erschienen. Als sich Zadig in der Stadt zeigte, sah man, wie glücklich das Volk war, ihn zu sehen; alle segneten ihn und wünschten, er möge der Krone teilhaftig werden. Der Neidhammel zitterte vor Wut und blickte haßvoll zur Seite. Das Volk strömte hinter Zadig her. Die Königin, der man seine Ankunft meldete, schwebte zwischen Furcht und Hoffnung; in ihrer Erregung konnte sie nicht begreifen, warum er unbewaffnet war und warum Itobad die weiße Rüstung trug. Als man Zadigs ansichtig wurde, erhob sich ein lautes Gemurmel. Man freute sich, ihn zu sehen; doch war es nur den Rittern, die gekämpft hatten, erlaubt, in der Versammlung zu erscheinen.

«Ich habe gekämpft wie die übrigen», sagte er dann, «aber ein anderer trägt meine Rüstung. Das werde ich euch beweisen. Inzwischen möchte ich die Rätsel lösen.»

Darüber stimmte man ab; noch waren alle von seiner Rechtlichkeit so überzeugt, daß man ihn ohne Zaudern zuließ.

Der oberste der Magier stellte zuerst die Frage: «Was ist das kürzeste und das längste von allen Dingen der Welt, das rascheste und das langsamste, das dehnbarste und das ausgedehnteste, das Verachtetste und das Ersehnteste, ohne das nichts geschehen kann, das alles Kleine verschlingt und alles Große belebt?»

Itobad sollte zuerst antworten. Er prahlte, ein Mann wie er brauche sich nicht mit Rätseln zu befassen; es genüge, daß er mit der Lanze in der Hand gesiegt habe. Andere rieten auf das Glück, auf die Erde, auf das Licht. Dann erklärte Zadig, es könne nur die Zeit sein. «Nichts ist länger, denn sie ist das Maß der Ewigkeit; nichts ist kürzer, denn für alle unsere Pläne erweist sie sich als zu kurz; nichts ist langsamer für einen, der wartet, und schneller für einen, der genießt; sie dehnt sich bis zur Unendlichkeit und teilt sich bis zum Unmeßbaren; jeder verachtet sie und betrauert ihren Verlust; nichts läßt sich ohne Zeit vollbringen; sie läßt alles vergessen, was nicht der Erinnerung wert ist, und was groß ist, macht sie unsterblich.»

Dazu nickte die Versammlung bewundernd Beifall.

Die zweite Frage lautete: «Was empfängt man ohne Dank, genießt es, ohne zu wissen wie; man gibt es den andern, wenn man nicht weiß, wo man ist, und verliert es, ohne es zu merken?»

Alle wagten sich mit einer Lösung hervor; nur Zadig erriet, daß damit das Leben gemeint war. Die andern Rätsel löste er ebenso leicht. Itobad meinte jedesmal, das sei ganz selbstverständlich gewesen, und er wäre natürlich auch darauf gekommen, wenn er sich die Mühe dazu genommen hätte. Man stellte auch Fragen über die Rechtspflege, über das höchste Gut, über die Kunst der Staatsführung. Jedesmal erwiesen sich die Antworten Zadigs als die stichhaltigsten. «Schade ist nur, daß ein so guter Kopf ein so schlechter Reiter ist.»

Dann ergriff er das Wort und sprach: «Der Sieg in beiden Wettkämpfen, ihr hohen Herren, steht allein mir zu. Die weiße Rüstung trug kein anderer als ich. Itobad hat sie mir, als ich schlief, geraubt; er meinte offenbar, sie stehe ihm besser als die grüne. Ich bin bereit, heute vor euch nur mit meinem Kaftan und meinem Degen gegen ihn in seiner Rüstung zu kämpfen und so zu beweisen, daß ich auch über den tapfern Otama gesiegt habe.»

Diese Herausforderung nahm Itobad mit aufgeblähtem Selbstvertrauen entgegen. In Helm, Brustpanzer und Armschienen mußte er doch mit einem Mann in Schlafrock und Nachtmütze fertig werden. Zadig zog seinen Degen und grüßte damit die Königin, die ihn voll Freude und doch von Furcht beseelt ansah. Itobad zog sein Schwert und grüßte niemand. Er stand da wie einer, der nichts zu fürchten hat. Er wollte Zadig den Kopf spalten; der wehrte den Hieb so geschickt ab, daß Itobads Schwert zersplitterte. Dann packte er ihn mit den Händen, warf ihn zur Erde und setzte seinen Degen in eine Fuge des Panzers. «Leg die Waffen nieder, oder du bist des Todes!» rief er laut. Itobad war erstaunt, daß das einem

Mann, wie er einer war, geschehen konnte; er ließ zu, wie ihm Zadig Helm und Panzer, ein Stück ums andere auszog und sich damit bekleidete; so warf er sich vor Astarte auf die Knie. Kador konnte leicht beweisen, daß die Rüstung Zadigs Eigentum war.

So wurde Zadig durch begeisterten Zuruf aller König. Astarte strahlte vor Glück, daß ihr nach allem, was ihr ein widerwärtiges Schicksal bereitet hatte, nun das Glück zuteil geworden war, daß ihr Geliebter vor der ganzen Welt würdig erschien, ihr Gatte zu werden. Itobad ließ sich zu Hause von seinen Dienern feiern. Zadig war endlich glücklich. Er vergaß nie, was ihn der Engel Jesrad gelehrt hatte und dachte auch an das Sandkorn, das ein Diamant geworden war. Die launenhafte Missouf ließ er durch die Welt laufen. Den Räuber Arbogad beschied er zu sich und ernannte ihn zu einem seiner Heerführer, falls er sein Räuberhandwerk lassen wolle; sonst drohte er, ihn hängen zu lassen.

Setok wurde aus Arabien herbeigerufen, um dem Handel Babylons vorzustehen, und er brachte die schöne Almona mit sich. Kador blieb Zadig in treuester Freundschaft verbunden; so konnte sich dieser rühmen, daß er der einzige Fürst der Welt sei, der einen wirklichen Freund besitze. Auch der Zwerg der Königin wurde nicht vergessen. Der Fischer erhielt ein schönes Haus, Orkan wurde dazu verurteilt, ihm eine große Summe Geldes zu bezahlen und ihm seine Frau zurückzugeben; doch war der Fischer klüger geworden und nahm nur das Geld.

Die schöne Semiris war untröstlich, daß sie geglaubt hatte, Zadig werde einäugig, und Azora weinte sich die Augen aus, weil sie ihm hatte die Nase abschneiden wollen. Alle diese Schmerzen linderte er durch prächtige Geschenke. Der Neidhammel starb vor Wut und Scham. Das Reich lebte im schönsten Frieden, in Ruhm und Überfluß und genoß die herrlichste aller Zeiten; mit Gerechtigkeit und Liebe wurde es nun regiert. Alle segneten Zadig, und er segnete den Himmel.

CANDIDUS

ERSTES KAPITEL

Wie Candidus in einem schönen Schlosse aufwuchs und wie es dazu kam, daß er daraus wieder verstoßen wurde

In Westfalen, im Schlosse des Barons von Thunderspruck, wuchs ein Bursche von sanftestem Wesen auf. Er sah sehr seelenvoll aus und wußte recht klug zu urteilen; doch war sein Witz ohne Gift noch Galle. So unschuldsweiß erschien er allen, daß man ihn wohl aus diesem Grund Candidus nannte. Die Küchenmägde wisperten sich ins Ohr, er sei das Kind einer Schwester des Herrn Baron und eines braven Krautjunkers aus der Nachbarschaft; doch hatte sie ihn nie heiraten wollen, da er nur einundsiebzig Ahnen nachweisen konnte; der Rest seines Stammbaums hatte dem Zahn der Zeit nicht standgehalten.

Der gnädige Herr war einer der mächtigsten Barone des Landes; denn sein Schloß hatte Fenster und ein Portal. Im Rittersaal hing sogar ein Wandteppich. Aus den Kötern, die um den Stall lungerten, machte er, wenn Not an Mann kam, seine Jagdmeute; seine Stallknechte waren seine Jäger und der Dorfpfaff sein Schloßkaplan; seine Untertanen nannten ihn Ew. Gnaden, und wenn er Witze riß, lachten sie schallend.

Die gnädige Frau wog wohlgezählt ihre dreihundertfünfzig Pfund; was wunders, daß man ihr hohe Ehren zollte. Sie machte die Honneurs so würdig und gemessen, daß alles in Demut vor ihr erstarb. Das Töchterchen Kunigund zählte siebzehn Lenze, war mollig, rotbackig wie ein Äpfelchen, zum Anbeißen. Der Sohn schlug in allen Dingen dem Herrn Papa nach. Der Hofmeister war das Orakel des Hauses; der kleine Candidus paßte bei seinen Lektionen so treuherzig auf, wie es seinem Alter und seinem Charakter entsprach.

Pangloss dozierte die Metaphysico-Theologo-Kosmo-Trallalogie, bewies mit geschärfter Logik, es gebe keine Wirkung ohne Ursach', und in der bestmöglichen aller Welten sei das Schloß des Herrn Baron das herrlichste aller Schlösser und die gnädige Frau die bestmögliche aller Baroninnen.

«Erwiesen ist», pflegte er zu sagen, «daß die Dinge

nicht anders sein können, als sie sind; alles ist zu einem Zweck erschaffen, also logischerweise zum besten Zweck. Die Nasen sind uns gewachsen, daß wir Brillen darauf setzen, und so haben wir denn Brillen; die Beine sind gemacht, um behost zu werden, und so tragen wir denn Hosen; die Steine sind da, daß man sie behaue und Schlösser daraus errichte, und so hat denn der gnädige Herr ein prächtiges Schloß; muß der würdigste Baron des Landes nicht am feinsten wohnen? Die Schweine wachsen auf, daß man sie esse, und so schmausen wir denn alle Tage, die Gott gibt, unsern Speck. Folglich ist es eine Dummheit zu sagen, die Welt sei gut eingerichtet; man muß vielmehr sagen: ‚Alles ist aufs beste bestellt.'»

Candidus hörte brav zu und glaubte alles in seiner Herzenseinfalt. Fräulein Kunigund deuchte ihn wunderschön; doch war er nicht herzhaft genug, es ihr zu sagen. Als höchste Stufe der Glückseligkeit erschien ihm, als Baron von Thunderspruck zur Welt zu kommen, als die nächste, Fräulein Kunigund zu heißen, als die dritte, sie täglich zu sehn, und als die vierte, den Lektionen des Magisters Pangloss beizuwohnen, des größten Philosophen im Lande und somit auf dem Erdball.

Kunigundchen erging sich einstens in dem Wäldchen, so man Park zu nennen beliebte, und sah tief im Gebüsch, wie Magister Pangloss just der Zofe ihrer Mama, einem brünetten, fügsamen Frauenzimmerchen, eine Lektion in Experimentalphysik erteilte. Gundelchen hatte viel Interesse für Naturwissenschaften. Sie sah deutlich den «zureichenden Grund» des Doktors, die Wirkungen und Ursachen, und kehrte erregt und nachdenklich ins Schloß zurück, voll Verlangen, gelehrt zu werden, und überzeugt, sie könnte wohl dem jungen Candidus als zureichender Grund dienen, und er ihr gleichermaßen.

Gleich nachher traf sie ihn, wurde puterrot, er nicht minder. Sie wünschte ihm mit bebender Stimme guten Abend; Candidus schwatzte allerlei und wußte nicht was. Am Tag darauf, als man vom Essen aufstand, fanden sich die beiden wie zufällig hinter der spanischen Wand; Gundelchen ließ ihr Taschentuch fallen, Candidus hob es auf, sie ergriff in aller Unschuld seine Hand, und er küßte ebenso unschuldig die ihre, und zwar so gefühlvoll, heiß und inniglich, daß Mund zu Mund sich fand. Vier Augen glänzten, vier Knie zitterten, vier Hände wußten nicht wohin. Eben ging der Herr Baron vorüber, erkannte sogleich Ursach' und Wirkung und jagte Candidus mit den allerbesten Tritten in den Allerwertesten aus dem Haus. Gundelchen fiel in Ohnmacht, die Frau Mama schlug ihr, kaum war sie wieder bei sich, die dicken Patschhände um die rosigen Öhrchen, und alles war bestürzt und verwirrt im schönstmöglichen aller Schlösser.

ZWEITES KAPITEL

Wie es Candidus bei den Bulgaren erging

Als Candidus aus dem irdischen Paradies vertrieben war, lief er gradaus, ohne zu wissen wohin, weinte, hob die Augen zum Himmel und wandte sich oft nach dem herrlichsten aller Schlösser zurück, in dem die lieblichste aller Baronessen wohnte. Ohne zu essen, legte er sich in eine Ackerfurche; der Schnee wirbelte in dicken Flocken. Ganz erfroren schleppte er sich am andern Morgen in die nächste Stadt namens V., ohne einen Heller, halbtot vor Hunger und Elend.

Traurig hielt er an der Tür einer Schenke an. Zwei blaugekleidete Männer erblickten ihn. «Kamerad», sagte der eine, «da steht ein junger Mann, der ist gerade gewachsen, hat das richtige Maß.»

Sie gingen Candidus entgegen und luden ihn verbindlich ein, mitzuhalten.

«Meine Herren», sagte Candidus mit entzückender Bescheidenheit, «Ihre Einladung ehrt mich sehr; doch hab' ich keine Mittel, um meine Zeche zu bezahlen.»

«Na, na», erwiderte einer der Blauröcke, «Leute von Ihrem Wuchs und Verdienst brauchen niemals zu bezahlen. Sind Sie nicht fünf Schuh und fünf Zoll groß?»

«Ja, das ist mein Maß», sagte er und verbeugte sich.
«Also bitte, setzen Sie sich an den Tisch. Wir werden Sie nicht nur freihalten, sondern wir werden es auch nicht zulassen, daß ein Herr wie Sie ohne Mittel bleibt. Die Menschen sollen sich gegenseitig helfen.»

«Sie haben recht, meine Herren, und das hat mich auch Magister Pangloss gelehrt. Ich sehe wohl, daß alles auf der Welt aufs beste eingerichtet ist.»

Man bittet ihn, ein paar Taler anzunehmen; er steckt sie ein und will einen Schuldschein ausstellen, was man nicht zuläßt. Und dann setzt man sich zu Tisch.

«Lieben Sie nicht zärtlich ...?»

«Freilich verehr' ich grenzenlos mein Fräulein Kunigund ...»

«Nein», sagte einer der Herren, «wir fragen Sie, ob Sie nicht den König der Bulgaren zärtlich lieben?»

«Durchaus nicht», sagte er; «denn ich habe ihn noch nie gesehen.»

«Wie? Das ist doch der entzückendste aller Könige. Wir müssen auf sein Wohl anstoßen.»

«Sehr gern, meine Herren.» Er trinkt.

«Jetzt genügt's», sagte man ihm. «Jetzt sind Sie eine Stütze der Verteidigung, der Held der Bulgaren. Ihr Glück ist gemacht.»

Allsogleich fesselt man ihn an den Füßen, bringt ihn zum Regiment. Man heißt ihn rechtsum, linksum, Ladstock raus, Ladstock rein machen, Feuern und Laufschritt, und zieht ihm dreißig mit der Fuchtel hintenüber. Am zweiten Tag macht er seine Sache schon weniger schlecht und bekommt nur noch zwanzig Streiche, am dritten Tag nur noch zehn, und seine Kameraden gaffen ihn wie ein Wunder an.

Noch ist ihm etwas wirr im Kopf; er begreift noch nicht recht, wieso er ein Held ist. An einem schönen Frühlingsmorgen kommt's ihn an, so drauflos zu spazieren, da er glaubt, die Menschen hätten wie die Tiere das Recht, sich ihrer Beine nach Belieben zu bedienen. Noch war er keine zwei Meilen weit, packen ihn vier andere, sechs Fuß große Waldriesen, binden ihn, werfen ihn ins Loch. Man fragt ihn wie rechtens, ob er lieber sechsunddreißigmal durch das Regiment Spießruten laufen oder zwölf blaue Bohnen ins Gehirn gepflanzt haben wolle. Er verzichtet auf beides, der Wille des Menschen sei frei.

Nützt ihm gar nichts; also, wenn's sein muß, die Spießruten. Zweimal hält er das aus. Das Regiment zählte zweitausend Mann, macht also viertausend Hiebe, die ihm vom Hals bis zum Hintern Muskeln und Sehnen bloßlegten. Da fleht er um den Gnadenschuß; man gewährt ihn als besondere Gunst, verbindet ihm die Augen, heißt ihn niederknien. Reitet grade der König der Bulgaren vorbei, möchte wissen, was mit dem jungen Sünder los ist. Und da er ein grundgescheiter König war, begriff er alsbald, daß er es mit einem jungen Metaphysiker zu tun hatte, der vom Lauf der Welt recht wenig verstand. Er schenkt ihm also das Leben, und seine Güte wird von allen Zeitungen und in allen Zeiten darob gepriesen werden.

Ein tüchtiger Feldscherer heilte Candidus in drei Wochen mit den Linderungsmitteln, die schon der alte Dioskurides empfohlen hatte. Schon war ihm etwas Haut gewachsen, und er konnte wieder gehen, da lieferte der König der Bulgaren dem König der Abaren eine Schlacht.

DRITTES KAPITEL

*Wie Candidus von den Bulgaren loskam
und was dann weiter geschah*

Nimmer hat man so was Schönes, Glänzendes, weise Geordnetes gesehn als die beiden Armeen. Drommeten, Querpfeifen und Oboen, Trommeln und Kartaunen machten einen Mordsspektakel, die Teufel in der Hölle wurden grün vor Neid. Da schossen die Kanonen beiderseits ihre sechstausend Mann über Haufen; beförderte das Musketenfeuer neun- bis zehntausend arme Schlucker aus der bestmöglichen Welt, deren Kruste sie verstänkert hatten; dann war das Bajonett die genügende Ursach' vom Tod weiterer Tausende. Summa summarum wurden an die dreißigtausend aus dem Jammertal erlöst. Candidus zitterte wie ein Philosoph und verkroch sich, so gut es ging, bis die Schlächterei vorüber war.

Nun ließen die beiden Könige, jeder in seinem Lager, ein Tedeum anstimmen. Da kam ihm in den Sinn, anderswo über Ursach' und Wirkung nachzudenken. Er kletterte über Tote und Sterbende, kam ins nächste Dorf. Es war ein abarisch Dorf, und die Bulgaren hatten, wie sich's nach Kriegsrecht gehört, den roten Hahn flattern lassen. Greise, von Kugeln gespickt, blickten auf niedergemetzelte Frauen, die Säuglinge an der blutenden Brust, verröchelten; Mädchen, von geilen Helden geschändet, lagen mit aufgeschlitztem Leib und stießen den letzten Seufzer aus; andere, halbverbrannt, schrien um den Gnadenstoß. Blut und Hirn war überall verspritzt, abgehackte Glieder zuckten am Boden.

Candidus floh entsetzt. Dann kam er in ein bulgarisch Dorf, wo die Abaren genau so gehaust hatten. Auch da zuckende Gliedmaßen, glimmende Trümmer. Endlich hat er die Kriegsbühne hinter sich. Im Habersack ist noch etliches Eßbares; er läuft drauflos, denkt an Fräulein Kunigund. Die letzte Brotkrume ist verzehrt; nun ist er in Holland. Da sei jeder reich, hat man ihm gesagt, reich und christlich dazu; so zweifelt er nicht, daß man ihn so gut behandeln werde wie im Schloß zu Thunderspruck vor dem kleinen Sündenfall mit seinem Gundelchen.

Er ging ein paar steifleinene Herren um einen Gro-

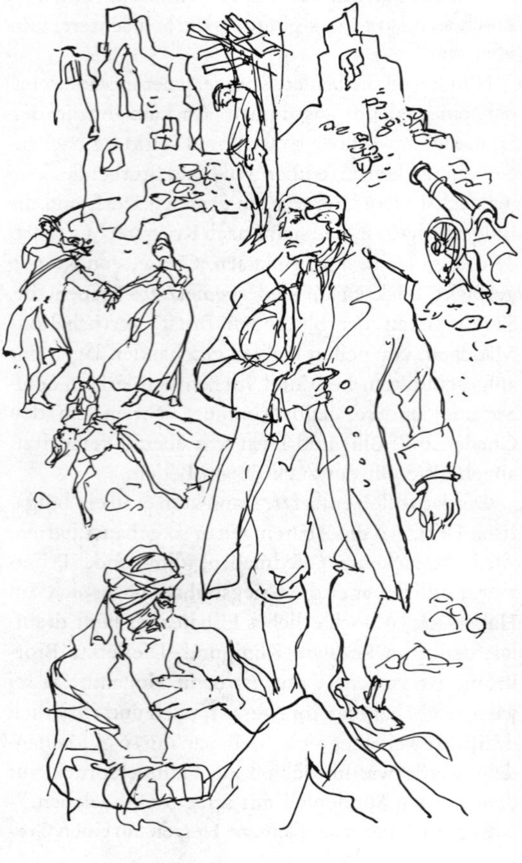

schen an; sie bedeuteten ihm, man werde ihn ins Zuchthaus stecken und Mores lehren, wenn er so fortfahre.

Dann stand er dabei, wie einer über christliche Liebe eine geschlagne Stunde plärrte, dachte sich, da sei er vor der rechten Schmiede. Der Mann sah ihn schief an, fragte salbungsvoll: «Was ist mit Euch? Führt Euch die gleiche Ursach' her wie uns?»

«Keine Wirkung ohne Ursach'», sagte Candidus bescheiden. «Eins ist ins andere verkettet, alles ist aufs beste eingerichtet. Aus dem Schloß bei Kunigundchen wurde ich weggejagt; bei den Bulgaren mußt' ich Spießruten laufen; hier bitt' ich um Brot, bis ich's mir selber verdien'. Alles konnte nicht anders sein.»

«Guter Freund», fragte da der Prädikant, «hältst du den Papst für den Antichrist, ja oder nein?»

«Hat mich noch keiner gelehrt», sprach Candidus, «aber ob er's nun ist oder nicht, ich hab' kein Brot.»

«Du verdienst keins!» schrie ihn der Prädikant an, «mach, daß du wegkommst, du Halunk', komm mir nicht wieder vor die Augen!»

Seine würdige Gattin steckte den Kopf aus dem Schiebfenster; da sie einen Kerl sah, der daran zweifelte, daß der Papst der Antichrist sei, goß sie ein gewisses Gefäß über ihn aus. Wie eklig werden die Weiber, lieber Gott, wenn der Glaubenseifer sie hinreißt!

Kam just ein Mann vorbei, der war nicht getauft,

ein Wiedertäufer, sah, wie ein Bruder, ein zweibeiniges, unbefiedertes Geschöpf mit einer Seele, beschimpft und bedreckt wurde, führte ihn in sein Haus, wusch ihn, nährte ihn mit Brot und Bier, schenkte ihm gar zwei Gulden. Er wollte ihm auch Arbeit geben in seiner Webstube, wo man, wie in Holland geschieht, die ganz echten Perserteppiche macht. Candidus warf sich ihm zu Füßen und rief: «Da hat also Pangloss doch recht. Wirklich ist die Welt aufs allerbeste eingerichtet! Eure Barmherzigkeit rührt mich mehr, als die Hartherzigkeit des bösen Kerls im Pfaffenrock und seiner Frau Eheliebsten mich gekränkt hat.»

Anderntags besah er sich die Stadt und erblickte einen Menschen voll ekler Pusteln, mit eitrigen Augen, zerfressener Nas', schiefem Maul und faulen Zähnen; er röchelte wie ein Sterbender und spuckte bei jedem Krampfhusten ein paar Zähne aus.

VIERTES KAPITEL

*Wie Candidus seinen alten Lehrer Pangloss wiederfand
und was daraus entstand*

Candidus' gutes Herz wurde über seinen Ekel Meister; er schenkte dem Jammerkerl die beiden Gulden des Wiedertäufers. Der sah ihn starr wie ein Gespenst an, Tränen schossen ihm ins gräßliche Gesicht; dann fiel er Candidus um den Hals, der angewidert zurückschrak.

«Guter Gott», rief der eine arme Teufel dem andern zu, «kennst du deinen Lehrer Pangloss nicht mehr?»

«Was muß ich hören, Ihr, mein teurer Lehrer, in so schauderhaftem Zustand? Was war das für ein Unstern? Wieso seid Ihr nicht mehr im herrlichsten aller Schlösser? Und was ist aus Fräulein Kunigund geworden, aus Gottes Meisterwerk, der Perle aller Jungfraun?»

«Ich kann nicht mehr», stöhnte Pangloss.

Candidus führte ihn in den Stall des Wiedertäufers, gab ihm einen Bissen Brot. Kaum war er gestärkt, fragte Candidus aufs neue: «Also, was ist mit dem Fräulein?»

«Tot ist sie», brummte Pangloss.

Da sank Candidus in Ohnmacht. Etwas schlechter Essig war im Stall, den flößte ihm der Magister ein; da kam er wieder zu sich.

«Kunigunde tot! Ist das die bestmöglichste aller Welten? Und woran ist sie gestorben? Vielleicht vor Kummer, daß mich der Herr Papa mit Fußtritten aus dem Schloß gejagt hat?»

«Durchaus nicht», berichtete Pangloss. «Die Bulgaren haben sie geschändet, so viel als nur möglich, und ihr dann den Bauch aufgeschlitzt. Dem Herrn Baron schlugen sie den Schädel ein, als er ihr helfen wollte. Die gnädige Frau haben sie in Stücke gehaun. Dem Herrn Sohn haben sie's genau wie dem Schwesterlein gemacht, und vom Schloß steht kein Stein mehr; keine Scheuer, kein Schaf, keine Gans ist mehr da. Aber wir sind großartig gerächt! Die Abaren haben auf einem bulgarischen Edelhof genau so gehaust.»

Wiederum sank Candidus in Ohnmacht. Als er die Augen auftat, wollte er alles wissen und schließlich auch, was für Ursach' und Wirkung und welcher zureichende Grund Pangloss so eklig zugerichtet hätten.

«Ach Gott», seufzte der, «die Liebe war es, der Trost, die Erhalterin des menschlichen Geschlechtes; die Liebe, die jedes Herz höher schlagen läßt.»

«Die Liebe hab' ich auch gekannt», stammelte Candidus, «die Herrin unserer Herzen, die Seele unserer Seele. Was hat sie mir eingebracht? Einen einzigen Kuß und ein Dutzend Fußtritte, Ihr wißt wohin. Wie hat denn die himmlische Liebe für Euch so höllische Folgen haben können?»

Darauf belehrte ihn Pangloss: «Du kennst ja Babett, die niedliche Zofe der durchlauchtigen Baronin? Wonnen des Paradieses genoß ich in ihren Armen; höllische Qualen sind daraus geworden. Sie hatte sie an sich und ist vielleicht schon daran gestorben. Sie bekam das Gastgeschenk von einem sehr gelehrten Klosterbruder, der es von der Quelle hatte. Denn er erhielt es von einer alten Gräfin, und die hatte es von einem Rittmeister, und der von einer Marquise, und die von einem Pagen, und der von einem Jesuiten, und der hatte es als Novize in gerader Linie von einem der Gefährten des Kolumbus bekommen. Ich werd' es nicht weitergeben; denn ich bin dem Tode nahe.»

«Eine seltsame Genealogie, mein lieber Pangloss; ist nicht Satan der Stammvater?»

«Aber durchaus nicht», dozierte Pangloss. «Es war ein unentbehrlicher Bestandteil der bestmöglichen aller Welten. Denn hätte Kolumbus mit seiner Neuen Welt nicht diese Krankheit entdeckt, die das Leben an der Quelle vergiftet, besäßen wir weder Schokolade noch Erdäpfel. Auch ist diese Seuche nur bei uns heimisch geworden, nicht anders als Pfaffen- und Gelehrtengezänk. Noch kennen die Türken, die Inder, Perser und Chinesen, die Siamesen und die Japaner sie nicht; doch ist ein hinreichender Grund vorhanden, daß sie ihnen nicht lange fremd bleibt. Bei uns grünt und blüht sie herrlich, gerade bei den wohlgeübten Kriegsleuten, die über das Schicksal der Völker entscheiden, und wenn sich dreißigtausend Mann in feiner Schlachtordnung gegenüberstehn, so kannst du wetten, du findest auf jeder Seite zwanzigtausend Syphilitiker.»

«Das ist ja wunderbar», sagte Candidus. «Aber laßt Euch doch heilen!»

«Ist bald gesagt», fuhr Pangloss fort; «aber soweit die Erde reicht, gibt's weder Klistier noch Aderlaß, wenn du nicht blechst oder einer für dich blecht.»

Da warf sich Candidus dem Wiedertäufer zu Füßen und malte ihm das Elend des Magisters in so lebhaften Farben, daß der gute Samariter ihn aufnahm und auf seine Kosten heilen ließ. Pangloss verlor dabei nichts weiter als ein Aug und ein Ohr, und da er fix im Schreiben und Rechnen war, machte ihn der Wiedertäufer zu seinem Buchhalter. Nach zwei Monaten mußte er in Handelsgeschäften nach Lissabon und nahm die beiden Philosophen mit. Auf dem Schiff schwatzte Pangloss auf ihn ein und wollte ihm die beste der möglichen Welten mundgerecht machen. Doch jener schüttelte bloß den Kopf: «War die Welt einmal so gut als möglich», sagte er, «so haben sie die Menschen sehr verdorben. Gott hat sie nicht zu Wölfen erschaffen; sie sind's aus sich selber geworden. Er hat ihnen weder Vierundzwanzigpfünder noch Bajonette gegeben; sie sind selber darauf verfallen, um einander umzubringen. Auch die Bankerotte könnte ich noch anführen und die Gerichte, die deren Besitz sich aneignen und die Gläubiger um ihr Geld betrügen.»

«Lauter Dinge, die nicht anders sein können», belehrte ihn der Magister. «Denn das Unglück des einzelnen macht das Glück der Gemeinschaft; je übler es ihm geht, um so besser steht's im großen und ganzen.» So schwadronierte er drauflos. Aber auf einmal ward es stockdunkel, von allen Seiten heulten Stürme daher, und das Schiff geriet mitten in den schrecklichsten Orkan, gerade als der Hafen von Lissabon in Sicht kam.

FÜNFTES KAPITEL

Sturm, Schiffbruch, Erdbeben und was Pangloss, Candidus und der Wiedertäufer dabei erlebten

Viele Passagiere waren von den unvorstellbaren Ängsten, die ein hoher Seegang mit sich bringt, so zermürbt, daß sie die Kraft nicht aufbrachten, sich auch nur der Gefahr bewußt zu werden. Andere weinten oder beteten. Die Segel zerrissen, die Masten zersplitterten, das Schiff ward leck. Jeder legte Hand an; aber keiner verstand mehr ein Wort, kein

Kommando setzte sich durch. Der Wiedertäufer war unablässig auf Deck, half, wo er konnte. Ein Matros', ein roher Kerl, schlägt ihn nieder; da liegt er auf den Planken ausgestreckt. Der Matros' verliert das Gleichgewicht und stürzt kopfüber ins Meer, klammert sich an ein Stück Mast; der Wiedertäufer hilft ihm wieder aufs Schiff. Da fällt er selbst in die Wogen; der Matros' läßt ihn sinken, ohne nur hinzusehn. Candidus eilt herbei, sieht seinen Wohltäter wieder auftauchen und dann für immer verschwinden. Er will sich ihm nachwerfen; doch Pangloss hält ihn fest und beweist ihm, der Hafen von Lissabon sei eigens dazu geschaffen worden, daß der Wiedertäufer darin ertrinke. Wie er das a priori demonstriert, birst das Schiff mitten entzwei; mit Ausnahme von Pangloss, Candidus und dem schurkischen Matrosen versinkt alles in den Wellen. Der Schuft schwimmt fröhlich ans Ufer; Candidus und Pangloss lassen sich, an eine Planke geklammert, hintreiben.

Sobald sie wieder bei Kräften sind, schreiten sie auf die Stadt zu. Etwas Geld hatten sie noch, hofften also, dem Hunger zu entrinnen, wie sie dem Sturm entronnen waren.

Kaum waren sie unter Klagen über den Tod ihres Wohltäters dort angelangt, spürten sie die Erde unter ihren Füßen wanken; das Meer erhob sich in gewaltigen Sturzfluten, daß die Schiffe, die im Hafen vor Anker lagen, zerschellten. In den Straßen wirbelten Aschenregen und Flammen, rund um die Plätze stürzten die Häuser ein, die Dächer krachten auf die Grundmauern, und die Grundmauern barsten; dreißigtausend Menschen jeden Alters und Geschlechtes wurden unter den Trümmern zermalmt. Der Matros' pfiff fluchend durch die Zähne: «Da gibt's was zu kapern!»

Was ist wohl der hinreichende Grund dieser Verheerung? fragte sich Pangloss.

«Das ist das Jüngste Gericht!» schrie Candidus.

Der Matros' rennt in die Trümmerhaufen, scheut den Tod nicht, um zu Geld zu kommen, raubt, was er nur kann, betrinkt sich, kauft sich, des Weines voll, die Gunst der erstbesten Dirne, die er inmitten von Sterbenden und Toten und glimmenden Trümmern findet. Pangloss zupft ihn am Ärmel: «Guter Freund», sagt er, «das ist nicht wohlgetan; das ist gegen die Weltordnung; dazu ist jetzt nicht die Zeit.»

«Blut und Wunden», schrie ihn der an; «ein Matros' bin ich, aus Batavia komm' ich, viermal hab' ich aufs Kruzifix gespuckt, jedesmal, da ich nach Japan kam. Du kommst mir grad recht mit deiner göttlichen Weltordnung!»

Candidus war von herabstürzenden Trümmern verletzt worden und lag unter Schutt und Geröll auf der Straße ausgestreckt. Er bat Pangloss: «Sieh zu, daß du mir etwas Wein und Öl verschaffst; ich sterbe.»

«Ist denn so ein Erdbeben», erwiderte Pangloss,

«etwas derart Neues? Der Stadt Lima in Amerika ging es letztes Jahr um kein Haar besser; gleiche Ursach', gleiche Wirkung. Gewiß läuft eine unterirdische Schwefelader von Lima bis nach Lissabon; das erklärt alles.»

«Äußerst wahrscheinlich», sagte Candidus, «aber hol mir um Gottes willen etwas Öl und Wein.»

«Was soll das heißen ‚wahrscheinlich'?» entgegnete scharf der Magister. «Das sind bewiesene Tatsachen!»

Candidus fiel in Ohnmacht; Pangloss lief zum nächsten Brunnen und holte ihm einen Schluck Wasser.

Am andern Morgen fanden sie etwas Eßbares unter den Trümmern; das brachte sie wieder zu Kräften. Sie halfen jene pflegen, die dem Tod entronnen waren. Ein paar gute Leute, denen sie beigestanden waren, luden sie zu einer Mahlzeit ein, wie man sie bei so traurigen Umständen nur halten kann. Freilich ging es dabei nicht lustig zu; reichliche Tränen benetzten ihr Brot. Pangloss suchte alle zu trösten; er bewies, daß es nicht anders kommen konnte. «Denn alles ist aufs beste eingerichtet», sagte er. «Fand sich ein Vulkan unter der Stadt Lissabon, so war er eben nicht anderswo. Denn kein Ding kann an einem andern Ort sein, als es eben ist. Denn alles ist gut.»

Hörte da auch ein schwarzes Kerlchen zu, ein Spitzel der heiligen Inquisition, bat höflich ums

Wort und sprach lauernd: «Glaubt der Herr vielleicht nicht an die Erbsünde? Denn wenn auf der Welt alles aufs beste eingerichtet ist, kann es ja weder Sünde noch Buße geben!»

«Ich bitt' den Herrn sehr um Verzeihung», erklärte ihm darauf Pangloss; «der Sündenfall und die Verdammnis sind ein notwendiger Bestandteil der besten aller möglichen Welten.»

«Also glaubt der Herr vielleicht auch nicht an die Willensfreiheit?»

«Aber nicht doch, verehrter Herr», fuhr Pangloss fort. «Die Willensfreiheit verträgt sich sehr wohl mit der Notwendigkeit. Denn es war notwendig, daß wir frei seien; denn schließlich ist der Wille bedingt ...»

Bevor Pangloss ausgesprochen hatte, gab der Spitzel seinem Faktotum, der ihm grade ein Gläschen Portwein eingeschenkt hatte, einen Wink.

SECHSTES KAPITEL

*Wie man ein prächtiges Autodafé veranstaltete, um weitere
Erdbeben zu verhindern, und wie übel es Candidus dabei erging*

Nachdem das Erdbeben drei Vierteile Lissabons in
Trümmer gelegt, erwogen die Weisen des Landes,
es gebe kein besseres Mittel, um den gänzlichen Untergang der Stadt zu verhindern, als ein herrliches
Autodafé. Die Hohe Schule zu Coimbra bekräftigte
durch ein Gutachten, das allein könne die Erde am
Wackeln verhindern; es müßten also ein paar Leute
mit großem Schaugepräng bei langsamem Feuer geröstet werden.

Man packte also einen Biskayer, der überwiesen war, seine Gevatterin geheiratet zu haben; dazu zwei Portugiesen, die aus einem Hühnerbraten, wie das heimliche Juden tun, den Spickspeck herausgefischt hatten. Nach dem Essen legte man noch den Magister Pangloss und seinen Jünger Candidus in Fesseln, jenen, weil er ketzerische Reden geführt, und diesen, weil er bewundernd zugehört hatte. Beide wurden in Gemächer versorgt, wo es schön kühl war und man nie unter Sonnenbrand zu leiden hatte. Nach acht Tagen zog man jedem einen hübschen Sambenito an und setzte ihnen hohe Papiermützen auf. Candidus bekam einen Sambenito, auf dem die Flammen nach unten züngelten und die Teufelein weder Schwänzchen noch Krallen hatten; doch der Sambenito des Magisters war voller Teufel mit Schwanz und Krallen; auch stiegen seine Flammen nach oben. So fein geschmückt, gingen sie in Prozessionen einher, bekamen dann einen ergreifenden Sermon zu hören nebst einem Orgelspiel in dumpfem Trauerton. Dann gab man Candidus im Takt trefflich gesungener Hymnen hundert Rutenstreiche; der Biskayer und die Portugiesen, die keinen Speck hatten essen wollen, wurden verbrannt und Pangloss gehängt, was zwar gegen das Herkommen war. Am nämlichen Tage bebte und grollte die Erde von neuem mit schrecklichem Getös'.

Candidus stand schwankend und schaudernd da,

voll Entsetzen, Schmerz und Blut. Er sagte sich: «Ist so die bestmöglichste aller Welten, wie geht es erst auf den andern her? Hätt' ich nur meine Rutenstreich', ging's noch an; daran haben mich die Bulgaren gewöhnt. Aber daß der würdige Pangloss, der größte aller Philosophen, gehängt wurde, ohne daß ich weiß weshalb! Daß der brave Wiedertäufer, der beste aller Menschen, in den Wellen ertrank! Und daß Fräulein Kunigund, der Perle aller Jungfrauen, der Bauch aufgeschlitzt wurde!»

Sermoniert und gepeitscht, absolviert und gesegnet, hielt er sich kaum auf den Füßen, als ein alt Weib ihn ansprach und leis zu ihm sagte: «Komm mit, mein Sohn, gleich wird's nun besser werden.»

SIEBENTES KAPITEL

Wie Candidus in die Pflege der Alten und wieder zu seinem Liebchen kam

Das glaubte Candidus nicht; doch wankte er hinter der Alten her bis zu einer Hütte, wo sie ihn mit Balsam bestrich, ihm zu essen und trinken gab. Sie zeigte ihm ein ziemlich sauber Bett; daneben lag für ihn ein vollständiger Anzug bereit. «Iß, trink, schlaf, soviel du magst», sagte sie. «Unsere liebe Frau von Atocha, der heilige Antonius von Padua und der heilige Jacobus von Compostela behüten dich! Morgen komm' ich wieder.» Candidus, ganz fassungslos nach allem, was er gesehen und gelitten, und mehr noch ob der Barmherzigkeit der Alten, wollte ihr gar die Hand küssen. «Da gibt's andere Händchen zu küssen», sagte sie. «Morgen komm' ich wieder. Reib dich brav ein, iß, trink und schlaf!»

Trotz allem Ungemach aß und schlief er dann wirklich. Am andern Morgen brachte ihm die Alte ein gehörig Frühstück, untersuchte seinen Rücken und rieb ihn mit anderm Balsam ein. Dann kam sie wieder mit dem Mittagessen und so mit dem Abendbrot. Am dritten Tag machte sie's nochmals so. «Wer bist du?» fragte Candidus jedesmal, «woher soviel Güte, und wie soll ich dir's danken?» Dazu sagte sie kein Wort. Aber an diesem Abend brachte sie nichts zu essen. «Komm», sagte sie, «und schweig fein still!» Sie führt ihn am Arm eine Viertelmeile feldeinwärts; sie kommen zu einem einsamen Haus, mitten in Gärten und Wasserläufen. Die Alte klopft an, die Tür geht auf; dann geht's durch eine Geheimtreppe in ein goldstrotzendes Stübchen. Auf einem seidenen Ruhebett läßt sie ihn warten und schließt hinter sich die Tür. Candidus ist wie im Traum, vermeint, sein ganzes Leben sei ein wüster Albdruck gewesen, und nun sei es ein schöner Traum.

Bald kam die Alte wieder; auf sie stützte sich, vor Erregung bebend, strahlend in reichem Schmuck, von einem Schleier bedeckt, eine majestätische Frauengestalt.

«Zieh den Schleier weg!» flüstert die Alte.

Er tritt näher, hebt den Schleier mit zagender Hand. Was sieht er da, wie staunt er! Er glaubt, Fräulein Kunigund stehe vor ihm, und wirklich, sie ist's, sie ist es selber! Die Kräfte versagen ihm; er bringt kein Wort hervor; er fällt ihr zu Füßen, und Kunigund sinkt aufs Ruhebett. Die Alte besprengt beide mit Kölnisch Wasser; sie kommen zu sich, und auch Worte stellen sich wieder ein, zuerst bloßes Stammeln; Frage und Antwort fliegt hin und her, Seufzer, Tränen und leise Schreie. Die Alte mahnt sie, nicht zu laut zu werden, und läßt sie allein.

«Wirklich, du bist's und keine andere?» ruft Candidus; «du lebst noch! In Portugal find' ich dich wieder! Niemand hat dich geschändet, niemand dir den Bauch aufgeschlitzt, wie der Magister erzählt hat.»

«Doch, doch», seufzt die schöne Kunigund, «aber daran stirbt man nicht immer.»

«Und der Herr Papa und die Frau Mama, hat man die umgebracht?»

«Leider», nickt sie weinend.

«Und der Herr Bruder?»

«Auch umgebracht.»

«Und wie kommt es, daß du in Portugal bist, wie hast du erfahren, daß ich da bin, und wie war es möglich, daß du mich in dies Haus hast bringen lassen?»

«Das ist eine lange Geschichte», sagte die Schöne.

«Aber zuerst mußt du mir erzählen, was alles mit dir geschehn, seit du mir jenen unschuldigen Kuß gabst, den der Herr Papa dir mit Fußtritten heimzahlte.»

Ehrerbietig gehorchte Candidus, und obwohl er noch ganz betäubt war, nur leis und zitternd reden konnte und der Rücken ihm noch weh tat, erzählte er in aller Unschuld, was er seit ihrer Trennung erlebt hatte. Kunigundchen hob die Blicke zum Himmel, weinte dem guten Wiedertäufer eine Träne nach und eine andere dem Magister Pangloss. Und dann richtete sie an Candidus folgende Worte, die seine Ohren, nicht anders als seine Augen ihre schöne Gestalt, gierig verschlangen.

ACHTES KAPITEL

Kunigundchens Erlebnisse

«Ich schlief in meinem Bettchen herrlich und tief, als es dem Himmel gefiel, die Horde der Bulgaren in unser prächtiges Schloß zu Thunderspruck dringen zu lassen. Sie brachten meinen Vater und Bruder um und hieben die Mama in Stücke. Ein sechs Schuh langer Bulgar sah, wie ich die Besinnung verlor und tat mir Gewalt an; davon kam ich zu mir, schrie wie von Sinnen, schlug um mich, biß, kratzte, wollt' ihm die Augen ausreißen; wußt' ich doch nicht, daß so der allgemeine Kriegsbrauch ist. Schließlich gab mir der rohe Kerl einen Messerstich in die linke Hüfte; noch heut sieht man die Narbe.»

«Krieg' ich die auch zu sehn?» stammelte Candidus.

«Kann schon sein», nickte Kunigund. «Aber fahren wir fort: ein bulgarischer Hauptmann lief vorbei, sah mich im Blut schwimmen und den groben Kerl, der sich von ihm nicht stören ließ. Der Hauptmann geriet ob des respektwidrigen Verhaltens des Flegels in Wut und hieb ihn auf meinem Leib zusammen. Er ließ mich verbinden, führte mich als Beute in sein Quartier. Da mußt' ich die paar Hemden waschen, die ihm gehörten, und für ihn kochen; er fand mich hübsch, und ich muß schon sagen, er war gut gewachsen, seine Haut war weiß und glatt. Aber Geist hatte er wenig und keine Spur von Philosophie. Man merkte, daß er nicht bei Lektionen des Magisters Pangloss dabei gewesen war. Nach einem Vierteljahr hatte er sein Geld durchgebracht, und da er meiner überdrüssig geworden war, verkaufte er mich an einen Juden, den Don Issachar, der zwischen Holland und Portugal Geschäfte treibt und der besonders scharf auf Weiberfleisch ist. Dieser Jud vernarrte sich sehr in mich, doch wurde er meiner nicht Meister; ich hielt ihm besser stand als dem bulgarischen Soldaten. Ein Mädchen, das Ehre im Leibe hat, kann man wohl einmal vergewaltigen;

aber dann ist ihre Tugend um so widerstandsfähiger. Der Jud brachte mich dann in diesem Hause unter, um mich gefügiger zu stimmen. Bisher war ich der Meinung, es gebe nichts Schöneres als unser Schloß zu Thunderspruck. Da mußt' ich freilich umlernen.

Wie ich eines Tages zur Messe ging, entdeckte mich der Herr Großinquisitor, warf mir verstohlene Blicke zu und ließ mir ausrichten, er müsse mich über geheime Dinge befragen. Ich kam in seinen Palast, erklärte ihm meine Herkunft; er stellte mir vor, es sei unter meiner Würde, diesem Juden anzugehören. Er ließ diesem vorschlagen, er möchte mich dem Monsignore abtreten. Aber Don Issachar, der Hofjude und ein angesehener Mann ist, mochte nicht drauf eingehn. Der Großinquisitor drohte ihm mit einem Autodafé. Das machte den Juden kirre; die beiden einigten sich, das Haus und ich sollten ihnen gemeinsam gehören, so daß dem Juden der Montag, Mittwoch und Sabbat, dem Inquisitor die andern Tage zur Verfügung stünden. Dieses Abkommen läuft nun schon ein halbes Jahr. Zwar nicht ganz ohne Zank und Streit; es war manchmal strittig, ob die Nacht vom Sonnabend zum Sonntag dem Neuen oder dem Alten Bunde gehöre. Was mich betrifft, so hab' ich bis heut beiden widerstanden, und darum sind auch beide noch ebenso in mich verliebt.

Um das Erdbeben zur Ruhe und Don Issachar zur Nachgiebigkeit zu bringen, hat dann der Großinquisitor ein Autodafé anbefohlen. Auch ich wurde mit einer Einladung beehrt. Ich bekam einen ausgezeichneten Platz; man bot den Damen zwischen der Messe und dem Schauspiel Erfrischungen an. Ein Grausen ergriff mich, als man die beiden Juden und den braven Biskayer, der seine Gevatterin geheiratet hatte, verbrannte; aber wie erschrak ich erst, als ich in einem Sambenito und unter einer Papiermütze einen Menschen sah, der dem Magister Pangloss glich. Ich rieb mir die Augen, blickte so scharf ich konnte: er war es wirklich, den man da hängte. Mir wurde übel; als ich meiner Sinne wieder mächtig war, mußte ich sehn, wie man dich nackt auszog; da erreichten Schrecken, Bestürzung, Schmerz und Verzweiflung ihren Gipfel. Ich muß schon sagen, deine Haut ist viel weißer und rosiger als die des bulgarischen Hauptmanns. Das brachte mich vollends aus der Fassung. Schreien wollt' ich: ‚Hört auf, ihr Ungeheuer‘; doch bracht' ich keinen Ton hervor, und mein Geschrei hätte auch nichts geholfen. Als du dann deine Streiche bekamst, mußt' ich mich fragen: Wie ist es nur möglich, daß mein lieber Candidus und der gelehrte Pangloss in Lissabon sind, der eine um hundert Rutenstreiche' zu bekommen, und der andere, um auf Befehl des Großinquisitors, dessen Liebchen ich bin, gehängt zu werden. Der gute Pangloss hat mich schön belogen, wenn er sagte, alles sei aufs beste bestellt.

So erschüttert und bestürzt war ich, daß ich fast von Sinnen kam; durch meinen armen Kopf wälzten sich der gräßliche Tod meines Vaters, meiner Mutter, meines Bruders, die freche Roheit jenes Soldaten und sein arger Messerstich, mein Sklavendienst als Köchin bei dem bulgarischen Hauptmann, mein Widerwillen gegen Don Issachar und den tückischen Inquisitor, der Schreck, da man den armen Pangloss hängte und das feierliche Miserere auf der Orgel ertönte, zu dessen Takt du deine Streiche bekamst. Und dann dacht' ich an jenen Kuß hinter der spanischen Wand, am Tage, da ich dich zum letztenmal sah. Da pries ich Gott für die Gnade, daß er dich mir nach so vielen Prüfungen zugeführt hatte. Ich bat die Alte, sie möchte sich deiner annehmen und dich hierher bringen, sobald es nur gehe. Diesen Auftrag hat sie dann sehr gut ausgeführt. Ich fühle das unaussprechliche Glück, dich wiederzusehn, dich zu hören, mit dir zu reden. Aber du hast gewiß einen Wolfshunger. Ich selber kann nicht länger warten. Also wollen wir zuerst einmal essen.»

So setzen sie sich zu Tisch, und nachher lassen sie sich auf dem Ruhebett nieder, von dem schon die Rede war. Da waren sie noch, als sich die Tür auftat und Don Issachar, einer der Herren des Hauses, hereinkam. Denn es war eben Sabbat, da wollte er sein verbrieftes Recht wahrnehmen und von seiner Liebe reden.

NEUNTES KAPITEL

*Was Kunigundchen, Candidus, der Großinquisitor
und ein Jude erlebten*

Seit der babylonischen Gefangenschaft hat man in Israel keinen so wutschäumenden Hebräer mehr gesehn wie diesen Issachar.

«Was soll das, du galiläische Hündin!» schrie er. «Ist's nicht genug an einem Inquisitor? Soll auch dieser Lumpenhund mit mir teilen?»

Damit zog er einen langen Dolch, den er immer bei sich trug, und stürzte sich auf den Rivalen, den er unbewaffnet glaubte. Doch unser Westfale hatte von der Alten mit seinem vollständigen Anzug einen Kavaliersdegen bekommen. Den riß er, so sanftmütig er sonst war, aus der Scheide; schon liegt der Jud mausetot zu Füßen der schönen Kunigund hingestreckt.

«Maria und Joseph», schrie die, «was soll aus uns werden? Ein Toter in meinem Haus! Kommt die heilige Hermandad, sind wir verloren!»

«Hätte man Pangloss nicht gehängt, wüßt' er in diesem schlimmen Fall sicher einen Rat; denn er war ein großer Philosoph», sagte Candidus. «Aber vielleicht weiß die Alte, was zu tun ist.»

Die war freilich mit allen Wassern gewaschen.

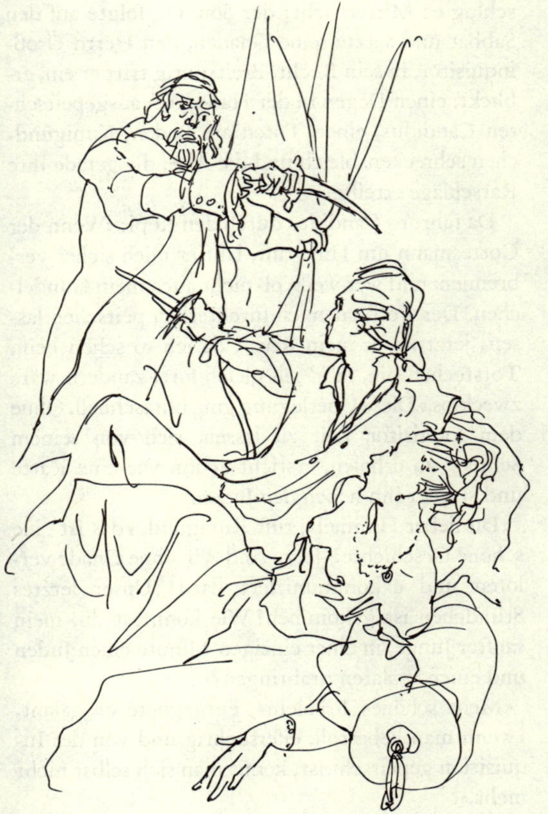

Doch kaum hatte sie angefangen, ihren Plan zu entwickeln, tat sich eine andere Tür auf. Denn eben schlug es Mitternacht; der Sonntag folgte auf den Sabbat und setzte seine Gnaden, den Herrn Großinquisitor, in sein Recht. Breitspurig tritt er ein, erblickt, einen Degen in der Hand, den ausgepeitschten Candidus, einen Toten am Boden, Kunigundchen schreckensbleich und die Alte, die gerade ihre Ratschläge erteilte.

Da fährt es Candidus durch den Kopf: «Wenn der Gottesmann um Hilfe ruft, läßt er mich sicher verbrennen, und wer weiß, ob nicht auch mein Gundelchen. Der Kerl hat mich fürchterlich peitschen lassen; jetzt ist er mein Rival; da ich so schön beim Totstechen bin, fahr' ich gleich fort; zaudern wäre zwecklos.» Diese Überlegung ging blitzschnell. Ohne dem Inquisitor Zeit zu lassen, sich von seinem Schreck zu erholen, ersticht er ihn wie eine Ratte und streckt ihn neben den Juden.

«Du lieber Himmel», ruft Kunigund, «das ist eine schöne Geschichte! Jetzt sind wir ohne Gnade verloren und exkommuniziert dazu! Unser letztes Stündchen ist gekommen! Wie konntest du, mein sanfter Junge, in einer einzigen Minute einen Juden und einen Prälaten umbringen?»

«Mein schönes Fräulein», entgegnete er galant, «wenn man liebestoll, eifersüchtig und von der Inquisition gepeitscht ist, kennt man sich selbst nicht mehr.»

Dann kam die Alte mit klugem Rat: «Drei andalusische Pferde stehn im Stall mit Sattel und Zaumzeug, die mag der tapfere Candidus satteln. Madame hat ihre Dublonen und Diamanten. Also frisch zu Pferd, wenn ich auch nur auf einem Hinterbacken sitzen kann. Bald sind wir in Cadix, die Nacht ist schön, und es ist angenehm, in der Kühle zu reiten.»

Alsbald sattelt Candidus die Pferde; in einem Ritt legen sie ihre dreißig Meilen zurück. Kaum sind sie weg, erscheint die heilige Hermandad; man bestattet den Monsignore in einer prächtigen Kirche und wirft den Juden auf den Schindanger.

Schon waren Candidus, Kunigunde und die Alte in dem Städtchen Avacena mitten in den Bergen der Sierra Morena eingetroffen und hielten in einer Herberge folgende Zwiesprache.

ZEHNTES KAPITEL

Candidus, Kunigund und die Alte kommen in großer Not nach Cadix und schiffen sich ein

«Wer kann das wohl sein, der mir meine Dukaten und Diamanten gestohlen hat?» fragte Kunigund unter Tränen. «Wovon sollen wir leben, und wie kommen wir wieder zu Geld? Inquisitoren und Juden finden wir hier keine, denen man welches abknöpfen könnte.»

«Ach Gott», jammerte die Alte, «es wird wohl der hochwürdige Franziskanerpater gewesen sein, der gestern neben uns in der Herberge zu Badajos nächtigte. Ich will ihn nicht ungerecht verdächtigen; doch hat er sich zweimal in unser Zimmer geschlichen und war lange vor uns auf und davon.»

«Hin ist hin», seufzte Candidus. «Der arme Pangloss hat mir oft erklärt, die Güter der Erde seien allen gemeinsam. Aber da hätte uns doch der Pater soviel lassen müssen, daß wir unsere Reise hätten beenden können. Haben wir nun wirklich gar nichts mehr, mein Gundelchen?»

«Nicht einen Heller», sagte sie.

«Was tun?» fragte Candidus.

«Da verkaufen wir eben eins unserer Pferde», erklärte die Alte. «Ich werde hinter dem Fräulein aufsitzen, wenn ich auch nur auf einem Hinterbacken reiten kann. So kommen wir schließlich doch nach Cadix.»

In der Herberge befand sich der Prior einer Benediktinerabtei; der erwarb den Gaul um billiges Geld. Candidus, Kunigund und die Alte ritten weiter über Lucena, Chillas und Lebrixa; kamen endlich nach Cadix. Da rüstete man just ein Geschwader aus und sammelte Truppen, um die hochwürdigen Jesuitenpatres zu Paaren zu treiben, die in Paraguay einen Aufstand der Eingeborenen gegen die Könige von

Spanien und Portugal angezettelt hatten. Candidus erinnerte sich an seine Soldatenzeit und exerzierte vor dem spanischen General so adrett, gewandt und sicher nach bulgarischem Reglement, daß man ihm gleich eine Kompanie Musketiere anvertraut. Nun ist er also Hauptmann, schifft sich gleich mit Fräulein Kunigund, der Alten und zwei Dienern ein und vergißt auch die beiden andalusischen Pferde nicht, die dem Großinquisitor gehört hatten.

Auf der langen Fahrt sprach man viel über den armen Pangloss und seine Philosophie. «Jetzt kommen wir in eine neue Welt», sagte Candidus. «Vielleicht ist das wirklich die beste aller möglichen Welten. Denn man muß schon sagen, Natur und Menschen haben uns in der alten übel genug mitgespielt.»

«Ich hab' dich wirklich von Herzen gern», seufzte Gundelchen. «Und doch liegt mir schwer auf dem Magen, was wir alles erlebt haben.»

«Es wird schon recht werden», entgegnete Candidus. «Schon das Meer dieser neuen Welt ist vernünftiger als unsere alten Meere; es ist ruhiger, und die Winde wehn gleichmäßiger. Die neue Welt ist gewiß die beste aller möglichen.»

«Gott geb's», pflichtet ihm Kunigund bei. «Doch wurde ich in meiner alten Welt so schrecklich gequält, daß mir die Hoffnung nicht gerade leicht fällt.»

«Was habt ihr jungen Leut' da zu klagen», meinte die Alte. «Das ist doch alles gar nichts gegen das, was ich durchgemacht habe.»

Da mußte Gundelchen hellauf lachen; die gute Alte kam ihr ganz närrisch vor, die sich anmaßte, noch Schlimmeres erlebt zu haben als sie selber. «Du armer Tropf», sagte sie, «wenn du nicht von zwei Bulgaren genotzüchtigt worden bist, nicht zwei Messerstiche in den Bauch bekommen hast, wenn man nicht zwei deiner Schlösser verwüstet, nicht zwei Väter und nicht zwei Mütter vor deinen Augen umgebracht, nicht zwei deiner Liebsten in einem Autodafé gepeitscht hat, seh' ich wirklich nicht ein, was du vor mir voraus haben solltest. Dazu bin ich eine Baroneß von zweiundsiebzig Ahnen und habe mich als Köchin plagen müssen.»

«Mein Fräulein», antwortete stolz die Alte; «ihr wißt nicht, von welch hoher Geburt ich bin, und wenn ich euch meinen Hintern zeigte, würdet ihr anders reden und nicht so vorschnell urteilen.»

Das weckte die höchste Neugier bei den Liebesleuten. Sie baten die Alte, ihr Leben zu erzählen, und das tat sie denn ohne Verzug.

ELFTES KAPITEL

Was die Alte erzählte

«Nicht immer hatte ich trübe, rotgesäumte Augen; nicht immer hat mein Nasenzipfel das Kinn berührt, nicht immer bin ich eine arme Magd gewesen. Ich bin die Tochter des Papstes Urban des Zehnten und der Fürstin von Palestrina. Bis zu meinem vierzehnten Jahr wurde ich in einem Palast erzogen, dem alle Schlösser eurer deutschen Barone nicht als Stall gedient hätten. Ein einziges meiner Kleider überbot alle Herrlichkeiten Westfalens. Ich nahm zu an Schönheit, Anmut und Begabung inmitten von Freuden, Ehrungen, schönen Hoffnungen. Schon sah ich tausend verliebte Blicke auf mich gerichtet. Und Brüstchen hatt' ich schon, fest und weiß wie die Venus von Medici. Und Augen mit langen schwarzen Wimpern, mit Flammenblicken, die des Himmels Sterne verdunkelten; so sagten die Herren Poeten in unserm Stadtviertel. Wenn mich die Zofen beim An- oder Auskleiden von vorn und hinten beguckten, gerieten sie in Verzückung, und was hätten die Männer alles drum gegeben, hätten sie mit ihnen tauschen dürfen!

Man verlobte mich mit dem Fürsten von Massa-Carrara, einem Prinzen, der so schön war wie ich, voll Geist und Feuer, zärtlich und sanft und verliebt! Und ich liebte ihn wieder, heiß, abgöttisch, wie man nur zum ersten Mal liebt. Schon rüstete man zur Hochzeit. Wäre das ein Fest geworden, mit glänzenden Aufzügen, mit Reiterspielen, mit Opern ohne Ende! Alle Dichterlinge Italiens fabrizierten dazu Sonette, von denen keines passabel war. Schon lag mir die Erfüllung der höchsten Wünsche greifbar nahe; da lud eine alte Marchesa, eine frühere Mätresse des Fürsten, diesen zu einer Tasse Schokolade ein; nach zwei Stunden verendete er unter gräßlichen Krämpfen. Doch das war noch gar nichts. Meine Mutter, die Fürstin, vom Schmerz nicht minder zerrüttet als ich, wollte sich auf ihrem Landgut bei Gaeta erholen. Dorthin schifften wir uns in einer Galeere ein, vergoldet wie der Altar des Petersdoms. Auf einmal stürzt sich ein Korsar auf das Schiff und entert es. Die Soldaten, die uns beschützen sollten, wehrten sich wie richtige Päpstler; sie legten die Waffen nieder, warfen sich auf die Knie, baten die Seeräuber um Absolution in articulo mortis.

Sofort riß man ihnen alles vom Leibe; sie schlotterten nackt wie die Affen, und nicht minder die Fürstin, und nicht minder unsere Hofdamen, und nicht minder ich selber. Eine großartige Fingerfertigkeit haben die Herren Korsaren im Auskleiden. Am meisten staunte ich, daß sie zuallererst einen Finger dorthin brachten, wo man sein Klistier bekommt. Ich fand das seltsam, doch so kommt einem alles vor, wenn man noch nie auf Reisen war. Sie taten es nur, um nachzusehen, ob wir keine Diamanten versteckt hatten. Seit Menschengedenken tun das alle zivilisierten Nationen, die Seeraub treiben. Auch die hochwürdigen Herrn Malteserritter versäumten das nie, wenn sie einen Türken oder eine Türkin erwischten. Es ist das einer der wenigen Artikel des Völkerrechts, der noch nie verletzt worden ist.

Das war kein Schleck für eine junge Prinzessin, kann ich euch sagen, so als Sklavin nach Marokko entführt zu werden. Ihr könnt euch denken, was unser auf dem Korsarenschiff wartete. Meine Mutter war noch eine Schönheit; unsere Hofdamen und selbst unsere Zofen waren alle hundertmal reizvoller als alles, was sich in Afrika herumtreibt. Und ich selber, war ich nicht unvergleichlich an bezaubernder Anmut und Frische, und überdies noch Jungfrau? Das allerdings nicht mehr lange. Das Röschen, das dem Fürsten von Massa-Carrara bestimmt war, nahm sich der Kapitän, ein ekelhafter Neger, der noch meinte, was für eine Ehre mir damit geschehe. Großer Gott, was mußten wir aushalten, was wurden wir hergenommen, ich und die Fürstin! Aber reden wir nicht mehr darüber; diese Dinge sind so gewöhnlich, daß es sich nicht lohnt, darüber Worte zu verlieren.

Bei unserer Landung schwamm ganz Marokko in Blut. Fünfzig Söhne hatte Sultan Muley-Ismael, jeder hatte seinen eignen Klüngel hinter sich. Das ergab fünfzig Bruderkriege, Schwarze gegen Schwarze, Braune gegen Schwarze, Braune gegen Braune, Mulatten gegen Mulatten, ohne Ende. Es war ein Gemetzel, soweit die marokkanische Zunge reicht.

Als man uns ausschiffte, raste eine Bande Schwarzer heran, wollte den Korsaren, die ihre Feinde waren, die Beute entreißen. Neben Gold und Edelsteinen waren wir Weibsbilder das Wertvollste. Da entstand ein Blutbad, wie es sich niemand in Europa vorstellt. Die Nordländer haben kein so heißes Blut, sie sind nicht so auf Weiber versessen wie die Afrikaner. Die Europäer haben Milch in den Adern; die Barbaren vom Atlas Feuer oder Vitriol. Wie Löwen, wie Tiger, wie Schlangen stürzten sie aufeinander, um zu entscheiden, wer uns haben sollte. Ein Maure ergriff meine Mutter am rechten Arm, der Steuermann unseres Schiffes am linken, ein Berber faßte sie am linken Bein, ein Korsar am rechten. Auch unsere Hofdamen hatten an allen vieren einen hängen. Der Kapitän hielt mich hinter sich versteckt. Mit dem Krummsäbel in der Faust warf er alles nieder, was ihm nahekam. Da sah ich, wie alle unsere Damen in Stücke zerrissen wurden, zerhauen von den Ungeheuern, die um ihren Besitz stritten. Unsere gefangenen Begleiter und ihre Räuber, Krieger, Matrosen, Schwarze, Braune, Weiße, Mulatten und schließlich auch mein Kapitän; alle kamen sie um, und ich lag sterbend auf einem Haufen von Toten. Solche Dinge geschehen da in einem Umkreis von dreihundert Meilen fast tagtäglich, ohne daß man je darob die fünf täglichen Gebete vergäße, die Mohammed den Gläubigen vorschreibt.

Mit großer Mühe löste ich mich aus dem Haufen blutender Leichname und schleppte mich unter einen Pomeranzenbaum am Bachufer; da brach ich vor Entsetzen, Müdigkeit, Grausen, Verzweiflung und Hunger zusammen. Ich verfiel in einen Schlummer, der einer Ohnmacht gleichkam. Noch schwach und stumpf, mehr tot als lebendig, spürte ich, daß sich etwas auf meinem Leib bewegte. Ich schlug die Augen auf und sah einen weißen Mann, der nicht übel aussah; er seufzte und flüsterte zwischen den Zähnen: ‚O che sciagura d'essere senza coglioni!'»

ZWÖLFTES KAPITEL

Weitere Abenteuer der Alten

«Entzückt, die teure Sprache des Vaterlandes zu vernehmen, und erstaunt über die Worte dieses Menschen, entgegnete ich ihm, es gebe wohl noch schlimmere Dinge auf Erden als sein besonderes Unglück. Ich berichtete ihm, was für Gräßlichkeiten ich eben durchgemacht hatte, und fiel wieder in Ohnmacht. Er brachte mich in ein nahes Haus, wo man mich zu Bett legte und mir zu essen gab. Er tröstete mich, tätschelte mir die Wangen, sagte mir, er habe noch nie etwas so Schönes gesehn und habe noch nie so bedauert, das verloren zu haben, was ihm niemand ersetzen könne. ‚Geboren bin ich in Neapel‘, berichtete er, ‚da werden jährlich zwei bis dreitausend Büblein zu Kapaunen verschnitten. Die einen gehen dabei zugrund, die andern bekommen herrlichere Stimmen als die besten Sängerinnen, und ein paar werden auch Staatsminister. Bei mir verlief die Operation erfolgreich, ich wurde Kammersänger bei der Fürstin von Palestrina.‘

‚Bei meiner Mutter also‘, rief ich.

‚Die Fürstin war deine Mutter‘, rief er unter Tränen. ‚Du bist also das wunderschöne Prinzeßchen, das ich betreute, bis es sechs Jahre alt war, und das versprach, so unvergleichlich zu werden, wie du es geworden bist?'

,Das bin ich', stammelte ich, ,und meine Mutter liegt da drüben in Stücke gehauen unter einem Haufen von Toten.'

Dann erzählte ich ihm, was mit uns geschehen war, und er berichtete mir seine Abenteuer. Von einer christlichen Großmacht sei er zum Sultan von Marokko gesandt worden, um mit ihm einen Staatsvertrag abzuschließen; es handelte sich um die Lieferung von Kanonen und Schießpulver, um den Handel anderer Christen zu unterbinden. ,Nun ist meine Mission zu Ende', sagte der wackere Eunuch, ,ich will mich in Ceuta einschiffen, und dich werde ich nach Italien mitnehmen. Ma che sciagura d'essere senza coglioni.'

Ich dankte ihm mit Tränen der Rührung. Aber statt mich nach Italien zu bringen, führte er mich nach Algier und verkaufte mich dem Dey. Kaum war ich in dessen Besitz, als die Pest ausbrach, die Asien, Afrika und Europa heimgesucht hat. Was ein Erdbeben ist, wißt ihr nun. Aber, Madame, habt Ihr schon die Pest erlebt?»

«Niemals», sagte das Baroneßchen.

«Hättet Ihr sie gekannt, so wüßtet Ihr, daß ein Erdbeben recht wenig besagen will. In Afrika kennt man sie nur zu gut, und ich wurde also von ihr befallen. Stellt Euch vor, was das für die fünfzehnjährige Tochter eines Papstes bedeutet, die in wenigen Wochen

Elend und Sklaverei erlebte, fast täglich vergewaltigt wurde, die dabei war, als man ihre Mutter vierteilte, die Hungersnot und Krieg erlebt hatte und nun in Algier an der Pest zugrunde ging! Immerhin, ich kam mit dem Leben davon. Aber mein Eunuch, der Dey und fast der ganze Harem starben daran.

Sobald die Wut der Seuche sich gelegt hatte, verkaufte man alle Sklavinnen. Mich erwarb ein Händler und führte mich nach Tunis. Ein anderer verkaufte mich weiter nach Tripolis. So kam ich nach Alexandrien und Smyrna, und von Smyrna nach Stambul. Da kam ich in die Hände eines Agas der Janitscharen, der bald nachher nach Asow geschickt wurde, um es gegen die Russen zu verteidigen.

Der Aga als galanter Herr nahm seinen ganzen Harem mit sich. Man brachte uns in einem Vorwerk an den Meotidischen Sümpfen unter, zusammen mit zwei Eunuchen und zwanzig Janitscharen. Eine unheimliche Zahl von Russen erlitt den Tod, aber sie zahlten es uns heim. Asow ging in Feuer und Blut unter; kein Alter noch Geschlecht wurde verschont. Nur unser Vorwerk hielt sich noch; die Russen wollten es aushungern. Die zwanzig Janitscharen hatten geschworen, sich niemals zu ergeben. Um ihren Schwur nicht zu brechen, fraßen sie, als sie es nicht mehr aushielten, zuerst die beiden wohlgefütterten Kapaune auf. Und dann beschlossen sie, daß nun die Frauen drankämen.

Ein frommer, mitleidiger Imam war unter uns,

der hielt ihnen eine schöne Predigt und riet ihnen, uns nicht ganz umzubringen. Er sagte: «Schneidet jeder dieser Damen einen Hinterbacken ab, daran könnt ihr euch gütlich tun. In ein paar Tagen habt ihr dann nochmals so viel. Der Himmel wird es euch lohnen, wenn ihr Barmherzigkeit übt.»

Er verstand sich trefflich aufs Reden und bekehrte sie zu seiner Ansicht. Dann ging die schreckliche Operation vor sich. Der Imam salbte uns mit dem Balsam ein, den man braucht, wenn man die Türkenbüblein beschneidet. Alle waren wir dem Tode nahe.

Kaum hatten die Janitscharen den feinen Braten genossen, als die Russen auf Flößen kamen und das Vorwerk stürmten; kein Janitschar blieb am Leben. Von unserm Zustand zeigten sich die Russen wenig gerührt. Doch findet man auf der ganzen Welt französische Feldscherer; ein solcher nahm sich unser an und heilte uns; ich denke noch daran, daß er mir mit Zumutungen kam, kaum hatte sich die Wunde etwas geschlossen. Im Übrigen tröstete er uns so gut es ging und erzählte, man habe das schon bei mehr als einer Belagerung so gemacht, so sei eben das Kriegsrecht.

Kaum konnten wir wieder gehen, führte man uns nach Moskau. Ich wurde einem Bojaren zugeteilt, der mich zur Gärtnerin machte und mir täglich zwanzig Peitschenhiebe zukommen ließ. Als man ihn zwei Jahre später mit dreißig andern Bojaren wegen irgendeiner Hofintrige aufs Rad flocht, nahm ich meinen Vorteil wahr und empfahl mich. So zog ich durch ganz Rußland, war Schenkmagd in Riga, dann in Rostock, in Wismar, in Leipzig und Kassel, Utrecht, Leyden und im Haag, auch in Rotterdam. In Schande und Elend bin ich alt geworden mit meinem halben Hintern und vergaß doch nie, daß ich Tochter eines Papstes bin, hundertmal wollte ich mich umbringen. Was sind wir doch für ein lächerliches Geschlecht, daß wir uns hierin so schwach zeigen. Gibt es einen größeren Narren als den, der seine Bürde weiter und weiter schleppt, die er abwerfen könnte, der sein Leben haßt und doch daran hängt, der die Schlange streichelt, die ihn verzehrt, bis sie sein Herz verschlungen hat.

In den Ländern, durch die mich das Schicksal jagte, in den Schenken, wo ich Magd war, hab' ich eine unglaubliche Zahl von Menschen gesehen, die ihr Dasein verwünschten. Und doch waren nur ihrer zwölf, die ihrem Elend freiwillig ein Ziel setzten: drei Neger, vier Engländer, vier Genfer und ein deutscher Professor namens Robek. Schließlich kam ich als Magd zu dem Juden Don Issachar, der mich das Fräulein bedienen hieß; so wurde unser beider Geschick verknüpft; ich kümmerte mich mehr um eure Geschichten als um die meinige. Ich hätte auch gar nichts von meinen Umständen erzählt, wenn ihr mich nicht gereizt hättet, und wenn es nicht Brauch wäre, daß man bei einer Seefahrt sich Geschichten erzählt, um die Zeit zu vertreiben. Also, Madame, an Erfahrung fehlt's mir nicht, und ich kenne die Welt. Wollt Ihr einen Spaß haben, so laßt alle Passagiere ihre Geschichte erzählen, und sollte nur einer darunter sein, der nicht oft sein Schicksal verflucht, der sich nicht oft für den unseligsten aller Menschen gehalten hat, so werft mich gleich kopfüber ins Meer.»

DREIZEHNTES KAPITEL

Wie Candidus die schöne Kunigund und die Alte verlassen mußte

Nachdem Kunigundchen die Geschichte der Alten vernommen hatte, erwies sie ihr jede Auszeichnung, die ihrer Herkunft und ihrem Verdienst gebührte. Sie veranlaßte alle Fahrgäste, ihre Schicksale zum besten zu geben, und mußte wie auch Candidus zugeben, daß die Alte nicht unrecht hatte.

«Ist doch schade, daß Pangloss gehängt wurde», sagte er, «und zwar gegen alles Herkommen. Er könnte uns wunderschön erläutern, warum Unglück und Leid zu Wasser und zu Lande herrschen, und ich fühle mich Manns genug, ihm mit geziemendem Respekt ein paar Einwände zu machen.»

Vor lauter Geschichten merkte man kaum, wie man vorwärts kam. Schon landete man in Buenos

Aires. Kunigunde und der Hauptmann stellten sich mit der Alten beim Gouverneur Fernando d'Ibaraa y Figueora y Mascarenes y Lampourdos y Souza vor. Der war so anmaßend, wie es einem Herrn mit so vielen Namen zukommt. Er sah die Leute mit hochtrabender Geringschätzigkeit an, steckte die Nase steil in die Luft, sprach laut, mit unbarmherzigem Tonfall und schritt so geziert vornehm einher, daß man fest an sich halten mußte, um ihn nicht zu prügeln. Für die Frauen hatte er eine unüberwindliche Schwäche; so gut wie Kunigund hatte ihm noch keine gefallen. Zuerst fragte er, ob sie nicht die Frau des Hauptmanns sei. Das tat er auf so verdächtige Art, daß Candidus nicht zu sagen wagte, sie seien verheiratet, wie sie es wirklich auch nicht waren. Auch durfte er nicht vorgeben, sie sei seine Schwester, was ja auch nicht gestimmt hätte, obwohl Lügen dieser Art bei den Alten im Schwung waren und heute noch dienlich sein können; er war zu unverdorben, um die Wahrheit zu verhehlen. So sagte er: «Das Fräulein tut mir die Ehr' an, mich zum Mann zu nehmen, und wir bitten Euer Gnaden, die Eheschließung vorzunehmen.»

Don Fernando d'Ibaraa y Figueora y Mascarenes y Lampourdos y Souza zwirbelte seinen dicken Schnurrbart, lächelte säuerlich und befahl dem Herrn Hauptmann, sich zu seiner Kompanie zu verfügen. Der gehorchte, und der Herr Gouverneur blieb bei Fräulein Kunigund, machte ihr auch gleich eine Erklärung, schwur ihr, sie schon morgen nach kirchlichem Brauch oder anders, wie es ihr beliebe, zu heiraten. Kunigundchen verlangte eine Stunde Bedenkzeit, um die Alte um Rat zu fragen.

Die sagte ihr dann: «Madame, Ihr habt zwar zweiundsiebzig Ahnen, aber keinen Heller; es hängt von Euch allein ab, die Gattin des mächtigsten Mannes von ganz Südamerika zu werden, der auch einen hübschen Schnurrbart hat. Warum sich da ewig auf Treue versteifen? Die Bulgaren haben Euch Gewalt angetan, ein Jud und ein Inquisitor haben Eure Gunst genossen. Wenn man Unglück hat, hat man auch gewisse Rechte. Wäre ich an Eurer Stelle, nähme ich den Gouverneur unverzüglich und machte damit das Glück des Hauptmanns Candidus.» So sprach die Alte mit jener Klugheit, die man nur durch Alter und Erfahrung gewinnt. Da sah man ein kleines Kriegsschiff in den Hafen einlaufen; es führte einen Alkalden und Polizisten an Bord. Inzwischen hatte sich nämlich Folgendes ereignet:

Die Alte hatte seinerzeit ganz richtig gesehen, es war ein Franziskanerpater, der die Dukaten und Brillanten des Fräuleins gemaust hatte, als sie mit Candidus in Badajos auf der Flucht nächtigten. Als der Pater bei einem Juwelier ein paar Steine verkaufen wollte, erkannte sie dieser als Eigentum des Großinquisitors. Bevor man den Pater hängte, gestand er, er habe sie gestohlen und bei wem, und welche Straße die Beraubten gezogen waren. Man wußte schon, daß Kunigund und mit ihr Candidus geflohen waren. Man verfolgte sie bis Cadix, sandte ihnen dann ein Schiff auf die Fersen, das nämliche, das eben in Buenos Aires einfuhr. Sofort ging das Gerücht, daß der Alkalde hinter den Mördern des Inquisitors her sei. Die kluge Alte wußte sofort, was zu tun war. «Ihr könnt nicht fliehen, Ihr habt ja auch nichts zu befürchten», sagte sie zu Kunigund, «Ihr habt den Monsignore nicht umgebracht. Der Gouverneur ist zu sehr in Euch vernarrt, um zuzulassen, daß Euch ein Haar gekrümmt werde. Bleibt ruhig hier.» Dann läuft sie zu Candidus: «Mach, daß du wegkommst, sonst wirst du in einer Stunde verbrannt.» Da war keine Sekunde zu verlieren; wie konnte er sich aber von Kunigunde trennen und wohin sollte er fliehen?

VIERZEHNTES KAPITEL

Wie Candidus und Cacambo bei den Jesuiten in Paraguay empfangen wurden

Candidus hatte von Cadix einen Burschen mitgebracht, wie man sie etwa an der spanischen Küste und in den Kolonien trifft. Zu einem Viertel war er Spanier; sein Vater war ein Mestize in Tukuman gewesen. Alles hatte er schon getrieben: Chorknabe, Küster, Matros', Mönch, Spion, Soldat und Lakai war er schon gewesen. Er hieß Cacambo und liebte seinen Herrn sehr, da er wirklich ein guter Mensch war. Sofort sattelte er die beiden andalusischen Pferde. «Vorwärts, nur vorwärts!» sagte er. «Der Rat der Alten ist gut; fort im Galopp und schaun wir nicht hinter uns!»

Candidus weinte bittere Tränen. «Ach, meine geliebte Kunigund! Jetzt muß ich davon, gerade wo der Herr Gouverneur unser Brautführer sein will. So weit mußtest du Ärmste reisen; und was soll nun aus dir werden?»

«Mag aus ihr werden was immer», entgegnete Cacambo. «Die Weiber wissen sich schon zu helfen. Der liebe Gott wird für sie sorgen. Fort, nur fort!»

«Aber wohin führst du mich, wo sollen wir hin?» fragte Candidus, «und was tun ohne Kunigund?»

«Tod und Teufel», fluchte Cacambo; «wir wollten gegen die Jesuiten in den Krieg; nun kämpfen wir einfach mit ihnen zusammen. Hier kenn' ich alle Wege; wir reiten in ihr Land; die freuen sich toll über einen Hauptmann, der das bulgarische Reglement versteht. Da kann's Euch nicht fehlen; kommt man beim einen nicht auf seine Rechnung, so versucht man's beim andern. Da erlebt man was Neues, und das macht immer Spaß.»

«Warst du denn schon in Paraguay?» fragte Candidus.

«Will ich meinen», sagte Cacambo. «Ich war Küster in einem Jesuitenkollegium; kenne die Regierung der Padres wie die eigne Tasche. Da ist alles großartig eingerichtet. Ihr Land mißt dreihundert Meilen so lang wie breit, ist in dreißig Provinzen eingeteilt. Die Padres besitzen alles und das Volk nichts, ein Meisterwerk der Vernunft und der Gerechtigkeit. Ist es nicht wunderbar, wie die Jesuiten hier mit den Königen von Spanien und Portugal Krieg führen und in Europa ihre Beichtväter sind? Hier schießen sie die Spanier tot, und in Spanien präparieren sie sie für den Himmel. Das finde ich großartig. Vorwärts, Ihr werdet Euer Glück machen! Los Padres werden Euch mit offnen Armen empfangen, erfahren sie, daß Ihr Euch aufs bulgarische Reglement versteht.»

Als sie beim Schlagbaum anlangten, erklärte Cacambo dem Wachtoffizier, ein Hauptmann wünsche Monsignore den Obristen zu sprechen. Das meldete man gleich der Hauptwache; ein Adjutant benachrichtigte ihn von ihrer Ankunft. Candidus und Cacambo mußten die Waffen abgeben; man führt ihre andalusischen Pferde beiseit. Durch zwei Reihen Soldaten werden die beiden zum Herrn Obristen geführt, der sie im Jesuitenhut mit geraffter Soutane, den Säbel an der Seite und das Sponton in der Hand erwartet. Auf einen Wink umstellen die Soldaten die Ankömmlinge. Ein Wachtmeister eröffnet ihnen, der Herr Obrist könne sie nicht empfangen, der hochwürdige Pater Provinzial habe verboten, daß ein Spanier in seiner Gegenwart den Mund auftue; sie dürften nicht länger als drei Stunden im Land bleiben.

«Und wo ist der hochwürdige Herr Provinzial?» fragte Cacambo.

«Er hat eben die Messe gelesen und hält nun die Parade ab», antwortete der Wachtmeister. «Ihr könnt erst in drei Stunden seine Sporen küssen.»

«Aber wir sterben Hungers, der Herr Hauptmann und ich», erklärte Cacambo. «Übrigens ist er kein Spanier, sondern ein Deutscher. Können wir nicht etwas frühstücken, bis Hochwürden zu sprechen ist?»

Das meldete der Wachtmeister dem Herrn Obristen ohne Verzug. «Gott sei Dank», murmelte der, «daß er ein Deutscher ist, so kann ich mit ihm reden; führ ihn gleich in meine Laube!»

Man bringt Candidus in ein Gartenkabinett mit grüngoldenen Säulen; hinter einem zierlichen Gitterwerk sieht man Papageien und Kolibris, Silberfasane und andere seltene Vögel. Auf goldenen Schalen bringt man ein ausgezeichnetes Frühstück, und während die Paraguaner ihren Mais aus Holznäpfen draußen im Sonnenbrand knabbern, betritt der hochwürdige Pater und Offizier die Laube.

Er war ein prächtiger junger Mann, hell und voll von Angesicht, rotwangig, mit kühnen Augenbrauen und frischem Mund, stolz, doch nicht stolz wie ein Spanier und auch nicht wie ein Jesuit. Candidus und Cacambo erhalten die Waffen zurück, die man beschlagnahmt hatte, ebenso ihre Pferde. Cacambo schüttelt ihnen den Hafer bei der Laube vor und behält sie in wachsamem Auge.

Candidus berührte den Saum der Soutane des Herrn Obristen mit den Lippen; dann setzte man sich zu Tisch.

«Ihr seid also ein Deutscher?» begann der Jesuit.

«Gewiß, Euer Hochwürden», sagte Candidus. Gleich bei den ersten Worten schauen sich beide verblüfft an, zeigen sich so erregt, daß sie kaum weiter sprechen können.

«Und aus welchem deutschen Land seid Ihr her?»

«Aus dem dreckigen Westfalen», erklärte Candidus, «da bin ich im Schloß Thunderspruck aufgewachsen.»

«Hilf Himmel, ist das möglich?»

«Ein Wunder, ein Wunder!»

«Bist du's wirklich?» ruft der Obrist.

«Kann doch nicht sein!»

Sie fallen fast vom Stuhl, umarmen sich, vergießen Ströme von Tränen.

«Ihr, Hochwürden, und der Bruder der schönen Kunigund ein und derselbe Mensch? Seid Ihr nicht von den Bulgaren erstochen worden? Der Sohn des gnädigen Herrn Barons ein Jesuit in Paraguay? Was für Dinge geschehen nicht auf dieser Erde! O Pangloss, Pangloss! Wie würdest du dich freun, wärst du nicht gehängt worden!»

Der Obrist schickte die Negersklaven und die Paraguaner weg, die in Pokalen aus Bergkristall zum Trinken einschenkten. Er dankte Gott und dem heiligen Ignaz tausendmal, drückte Candidus ans Herz, Tränen flossen über ihre Wangen.

«Noch mehr wirst du staunen, noch mehr dich freuen», sagte Candidus, «wenn du vernimmst, daß Fräulein Kunigund, dein Schwesterlein, das du tot glaubst, gesund und munter ist.»

«Wo lebt sie denn?»

«Ganz in der Nähe, beim Herrn Gouverneur von Buenos Aires. Und ich kam eigentlich nach Amerika, um gegen die Jesuiten zu kämpfen.»

Jedes neue Wort dieser langen Zwiesprache häufte Wunder über Wunder. Beide trugen ihr Herz auf der Zunge, hörten sich mit aufmerksamem Ohr und funkelnden Augen an. Da sie Deutsche waren, tafelten sie lange, in Erwartung des hochwürdigen Paters Provinzial. Unterdessen erzählte der Obrist dem alten Freund seine Geschichte.

FÜNFZEHNTES KAPITEL

Wie Candidus den Bruder der schönen Kunigund erstach

«Meiner Lebtag werde ich die furchtbare Nacht nicht vergessen, als ich sehn mußte, wie man Vater und Mutter hinmordete und der Schwester Gewalt antat. Kaum waren die Bulgaren weg, suchte man das holde Schwesterlein vergebens; man warf Vater, Mutter und mich in einen Karren, dazu die Leichen von zwei Mägden und drei kleinen Jungens, um uns in einer Jesuitenkapelle zu begraben, die etwa zwei Meilen vom Schloß meiner Väter entfernt liegt. Ein Jesuit besprengte uns mit Weihwasser; das war scheußlich gesalzen; ein paar Tropfen drangen in meine Augen. Der Pater sah, daß ich mit den Lidern zwinkerte, legte mir die Hand aufs Herz, bemerkte, daß es noch schlug. Er pflegte mich; nach drei Wochen war ich vollkommen geheilt. Du weißt, mein lieber Candidus, daß ich ein hübscher Junge war; der Vorsteher des Jesuitenstifts wurde mir zärtlich zugetan und kleidete mich als Novizen ein; bald nachher wurde ich nach Rom geschickt. Der Ordensgeneral brauchte deutschen Nachwuchs. Die Beherrscher Paraguays sind nicht auf spanische Jesuiten erpicht; je weiter sie herkommen, um so besser haben sie sie in der Hand. Seiner Eminenz dem Ordensgeneral kam ich gerade recht, um in diesem Weinberg zu schaffen. So zogen wir los, ein Pole, ein Tiroler und ich. Kaum war ich da, ernannte man mich zum Subdiakon und Leutnant. Jetzt bin ich Priester und Obrist. Wir werden die Truppen des Königs von Spanien gehörig empfangen, dafür steh' ich gut; sie werden geschlagen und exkommuniziert. Die Vorsehung schickt dich gerade recht, um uns zu helfen. Aber ist's wirklich wahr, daß mein liebes Gundelchen in der Nähe lebt? Beim Gouverneur von Buenos Aires, sagst du?»

Candidus beteuerte mit heiligen Schwüren, es sei so. Wieder vergossen sie Tränen der Rührung. Der Baron konnte Candidus nicht genug ans Herz drücken; er nannte ihn seinen Bruder, seinen Retter.

«Vielleicht», sagte er, «ziehen wir als Sieger in die Stadt ein und nehmen das Schwesterchen in Empfang.»

«Ich ersehne mir nichts Besseres», sagte Candidus. «Denn ich wollte sie zu meiner Frau machen und will es noch.»

«Du frecher Kerl», schrie da der Baron, «du maßest dir an, meine Schwester zu heiraten, eine Baronin von zweiundsiebzig Ahnen? So eine Schamlosigkeit ist mir noch nicht vorgekommen!»

«Euer Hochwürden», sagte darauf Candidus wie versteinert über eine solche Rede; «daran ändern alle Ahnen der Welt nichts. Ich hab' deine Schwester aus den Armen eines Juden und eines Großinquisitors befreit. Sie ist mir zu großem Dank verpflichtet und will mich heiraten. Pangloss hat uns gelehrt, alle Menschen seien gleich; nichts bringt mich von meinem Entschlusse ab.»

«Das werden wir sehn, du Schuft», rief der Baron von Thunderspruck aufs neue und schlug ihn mit der flachen Klinge ins Gesicht. Sofort zieht Candidus vom Leder und jagt seinen Degen bis zum Heft in den Bauch des Jesuitenbarons. Wie er ihn rauchend herauszog, fing er zu weinen an.

«Gott helfe mir, jetzt hab' ich meinen Herzensbaron, meinen Schwager und Freund getötet! Bin der sanftmütigste Mensch und hab' schon drei Menschen auf dem Gewissen, und unter den dreien waren zwei geistlich!»

Cacambo, der am Eingang der Laube aufpaßte, lief herbei.

«Uns bleibt nichts übrig, als unser Leben teuer zu verkaufen», rief sein Herr. «Kommt einer in die Laube, sterben wir, die Waffe in der Hand.»

Nun, Cacambo hatte ganz andere Dinge erlebt und verlor den Kopf nicht. Er nahm dem Baron die Soutane ab und hängte sie Candidus um die Schultern, setzte ihm das Jesuitenhütlein auf und half ihm rasch zu Pferd, alles in einem Augenblick.

«Jetzt fort im Galopp! Man wird Euch für einen Jesuiten halten, der Befehle zu geben hat; wir sind weit über die Grenze, eh' einer dran denkt, uns nachzulaufen!»

Schon sprengte er davon und rief auf spanisch: «Platz da, Platz da, für seine Hochwürden, den Herrn Obristen!»

SECHZEHNTES KAPITEL

Was sich mit zwei Mädchen und zwei Affen zutrug und mit den Wilden, die man Ohrlinge nennt

Candidus und Cacambo waren schon weit über die Schlagbäume hinaus; noch hatte niemand den Tod des Jesuitenbarons wahrgenommen. Cacambo hatte klugbesonnen seinen Schnappsack mit Brot, Schinken, Schokolade, Früchten und Weinflaschen gefüllt. So ritten sie kühn ins unerforschte Land; weit und breit war kein Weg zu sehn. Endlich kamen sie auf eine prächtige Wiese, von lieblichen Bächlein durchflossen. Da ließen sie ihre andalusischen Pferde weiden; Cacambo ermunterte seinen Herrn zu essen und ging ihm gleich mit gutem Beispiel voran.

«Was soll ich Schinken essen», klagte dieser, «wo ich den Sohn des gnädigen Herrn Baron totgestochen habe, wo ich verdammt bin, mein liebes Gundelchen zeitlebens nicht mehr zu sehn? Was soll ich mein elendiglich Leben weiterfristen, immerfort zwischen Verzweiflung und Reue?»

Damit langte er tapfer zu. Die Sonne ging zur Neige. Da vernahmen die irrenden Ritter leise Schreie; waren es nicht weibliche Stimmen? Waren es Töne der Lust oder des Schmerzes? Mit der Aufregung und Besorgnis, die uns in einem fremden Land so leicht überkommt, sprangen sie auf und erblickten zwei Mädchen, pudelnackt und braun, die leichtfüßig durch das Gras liefen, verfolgt von zwei Affen, die ohn' Unterlaß nach ihren Rundlichkeiten schnappten. Da fühlte Candidus Erbarmen. Bei den Bulgaren hatte er schießen gelernt; eine Haselnuß hätte er vom Strauch geholt, ohne ein Blatt zu streifen. Er riß seine spanische Doppelflinte an die Backe; piff-paff, kugelten die Affen auf den Rasen.

«Gelobt sei der Himmel, mein lieber Cacambo. Die armen Mädchen hab' ich aus großer Not gerettet! Hab' ich Gott beleidigt, als ich den Inquisitor und den Jesuiten totstach, so ist das wettgemacht; die braunen Damen verdanken mir das Leben. Sind sie von gutem Haus, kann uns die Sache sehr zustatten kommen.»

So schwatzte er drauflos. Doch verschlug es ihm schier die Sprache, als er sehn mußte, wie sich die Mädchen verzweifelt auf die Affen warfen, sie unter Tränen, laut jammernd, küßten.

«So viel Seelengüte hätte ich nicht erwartet!» sagte er erstaunt zu Cacambo. Doch der erklärte ihm kopfschüttelnd: «Da habt Ihr was Schönes angestellt. Die Herzallerliebsten der Damen habt Ihr totgeschossen!»

«Die Herzallerliebsten? Nicht möglich! Du hältst mich zum Narren; das glaubt dir doch keiner!»

«Ihr seid auch gar immer über alles und jedes erstaunt. Ist denn etwas Besonderes dran, wenn Affen bei Damen in Gunst stehn? Sind sie nicht Viertelmenschen, wie ich ein Viertelspanier bin?»

«Meinethalben», brummte Candidus. «Der Magister Pangloss hat, glaub' ich, erzählt, solche Liebesbündnisse seien auch im Altertum vorgekommen. Aus denen seien dann die Faune und Satyrn entstanden, die ein paar recht berühmte Leute gesehn haben wollen. Aber das hielt ich für Fabeln.»

«Da seht Ihr nun, daß die Sache stimmt», grinste Cacambo. «So was kann geschehn, wenn man keine feine Erziehung genossen hat. Doch fürcht' ich, die Mädchen werden uns eine böse Suppe einbrocken.»

Diese vernünftigen Überlegungen bestimmten Candidus, nicht gar so lange auf der schönen Wiese zu bleiben. Sie ritten in den Wald, beendeten dort ihr Abendbrot, und nachdem sie den Inquisitor, den Gouverneur von Buenos Aires und den Baron verwünscht hatten, legten sie sich zum Schlaf auf das Moos nieder. Am Morgen konnten sie kein Glied rühren; in der Nacht hatten sie die Ohrlinge, die da zu Haus waren und denen die Mädchen ihr Leid geklagt hatten, mit Baststricken gefesselt. Ein paar Dutzend nackte Wilde standen mit Pfeilen, Keulen und Steinäxten in der Runde, andere heizten den großen Kessel und putzten grinsend die Bratspieße. Sie brüllten: «Jesuitenfraß, Jesuitenfraß, wie fein schmeckt das, wie fein schmeckt das!»

«Hab' ich Euch nicht gesagt», tuschelte Cacambo, «daß uns die Weiber bös reinlegen werden?»

Candidus erblickte Kessel und Bratspieße und seufzte: «Da werden wir wohl gebraten oder gesotten. Was sagte wohl Pangloss dazu, der immer die Güte des freien Sohnes der Wildnis pries? Alles ist gut; meinetwegen, aber ich finde es hart, daß ich erst mein Gundelchen verlieren muß und dann an den Bratspieß komme.»

Doch Cacambo verlor auch jetzt den Kopf nicht. «Nur keine Bange», flüsterte er dem Trostlosen ins Ohr. «Ich versteh' mich auf das Geschnatter dieser Vögel, ich werd' mit ihnen reden.»

«Und vergiß nicht, ihnen klarzumachen», sagte Candidus, «daß es höchst unmenschlich ist, seinesgleichen zu braten, und ganz und gar nicht christlich.»

«Verehrte Herren und Brüder», begann Cacambo seine Rede, «ihr gedenkt einen Jesuitenfraß abzuhalten und tut wohl daran. Was kann man Besseres mit seinen Feinden tun, als sie mit Haut und Haar verspeisen? Das Naturrecht lehrt, daß man seine Feinde umbringt, und daran hält sich ein jeder, so weit die Erde reicht. Wenn wir sie nicht braten, dann einzig und allein, weil wir Besseres zu knabbern haben. Das ist wohl bei euch nicht der Fall. Gescheiter, man frißt seine Feinde, als man schenkt den Krähen und Raben die Frucht seines Sieges. Aber seine Freunde, liebe Brüder, die frißt man doch nicht! Ihr vermeint, einen Jesuiten an den Spieß zu liefern, und es ist ein Freund und Bundesgenosse, ein Feind eurer Feinde, den ihr braten wollt. Dieser mein Herr ist alles andere als ein Jesuit. Er hat gestern einen Jesuiten erstochen und trägt seinen Rock als Beute; das entschuldigt euren Irrtum. Glaubt ihr mir nicht, so bringt diesen Rock zum nächsten Schlagbaum von Los Padres; da werdet ihr alles erfahren. Da braucht's kein langes Federlesen; ihr könnt uns immer noch braten, wenn ich gelogen habe. Aber wenn ich die Wahrheit gesagt habe, so kennt ihr Völkerrecht und Sitte zu gut, um uns nicht zu verschonen.»

Damit erklärten sich die Ohrlinge einverstanden. Sie schickten zwei erprobte Männer auf Kundschaft, und die brachten guten Bericht. Die Wilden banden ihre Gefangenen los, behandelten sie mit ausgesuchter Höflichkeit; Leckerbissen und Mädchen boten sie ihnen an und begleiteten sie bis an die Grenze ihres Reviers. Dabei sangen sie im Takt: «Jesuitenfeind, Jesuitenfeind ist der Ohrlinge Freund!»

Candidus erstaunte sehr über die Ursache seiner Errettung. «Was für ein Volk», sagte er, «was für Männer, was für Sitten! Es war ein Glück für uns, daß ich den Bruder meines Gundelchens totstach, sonst hätten sie uns ohne Gnade geschlachtet. Aber schließlich hat der freie Sohn der Wildnis doch ein gutes Herz. Sobald sie wußten, daß ich kein Jesuit bin, haben mich diese Ohrlinge mit größter Auszeichnung behandelt.»

SIEBZEHNTES KAPITEL

Wie Candidus und Cacambo ins Land Eldorado gelangen und was sie dort alles sehn

Als sie von den Ohrlingen Abschied genommen hatten, sagte Cacambo zu Candidus: «Ihr seht, diese Halbkugel ist nicht viel mehr wert als die andere. Gescheiter ist's, wir kehren schnellstens nach Europa zurück.»

«Wie soll ich dahin kommen, und wohin soll ich mich da wenden? In meiner Heimat metzeln Bulgaren und Abaren alles nieder, in Portugal werde ich verbrannt, und hierzuland winkt uns der Bratspieß. Und wie soll ich den Erdteil verlassen, wo Fräulein Kunigund weilt?»

«Also gehn wir nach Cayenne», riet Cacambo, «da gibt's gewiß Franzosen wie überall auf der Welt. Die könnten uns helfen; Gott wird uns nicht verlassen.»

Das war immerhin kein leichter Weg. Die ungefähre Richtung war ihnen zwar bekannt; aber was gab es da für Hindernisse, Gebirge, Ströme, Abgründe, Räuber, Wilde! Die beiden Pferde kamen vor Entbehrung um, die Vorräte waren aufgezehrt. Einen ganzen Monat aßen sie nichts als die Früchte des Waldes. Schließlich kamen sie zu einem Fluß, wo Kokospalmen standen, die ihnen Leben und Hoffnung spendeten.

Cacambo, der um gute Ratschläge so wenig verlegen war als die Alte, sprach zu Candidus: «Wir sind erschöpft, weiter laufen können wir nicht mehr. Aber da seh' ich ein leeres Boot am Ufer, das füllen wir mit Kokosnüssen und lassen uns dann von der Strömung treiben; jeder Fluß bringt uns zu menschlichen Wohnungen. Und erleben wir nicht erfreuliche Dinge, so erleben wir doch was Anderes.»

Candidus war einverstanden und empfahl sich der Vorsehung. So trieben sie manche Meile dahin; die Ufer waren bald blühend, bald wüst, bald flach, bald steil. Der Fluß wurde immer breiter; schließlich fuhren sie auf ein riesiges Felsentor zu, das bis zum Himmel anstieg. Es blieb ihnen nichts anderes übrig, als sich da hineintreiben zu lassen. In verengtem Bett trug sie der Fluß pfeilgeschwind und mit donnerndem Getös dahin. Nach vierundzwanzig Stunden erblickten sie wieder das Tageslicht; doch ihr Boot zersplitterte an einer scharfen Klippe. Eine ganze Meile mußten sie von Fels zu Fels springen; endlich befanden sie sich in einem weiten Land, das ringsum von gewaltigen Bergen begrenzt war. Alles war mit Zier- und Nutzpflanzen bebaut, das Schöne und das Nützliche schienen eins geworden. Auf den Straßen sah man Wagen von üppiger Form aus blinkendem Stoff; darin saßen Männer und Frauen von eigenartiger Schönheit. Gezogen wurden sie von riesigen roten Hammeln, die an Schnelligkeit die besten Pferde Andalusiens, von Tetuan und Mequinez übertrafen.

«Da gefällt's mir besser als in Westfalen», schmunzelte Candidus.

Im ersten Dorf, das sie erreichten, machten sie Halt. Bauernkinder in zerfetzten Kleidern aus Goldbrokat machten auf einem Platz das Scheibenspiel, und die beiden Weltfahrer schauten ihnen fröhlich zu. Die Scheiben waren rund und dick, gelb, rot und grün, von strahlendem Glanz. Als die Reisenden ein paar davon in die Hände nahmen, sahen sie, daß sie aus Gold, Smaragden und Rubinen gemacht waren –

die geringste wäre eine Zierde für den Thron des Großmoguls gewesen. Cacambo meinte, es seien gewiß die Kinder des Königs, die da ihrem Spielchen oblägen. Da erschien der Dorfschulmeister und trieb sie in die Schulstube zurück. «Gewiß der Hofmeister des königlichen Hauses», meinte Candidus.

Die kleinen Rotznasen brachen ihr Spiel ab und ließen die Scheiben liegen, mit denen sie ihren Spaß gehabt hatten. Candidus liest sie auf und überreicht sie ehrerbietig dem Hofmeister; er gibt ihm durch Zeichen zu verstehen, daß die königlichen Hoheiten ihr Gold und Edelgestein hätten liegen lassen. Der Schulmeister wirft alles lächelnd zu Boden, schaut die Fremden überrascht an und geht seines Wegs.

Cacambo und sein Herr beeilten sich, Gold, Rubine und Smaragde aufzulesen. «Das ist ein seltsam Land», rief Candidus. «Da werden die Königskinder gut erzogen; man lehrt sie Gold und Edelsteine verachten.» Nicht weniger überrascht war Cacambo. Das erste Bauernhaus, das sie sahen, war wie ein Palast gebaut. Eine Menge Menschen drängte sich beim Eingang und im Innern. Man vernahm zarte Musik, und aus der Küche strömte herrlicher Bratenduft. Cacambo trat näher und vernahm, daß man peruanisch sprach, seine Muttersprache. Wir wissen ja, er stammte aus Turkuman, und da wurde nichts anderes gesprochen. «Dann kann ich für Euch dolmetschen», sagte er, «gehn wir hinein; es ist das Wirtshaus.»

Zwei Kellner und zwei Kellnerinnen, in Goldstoff gekleidet und die Haare mit Perlenbändern hochgebunden, laden sie höflich ein, sich zu Tisch zu setzen. Zuerst bringt man ihnen vier Suppen, jede mit zwei Papageien, dann einen zweihundert Pfund schweren Kondorbraten und zwei geschmorte Affen, die vorzüglich schmeckten. Drauf folgte eine Platte mit zweihundert Kolibris, eine köstliche Pastete und feines Zuckergebäck, alles in Schalen aus Bergkristall aufgetragen. Dazu schenkten ihnen die Kellner himmlische Schnäpschen aus Zuckerrohr ein.

Die Gäste waren in der Hauptsache Krämer und Fuhrleute, doch alle fein, gebildet und höflich. Die Fragen, die sie an Cacambo stellten, waren gar nicht aufdringlich, und auf die seinigen antworteten sie sehr zuvorkommend.

Als die Mahlzeit fertig war, gedachten Candidus und Cacambo ihre Zeche zu bezahlen und legten ein paar von den Goldscheibchen auf den Tisch, die sie eben aufgelesen hatten. Der Wirt und Frau Wirtin hielten sich die Bäuche vor Lachen; es dauerte lange, bis sie sich erholt hatten.

«Wir glauben gern, daß die Herren Fremde sind, die sieht man bei uns nicht alle Tage. Verzeiht, daß wir so toll lachten, da ihr uns als Bezahlung die Kiesel unsrer Straßen anbotet. Ihr habt offenbar kein landesübliches Geld, aber ihr braucht auch keines, um hier zu essen. Alle Gasthäuser, die Handel und Verkehr dienen, werden von der Regierung unterhalten. Es tut uns leid, daß wir euch ein so armselig Essen vorgesetzt haben, unser Dorf ist arm. Überall sonst wäret ihr empfangen worden, wie es sich gehört.»

Cacambo erläuterte seinem Herrn die Worte des Wirtes; Candidus hörte sie mit derselben Verwunderung, ja Verwirrung an, mit der Cacambo sie berichtete. «Was ist das für ein Land», sagten sie sich, «von dem kein Mensch auf der Erde etwas weiß, und wo alles gerade umgekehrt wie bei uns zugeht? Ist das nun jenes Land, wo alles zum besten eingerichtet ist? Denn irgendwo muß es doch so etwas geben. Und was auch der Magister Pangloss sagen mochte, in Westfalen ging eigentlich alles ziemlich schlecht.»

ACHTZEHNTES KAPITEL

Was es im Lande Eldorado alles zu sehn gab

Cacambo hätte gern vom Wirt alles Mögliche und Unmögliche erfahren. Doch der erklärte ihm: «Ich bin kein gelehrter Mann; es geht mir drum nicht schlechter. Doch lebt hier ein alter Herr, der sich vom Hof zurückgezogen hat. Weit und breit findet man keinen klügern; er wird Euch gern erklären, was Ihr wissen möchtet.»

Alsbald führte er Cacambo zu ihm; denn Candidus spielte jetzt die zweite Rolle und mußte hingehn, wohin jener wollte. Das Haus war von höchster Einfachheit; das Tor war nur aus Silber und die Wände waren nur mit Gold vertäfelt, doch so geschmackvoll gearbeitet, daß sie auch neben den reichsten bestanden hätten. Der Vorsaal war nur mit Rubinen und Smaragden ausgelegt, jedoch in so schöner Ordnung, daß diese Schlichtheit nicht armselig wirkte.

Der alte Herr empfing die Reisenden auf einem Ruhebett, das mit Kolibrifedern gepolstert war; er bot ihnen Erfrischungen in demantenen Schalen. Dann belehrte er sie liebenswürdig über die Einrichtungen seines Landes.

«Ich bin gerade einhundertzweiundsiebenzig Jahre alt; von meinem Vater, der königlicher Stallmeister war, vernahm ich, welch ungeheure Umwälzungen man in Peru erlebt hat. Unser Königreich ist das alte Land der Inka, von hier aus unterwarfen sie einen großen Teil der Erde und wurden dann von den Spaniern überwältigt.

Da waren jene Fürsten, die im Stammland blieben, weiser und vorsichtiger; im Einverständnis mit ihrem Volk beschlossen sie, niemand dürfe das Reich verlassen, und das hat uns unsere Unschuld und unser glückseliges Dasein bewahrt. Die Spanier ahnten zwar etwas von unserm Land und nannten es Eldorado; ein Engländer, der Ritter Raleigh, gelangte vor hundert Jahren in unsere Nähe; da wir aber von unübersteigbaren Felsbergen umschlossen sind, blieben wir vor allen Raubgelüsten der Großmächte bewahrt. Haben sie doch alle eine krankhafte Sehnsucht nach den Kieseln unserer Straßen und dem Kot unserer Erde; sie würden uns bis zum letzten Mann hinschlachten, um sie zu bekommen.»

Man unterhielt sich lange, sprach über die Art der Staatsverwaltung, über die Sitten, die Frauen, die öffentlichen Schauspiele und Künste. Schließlich fragte Candidus, der immer noch eine Vorliebe für Metaphysik hatte, ob man hier auch eine Religion habe.

Das jagte dem alten Herrn die Röte auf die Wangen. «Wie könnt ihr daran zweifeln?» sagte er. «Glaubt ihr denn, wir seien undankbare Geschöpfe?» Cacambo fragte bescheiden, zu welcher Religion man sich denn bekenne. Wiederum errötete der Greis. «Kann es denn zweierlei Religion geben? Wir haben die Religion aller braven Leute: wir loben Gott vom Morgen bis zum Abend.»

«Habt ihr einen oder mehrere Götter?» fragte Cacambo, der den Zweifeln Candidus' Worte lieh.

«Gibt es denn ihrer zwei oder drei oder vier? Ich muß schon sagen, ihr stellt merkwürdige Fragen.»

Candidus wollte aber doch erfahren, auf welche Weise man in Eldorado zu Gott bete.

«Wir beten nicht zu ihm», sagte der ehrwürdige Weise; «haben wir doch nichts von ihm zu erbitten; er hat uns ja alles gegeben, was wir bedürfen. Doch danken wir ihm ohn' Unterlaß.»

Candidus wollte auch wissen, wie man es mit den Priestern halte, und hätte gern den einen oder andern gesehn.

«Liebe Freunde», sagte da der gute Greis lächelnd, «Priester sind wir hier alle. Der König und alle Hausväter singen jeden Morgen feierliche Dankgesänge für den Schöpfer, und fünf bis sechstausend Musiker begleiten sie.»

«So habt ihr auch keine Mönche, die alles besser wissen, die sich ewig zanken, sich in alles mischen und die Leute verbrennen, die andrer Meinung sind?»

«Da müßten wir ja Narren sein», sagte der Weise. «Hier sind wir alle gleicher Meinung; ich kann mir nicht denken, was für Geschöpfe solche Mönche sind.»

Solche Reden entzückten den guten Candidus. Er sagte sich, daß hier alles besser eingerichtet sei als in Westfalen und im Schlosse des Herrn Baron von Thunderspruck. Hätte Pangloss das Eldorado gekannt, wäre ihm Thunderspruck gewiß nicht als das schönstmögliche aller Schlösser vorgekommen. Man lernt eben nur durch Reisen.

Als sie ihr lehrreiches Gespräch beendigt hatten, ließ der alte Herr eine Kutsche mit sechs roten Hammeln anspannen und gab seinen Freunden sechs Diener mit, damit sie sich bei Hofe würdig vorstellen konnten.

«Gern würde ich euch begleiten», sagte er, «mein Alter erlaubt mir das leider nicht. Doch wird euch der König auf eine Weise empfangen, die euch gewiß nicht mißfallen kann. Ich bitt' euch um Nachsicht, wenn nicht alle Sitten unseres Landes euren Beifall finden sollten.»

Candidus und Cacambo steigen ein; die sechs Hammel fliegen dahin; in weniger als vier Stunden traf man beim königlichen Palast ein, der an einem Ende der Hauptstadt gelegen war. Das Portal war zweihundertundzwanzig Schuh hoch und hundert Schuh breit; aus was für köstlichem Stoff es hergestellt war, ließ sich nicht feststellen; natürlich war er weit wertvoller als die Kiesel und der Sand, die wir Edelstein nennen.

Zwanzig herrliche Mädchen der königlichen Garde empfingen die beiden Weltfahrer, als sie aus der Kutsche stiegen, und führten sie gleich ins Bad und bekleideten sie dann mit Gewändern aus Kolibriflaum. Dann brachten sie die Hofmeister und Hofmeisterinnen in das Gemach der Majestät zwischen zwei Reihen von je tausend Spielleuten, wie das der Brauch war. Bevor sie den Thronsaal erreichten, fragte Cacambo den Oberhofmeister, wie man seine Majestät zu begrüßen habe; ob man sich auf die Knie oder bäuchlings hinwerfe, ob man die Hände auf den Kopf oder auf den Rücken lege, ob man den Staub des Saales lecke oder was sonst für Zeremonien befolgt werden müßten. «Nichts von alledem», sagte der hohe Beamte, «man umarmt den König und küßt ihn auf beide Wangen.» Das taten denn auch Candidus und Cacambo; der König empfing sie äußerst liebenswürdig und bat sie, gleich zum Abendessen zu bleiben.

Bis es so weit war, zeigte man ihnen die Stadt. Die Staatsgebäude stiegen bis zu den Wolken hinan, die Märkte waren mit tausend Säulen geschmückt, die Brunnen spendeten klares Wasser, andere Röhren Wohlgerüche und subtile Schnäpschen. Die Plätze waren mit Edelsteinen gepflastert, die einen Geruch wie Zimt und Saffran ausströmten. Candidus wollte auch den Gerichtshof sehn; man belehrte ihn, so etwas gebe es nicht, es würden hier keine Prozesse geführt; auch Gefängnisse seien unbekannt. Was ihn am meisten überraschte und erfreute, war eine Halle von zweitausend Schritt Länge mit lauter mathematischen und physikalischen Instrumenten.

Nachdem sie am Nachmittag etwa den tausendsten Teil der Stadt gesehen hatten, führte man sie zum König zurück, der mit ihnen und einigen Damen tafelte. Noch nie hatten sie so gut gegessen und noch nie so geistreiche Gespräche geführt. Cacambo übersetzte Candidus, so gut es ging, die Witze des Königs, und obwohl sie übersetzt waren, konnten sie doch für Witze gelten. Das erstaunte Candidus mehr als alles andere.

Einen ganzen Monat blieben sie als Gäste. Immer wieder sagte Candidus zu Cacambo, wenn sich auch das Schloß, wo er geboren sei, nicht mit diesem Lande messen könne, so sehne er sich doch schmerz-

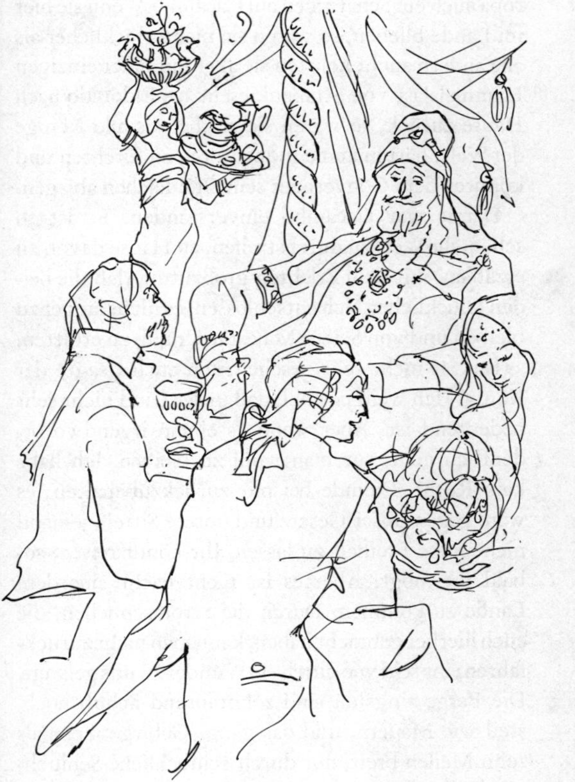

lich nach Fräulein Kunigund, vielleicht warte in Europa auch ein Schätzchen auf Cacambo. Wenn sie hier im Lande blieben, so wären sie nicht glücklicher als alle andern auch; kehrten sie aber mit einer einzigen Hammelslast von Straßenkieseln aus Eldorado nach Hause zurück, so wären sie reicher als alle Könige der Welt, hätten keine Inquisitoren zu fürchten und könnten dem Gouverneur sein Gundelchen abjagen.

Damit war Cacambo einverstanden. Es ist so schön, die Welt zu durchstreifen, zu Hause davon zu erzählen, mit dem Erlebten großzutun, daß die beiden Glücklichen sich entschlossen, es nicht länger zu bleiben und von Seiner Majestät Urlaub zu erbitten. «Das ist nicht sehr gescheit von euch», sagte der König. «Ich weiß ja wohl, daß unser Land nicht sehr bedeutend ist. Aber wenn es einem irgendwo ordentlich geht, tut man wohl zu bleiben. Ich habe kein Recht, Fremde bei mir zurückzuhalten; es wäre gegen unser Gesetz und unsere Sitten, jemand nicht seine Freiheit zu lassen. Ihr könnt reisen, sobald ihr mögt. Aber es ist nicht leicht, aus dem Lande zu kommen. Durch die Stromschnellen, die euch hierher gebracht haben, kann man nicht zurückfahren; ihr seid wie durch ein Wunder zu uns gelangt. Die Berge ringsum sind zehntausend Schuh hoch, steil wie Mauern, und das ganze Gebirge mehr als zehn Meilen breit, nur durch schreckliche Schluchten geht es hinunter. Wollt ihr durchaus fort, so gebe ich meinen Maschinenintendanten den Auftrag, eine

Maschine zu bauen, die euch bequem hinüberbringt. Seid ihr auf der andern Seite angelangt, kann ich euch niemand zur Begleitung mitgeben; denn alle unsere Leute haben geschworen, niemals die Grenzen zu überschreiten, und sie sind zu klug, ihren Schwur zu brechen. Was ich sonst für euch tun kann, werd' ich gerne tun.»

«Wir erbitten nichts weiteres von Eurer Majestät als ein paar Hammelslasten von Eßwaren, von Kieseln und Straßenkot», sagte Candidus.

«Begreif' ein anderer», lachte drauf der König, «warum ihr Europäer auf unsern gelben Dreck so versessen seid. Nehmt, soviel ihr wollt, und wohl bekomm's!»

Allsogleich befahl er seinen Ingenieuren, eine Maschine zu bauen, um die Reisenden aus dem Lande hinauszuwinden. Dreitausend Physiker arbeiteten daran; in vierzehn Tagen war alles fertig und kostete nicht mehr als zwanzig Millionen Pfund Sterling Eldoradowährung. Candidus und Cacambo wurden mit zwei großen Hammeln, die als Reittiere gezäumt und gesattelt waren, daraufgesetzt; es folgten zwanzig Lasthammel mit allerlei Eßbarem, dreißig Hammel mit Geschenken des Königs und den Merkwürdigkeiten des Landes, und fünfzig weitere mit Gold, Edelsteinen und Diamanten. Zum Abschied drückte der König die beiden Weltbummler an sein Herz.

War das ein Schauspiel, als sie so mitsamt ihren

Hammeln in die Luft fuhren! Die Physiker nahmen von ihnen Abschied, nachdem sie in Sicherheit gebracht waren.

Candidus hatte nur den einen Wunsch, seinem Gundelchen die Goldhammel recht bald zeigen zu können. «Damit können wir den Gouverneur von Buenos Aires zahlen, wenn es für Fräulein Kunigund überhaupt einen Preis gibt. Also denn, vorwärts nach Cayenne, vorwärts zu Schiff, und dann wollen wir sehn, welches Königreich wir uns kaufen!»

NEUNZEHNTES KAPITEL

Was in Surinam geschah und wie Candidus den Philosophen Martin kennenlernte

Am ersten Tag ging die Reise trefflich vonstatten. Sie lebten im Hochgefühl, Schätze zu besitzen, wie sie ganz Europa, Asien und Afrika nicht zusammenbringen könnten. Candidus schnitt den Namen Kunigundens in alle Rinden ein. Am zweiten Tag versanken zwei Hammel im Sumpf und gingen mitsamt ihren Lasten verloren; ein paar Tage später kamen zwei andre vor Entkräftung um; sieben oder acht verdursteten in einer Wüste; ein paar weitere stürzten in einen Abgrund. Als sie hundert Tage unterwegs waren, lebten just noch ihrer zwei; unter Seufzern sprach Candidus zu Cacambo: «Siehst du wohl, wie vergänglich die Schätze dieser Welt sind? Nichts ist von Dauer als die Tugend und das Glück, Kunigundchen wiederzusehn.»

«Einverstanden», entgegnete jener, «aber schließlich bleiben uns noch zwei Hammel mit Reichtümern, wie sie nicht mal der spanische König besitzt. Ich erblicke von ferne eine Stadt; könnte Surinam sein, das den Holländern gehört. Nun ist alle Mühsal aus; nun kann unser Glück beginnen.»

Vor der Stadt sahen sie einen Neger am Boden liegen; er hatte nur noch die eine Hälfte seines Kleides, nämlich eine halbe Badehose aus blauer Leinwand an; dazu fehlte ihm das linke Bein und die rechte Hand.

«Großer Gott», sagte Candidus auf holländisch zu ihm, «was ist mit dir, du armer Kerl, was tust du hier in diesem Zustand?»

«Ich warte da auf meinen Herrn, den großen Kaufherrn Vanderdendur», antwortete der Neger.

«Hat dich der so fürchterlich zugerichtet?»

«Mein guter Herr, das ist hier Brauch so. Zweimal im Jahr gibt man uns eine Badehose als einzige Bekleidung. Arbeiten wir in der Zuckermühle und kommt uns ein Finger zwischen die Mahlsteine, haut man uns die Hand ab; wollen wir entfliehn, haut man uns ein Bein ab. Mir mußte beides begegnen. Nur so kommt ihr zu eurem Zucker in Europa. Als mich meine Mutter an der Goldküste um zehn patagonische Taler verkaufte, sagte sie: ‚Segne unsere Fetische, liebes Kind, und bleibe ihnen treu, so werden sie dir Glück bringen. Es ist eine Ehre für dich, daß du den weißen Herren dienen darfst; dadurch machst du Vater und Mutter glücklich.' Ob ich ihr Glück gemacht, weiß ich nicht; sicher haben sie meins nicht gemacht. Hunde, Affen und Papageien sind tausendmal weniger unglücklich als wir. Die holländischen Fetische, die mich bekehrt haben, sagen uns jeden Sonntag, wir seien alle Kinder Adams, die Schwarzen und die Weißen. Von Genealogie verstehe ich nichts. Sagen aber diese Prädikanten die Wahrheit, so wären wir alle blutsverwandt und Vettern. Man muß zugeben, es kann einer seine Verwandten nicht niederträchtiger behandeln.»

«O Pangloss, Pangloss», rief Candidus, «von dieser Scheußlichkeit hast du nichts geahnt. Nun ist's genug, ich will von deinem Optimismus nichts mehr wissen.»

«Was ist Optimismus?» fragte Cacambo.

«Das ist der Wahnwitz, alles für gut zu erklären, wenn alles schlecht ist.»

Die Augen flossen ihm über, als er den Neger ansah, und so hielten sie ihren Einzug in Surinam.

Sofort erkundigten sie sich, ob kein Schiff im Hafen sei, das nach Buenos Aires fahre. Zuerst gerieten sie an einen spanischen Kapitän, der einen gerechten Preis abmachen wollte. Er bestellte sie in eine Kneipe.

Dort erwartete ihn Candidus mit dem treuen Cacambo und den beiden Hammeln.

Candidus hatte das Herz auf der Zunge und erzählte dem Spanier alles, was sie erlebt hatten, verriet ihm auch, daß sie Fräulein Kunigund befreien wollten. «Da werd' ich mich hüten, euch nach Buenos Aires zu fahren», sagte der Kapitän. «Man würde mich dort hängen und euch gleichfalls. Die schöne Kunigund ist ja das Liebchen des Herrn Gouverneurs.»

Das war ein Donnerschlag für Candidus. Er ließ seinen Tränen freien Lauf. Dann sagte er leise zu Cacambo: «Hör' mal, lieber Freund, wir machen das so. Jeder von uns hat für fünf oder sechs Millionen Diamanten in der Tasche. Du bist gewitzter als ich; hol du die Kunigund in Buenos Aires. Macht der Gouverneur Schwierigkeiten, gibst du ihm eine Million. Reicht das nicht, gibst du ihm zwei. Du hast keinen Inquisitor erstochen, niemand mißtraut dir. Ich nehme mir ein anderes Schiff und fahre nach Venedig; das ist eine freie Stadt, wo man weder Bulgaren noch Abaren, weder Juden noch Inquisitoren zu fürchten hat.»

Auch Cacambo schien dieser Rat gut. Er trennte sich schweren Herzens von seinem Herrn, der sein liebster Freund geworden war. Doch die Freude, sich ihm nützlich zu erweisen, war größer als der Schmerz, ihn zu verlassen. Sie umarmten sich unter Tränen. Candidus empfahl ihm auch, die brave Alte nicht zu vergessen. Am gleichen Tag stach Cacambo in See. Er war wirklich ein guter Kerl, dieser Cacambo!

Candidus blieb noch einige Tage in Surinam und wartete auf einen Kapitän, der ihn mit den beiden Hammeln nach Italien brächte. Er stellte Diener ein, verschaffte sich alles, was man auf einer solchen Reise braucht. Schließlich erschien Mynheer Vanderdendur bei ihm, der ein großes Schiff besaß. «Was fordert Ihr», fragte ihn Candidus, «um mich, meine Leute, mein Gepäck und die beiden Hammel da nach Venedig zu bringen?»

Der Kaufmann verlangte die Kleinigkeit von zehntausend Piastern. Sofort schlug Candidus ein.

«O la la!» sagte sich der listige Vanderdendur. «Auf zehntausend Piaster geht der Fremdling sofort ein? Muß der ein Geld haben!»

Nach einem Augenblick war er schon wieder da und erklärte bedauernd, er könne es nicht unter zwanzigtausend machen.

«Also gut, zwanzigtausend», stimmte Candidus bei.

«Donnerwetter nochmal», bedachte sich der ehrliche Holländer, «der Kerl zahlt zwanzigtausend so leicht wie zehntausend.»

Schon wieder war er da, kratzte sich hinter dem Ohr und sagte, er habe sich's überlegt, unter dreißigtausend gehe es nicht.

«Also gut, dann für dreißigtausend», brummte Candidus.

«Oho», sagte sich der Holländer wieder. «Dreißigtausend sind für diesen Mann gar nichts! Die beiden Hammel müssen unermeßliche Schätze tragen. Weiter will ich's nicht treiben; zuerst die dreißigtausend Piaster her; dann wollen wir weiter sehen.»

Candidus verkaufte zwei kleine Diamanten; der kleinere wäre allein mehr wert gewesen, als der Kaufmann forderte. Er zahlte im voraus. Die beiden Hammel wurden eingeschifft. Candidus folgte im Boot, um an der Mole ins Schiff zu steigen. Da setzt der Kapitän alle Segel, lichtet die Anker und fährt los. Der Wind begünstigt ihn. Mit großen Augen schaut ihm Candidus nach; bald hat er ihn aus dem Gesicht verloren.

«Ein Schurkenstreich, würdig der alten Welt!» ruft er. Schmerzgebeugt wendet er sich zum Ufer, denn schließlich hat er ein Vermögen verloren, mit dem man zwanzig Könige reich gemacht hätte.

Gleich geht er zum holländischen Richter, und da er etwas aufgeregt ist, klopft er derb an die Tür, tritt ein, legt dem Richter seinen Fall dar; dabei spricht er lauter, als es sich gehört. Der Richter büßt ihn mit zehntausend Piastern, weil er unziemlich geredet. Dann hört er bedächtig zu und verspricht ihm, den Fall zu untersuchen, sobald der Kaufmann zurück sei; er verlangt weitere zehntausend für die Kosten des Verfahrens.

Dieses Vorgehen brachte Candidus vollends zur Verzweiflung. Hatte er auch schon Vieles erduldet, so erregte doch die Kaltschnauzigkeit des Richters nach der hinterlistigen Diebereides Kaufmanns bei ihm schwärzesten Trübsinn. Die Bosheit der Menschen erschien ihm in ihrer ganzen Schwärze. Endlich mietete er auf einem französischen Schiff, das nach Bordeaux fuhr, eine Kajüte zu einem vernünftigen Preis, da er keine Hammel voller Diamanten mehr besaß. In der Stadt ließ er anzeigen, er wolle einem honetten Mann die Überfahrt mit Verpflegung und dazu zweitausend Piaster bezahlen, vorausgesetzt er sei seines Standes überdrüssig und der unglücklichste Mensch im ganzen Land.

Eine Unzahl von Leuten meldete sich; eine Flotte hätte man damit bemannen können. Zur engeren Wahl suchte sich Candidus ihrer zwanzig aus, die ihm umgänglich schienen; jeder war überzeugt, er allein sei der rechte. Er nahm sie mit ins Wirtshaus und ließ ihnen Abendbrot geben unter der Bedingung, daß jeder wahrheitsgetreu seine Schicksale erzähle. Auch versprach er ihnen, er werde den aussuchen, der ihm am beklagenswertesten scheine und den meisten Grund habe, mit seinem Los unzufrieden zu sein; alle anderen bekämen ein kleines Geldgeschenk.

Bis vier Uhr morgens saßen sie beieinander. Candidus erinnerte sich bei ihren Lebensschicksalen an seine Fahrt nach Buenos Aires und an die Wette der Alten, es werde keiner auf dem Schiff sein, der nicht Furchtbares erlebt hätte. Und bei jeder Erzählung dachte er an Pangloss und wie der Mühe hätte, hier seine Philosophie anzubringen. Immerhin wäre es gut, er könnte zuhören, denn wenn wirklich alles gut geht, dann in Eldorado und sonst nirgends auf der Welt.

Am Ende entschied er sich für einen armen Gelehrten, der zehn Jahre für die Amsterdamer Verleger geschuftet hatte. Er fand, es gebe keinen Beruf, der einem mehr zuwider werden müsse.

Dieser Gelehrte war ein durch und durch anständiger Mensch, den seine Frau bestohlen und sein Sohn geprügelt hatte; seine Tochter hatte ihn verlassen und war mit einem Portugiesen auf und davon. Er hatte die bescheidene Anstellung verloren, von der er lebte; die Prädikanten verfolgten ihn, weil sie ihn für einen Socinianer hielten. Die andern waren zwar nicht weniger unglücklich; doch hoffte Candidus, der Gelehrte möchte ihm auf der langen Fahrt die Zeit vertreiben. Alle andern meinten, Candidus sei sehr ungerecht gewesen; doch er beschwichtigte sie, indem er jedem hundert Piaster gab.

ZWANZIGSTES KAPITEL

Was Candidus und Martin auf der Meerfahrt erlebten

Also schiffte sich der alte Gelehrte Martin mit Candidus nach Bordeaux ein. Sie hatten beide viel gesehen und erlitten, der Gesprächsstoff konnte ihnen also nicht ausgehen, hätten sie auch den Weg über das Kap der guten Hoffnung und Japan genommen. Candidus fühlte sich nur in einem besser dran als Martin; er hoffte immer noch, sein Gundelchen wiederzusehn; Martin hoffte längst nichts mehr. Dazu hatte er die Taschen voller Gold und Diamanten, obwohl er seine hundert Hammel mit den herrlichsten Schätzen der Welt verloren hatte. Immer noch lag ihm die Schurkerei des holländischen Kaufherrn auf dem Magen. Doch wenn er bedachte, was ihm noch geblieben war, und wenn er von Kunigund sprach, besonders nach einer guten Mahlzeit, so neigte er zur Philosophie seines Lehrers Pangloss.

«Und was denkt Ihr darüber, mein lieber Herr Martin?», sagte er dann, «was ist Eure Meinung über das Übel in der Welt, das seelische und das physische?»

«Die Pfaffen, verehrter Herr und Meister, haben mich beschuldigt, ich sei ein Socinianer. Das war grundfalsch; ich bin Manichäer.»

«Scherz bei Seite», entgegnete Candidus, «die gibt's doch schon lange nicht mehr.»

«Bleibe also ich allein. Ich kann nicht anders. Nur das scheint mir das Richtige.»

«Da müßt Ihr den Teufel im Leib haben.»

«Der steckt so sehr in der Welt, daß er wohl auch in mir stecken kann wie allüberall. Ich muß gestehn, werfe ich meine Augen auf diesen Erdball oder dieses Kügelchen, wenn ihr wollt, so muß ich annehmen, Gott habe es den Händen eines bösen Geistes überantwortet, das Eldorado immer ausgenommen. Noch hab' ich keine Stadt gesehn, die nicht den Untergang der Nachbarstadt ersehnte, keine Sippe, die nicht eine andre ausrotten möchte. Überall hassen die Schwachen die Mächtigen, vor denen sie auf dem Bauch kriechen, und die Mächtigen gehen mit ihnen um wie mit Herden, deren Wolle und Fleisch man verkauft. Eine Million wohldressierter Mörder rennt von einem Ende des Erdteils zum andern und verübt systematisch Totschlag und Raub um des täglichen Brotes willen, weil sie kein anständig Gewerb gelernt haben. In den Städten, die des Friedens teilhaftig sind und wo die Kunst blüht, sind die Menschen nicht weniger von Neid, Sorge und Unruhe erfüllt als in einer belagerten, mit allen Plagen gequälten Stadt. Der geheime Kummer ist noch schrecklicher als das öffentliche Elend. Mit einem Wort, ich hab' so viel gesehn und gelitten, daß ich Manichäer geworden bin.»

«Es gibt aber doch auch Gutes auf der Welt», sagte Candidus.

«Kann sein», entgegnete Martin, «gesehn hab' ich noch nichts davon.»

Bei diesem Disput vernahm man auf einmal Kanonendonner, der immer stärker wurde. Jeder nimmt sein Fernglas. Man erblickt zwei Schiffe, die sich auf drei Meilen Entfernung beschießen. Der Wind trieb sie in die Nähe des französischen Schiffes; da konnte man den Kampf prächtig verfolgen. Man sah, wie das eine Schiff das andere mit einer Breitseite gerade auf der Wasserlinie traf, daß es zu sinken begann. Candidus und Martin erblickten gegen hundert Leute auf dem sinkenden Schiff; sie erhoben die Arme zum Himmel, ließen ein schreckliches Geschrei hören; dann war alles zu Ende.

«Da sieht man wieder, wie die Menschen einander behandeln», sagte Martin.

«Sieht gewiß eher teuflisch als menschlich aus», meinte Candidus.

Da erblickte er etwas Scharlachrotes, das auf ihr Schiff zu schwamm. Man löste eine Schaluppe, um zu sehn, was es sei; da war's einer seiner Hammel. Candidus freute sich mehr, ihn wiederzusehn, als ihn der Verlust der hundert andern geschmerzt hatte.

Der Kapitän bemerkte, das siegreiche Schiff gehöre einem Spanier, das gesunkene einem Holländer; es war der Schuft, der Candidus mit der unschätzbaren Ladung durchgebrannt war. Die lag nun mit dem schurkischen Kaufmann in der Tiefe des Meeres; nur der nackte Hammel war gerettet.

«Ihr seht», sagte er zu Martin, «das Verbrechen findet manchmal doch seinen Lohn. Dem Halunken ist geschehn, was er verdient hat.»

«Schon recht», antwortete ihm Martin, «aber warum mußten die Passagiere dran glauben? Gott bestraft den Schurken; der Teufel ersäuft die andern.»

Das Schiff fuhr weiter; Candidus und Martin fingen wieder zu streiten an. So ging es zwei Wochen lang; hernach waren sie genau so weit wie am ersten Tag. Aber sie langweilten sich wenigstens nicht, tauschten Gedanken und Trostworte aus. Candidus tätschelte seinen Hammel. «Hab' ich dich wieder bekommen», sagte er, «kann ich wohl auch Kunigund wiederfinden.»

EINUNDZWANZIGSTES KAPITEL

Candidus und Martin erblicken die französische Küste und streiten sich weiter

Dann kam die französische Küste in Sicht.

«Wart Ihr auch schon in Frankreich, Herr Martin?» fragte Candidus.

«Ein paar Provinzen kenn' ich schon. In den einen ist die halbe Bevölkerung toll, in den andern ist man überschlau; anderswo ist man ziemlich sanft und blöd. Oder man tut geistreich. Und überall ist das erste Anliegen die Liebe, das zweite Klatsch, das dritte albernes Geschwätz.»

«Und in Paris wart Ihr auch schon?»

«Hab' ich auch gesehn. Da ist viel von all dem zu finden. Da ist ein Chaos und Gedräng; da sucht jeder sein Vergnügen und kaum einer findet es. So kam's mir wenigstens vor. Lange war ich ja nicht dort. Auf dem Jahrmarkt von Saint-Germain stahlen mir die Spitzbuben alles, was ich hatte. Man hielt mich für den Dieb und steckte mich eine Woche ins Loch. Dann korrigierte ich Druckbogen, um soviel zu verdienen, daß ich zu Fuß nach Holland zurückkonnte. So lernte ich das Schriftstellerpack, das Intrigantenpack und das Fanatikerpack kennen. Es soll auch sehr gebildete Leut' in Paris geben; ich will es nicht bestreiten.»

«Sonderlich neugierig bin ich nicht auf Frankreich», meinte Candidus. «Hat man in Eldorado gelebt, so macht man sich gar nicht viel aus dem Rest der Welt. Sehen möcht' ich nur noch mein Gundelchen; ich erwart' es in Venedig. Da reisen wir in einem Zug durch Frankreich nach Italien. Ihr kommt doch mit?»

«Recht gern», meinte Martin. «Es heißt, in Venedig lebe sich's nur gut für die reichen Venezianer; doch nehme man auch die Fremden wohl auf, vorausgesetzt, daß sie viel Geld haben. Mir fehlt's daran und Euch nicht. Also bin ich bereit, Euch überallhin zu folgen.»

«Beiläufig gefragt, glaubt Ihr auch, daß die Erde einmal ein Meer war, wie in dem dicken Buch zu lesen steht, das dem Kapitän gehört?»

«Ich glaub' überhaupt nichts», sagte Martin, «und am wenigsten den kuriosen Blödsinn, den man uns heut' aufschwatzt.»

«Zu welchem Zweck ist denn die Welt erschaffen worden?» fragte Candidus weiter.

«Uns zum Verdruß», antwortete Martin.

«Wundert Ihr Euch nicht über die Liebschaft der Mädchen mit den Affen im Lande der Ohrlinge?»

«Ganz und gar nicht», versetzte Martin. «Solche Dinge sind durchaus möglich. Ich hab' schon so viel verrücktes Zeug gesehn, daß mir nichts mehr verrückt vorkommt.»

«Glaubt Ihr denn», fragte Candidus weiter, «daß sich die Menschen von jeher gemordet haben, daß sie immer verlogen, falsch, listig, undankbar, räuberisch, leichtsinnig, feig, neidisch, freß- und sauflustig, geizig, ehrsüchtig, blutdürstig, verleumderisch, ausschweifend, fanatisch, heuchlerisch und dumm waren?»

«Glaubt Ihr, daß die Sperber von jeher die Tauben zerfleischten, wenn sie sie erwischen konnten?» stellte Martin seine Gegenfrage.

«Wird wohl so sein», bemerkte Candidus.

«Wenn also die Sperber nie von ihrer Art ließen, warum sollen sich gerade die Menschen ändern?»

«Da gibt es doch Unterschiede», zweifelte Candidus. «Denn die Willensfreiheit ...» Und damit legten sie im Hafen von Bordeaux an.

ZWEIUNDZWANZIGSTES KAPITEL

Wie Candidus und Martin Frankreich kennenlernten

Candidus hielt sich nur so lang in Bordeaux auf, bis er ein paar Kiesel aus Eldorado zu Geld gemacht und ein Kaleschlein gemietet hatte; von seinem Philosophen Martin vermochte er sich nicht zu trennen. Aber den roten Hammel konnte er nicht mitnehmen. Er verehrte ihn der Akademie der Wissenschaften in Bordeaux, die ihn zum Gegenstand eines

Preisausschreibens machte; man sollte nachweisen, warum seine Wolle rot sei. Der Preis wurde einem Gelehrten aus dem Norden zugesprochen, der durch a plus b weniger c geteilt durch z bewies, daß er nicht anders als rot sein könne und daß er an der Klauenseuche eingehen werde.

In den Gasthäusern längs der Straße sagten alle Reisenden nur das eine: «Wir gehen nach Paris.» Dieser Drang der Menge erweckte in Candidus die Lust, die Hauptstadt zu sehen; es deuchte ihn kein großer Umweg nach Venedig.

Durch die Vorstadt Saint-Marceau fuhren sie ein; Candidus glaubte, das schmutzigste Dorf im Lande Westfalen vor sich zu sehen.

Kaum waren sie im Gasthof abgestiegen, fühlte er sich reisemüd und unpäßlich. Da er an den Fingern nußgroße Diamanten trug und man in seinem Gepäck eine merkwürdig schwere Kassette wahrnahm, waren gleich zwei Ärzte da, die er nicht verlangt hatte. Ein paar besorgte Freunde wichen nicht von seiner Seite; und zwei fromme Betschwestern wärmten ihm seine Brühen. Martin brummte: «Auch ich war mal krank in Paris; da ich ein armer Teufel war, kamen keine Freunde, keine Betschwestern und keine Ärzte. So ward ich bald wieder gesund.»

Mixturen und Aderlässe brachten es so weit, daß Candidus ernstlich krank wurde. Da kam ein Pfaff aus der Nachbarschaft, der bot ihm einen Wechsel aufs Jenseits an. Candidus wollte nichts davon wissen; die Frauenzimmer versicherten zwar, das sei jetzt so Mode. Candidus erklärte, er sei kein Mensch nach der Mode. Martin wollte den Kerl zum Fenster hinauswerfen. Der Pfaff schwur, man werde Candidus nicht beerdigen; Martin schwur, er werde den Pfaffen beerdigen, sollte er länger lästig fallen. Man erhitzte sich; Martin packte ihn und warf ihn vor die Tür. Es gab einen großen Krach; die Polizei nahm alles zu Protokoll.

Candidus genas. Bis er wieder ausgehen konnte, sah er stets die beste Gesellschaft beim Abendbrot um sich. Man spielte hoch. Candidus wunderte sich, daß er nie einen Trumpf in die Hand bekam; Martin wunderte sich gar nicht.

Unter den Parisern, die ihm ihre Aufwartung machten, war ein kleiner provenzalischer Abbé, ein dienstfertiges Kerlchen, immer vergnügt, immer gefällig, schamlos, einschmeichelnd und verbindlich, wie die Leute sind, die den Fremden auflauern, ihnen den Stadtklatsch auftischen und um jeden Preis Vergnügungen verschaffen wollen. Der brachte Candidus und seinen Freund auch ins Theater, in ein neues Trauerspiel. Ringsum saßen lauter Schöngeister. Trotzdem wurden Candidus die Augen feucht, als man ein paar Szenen recht rührend spielte. Da sagte einer der Herren in einer Pause zu ihm: «Es hat keinen Sinn, sich so rühren zu lassen. Die Darstellerin spielt doch miserabel; noch schlechter spielt ihr Partner. Am übelsten ist das Stück selber; es spielt in Arabien, und dabei kann der Dichter kein Wort arabisch. Zudem glaubt der Bursche nicht an die angeborenen Ideen. Morgen bring' ich Euch zwanzig Broschüren gegen ihn.»

Candidus fragte den Abbé, wieviel Theaterstücke es in Frankreich gebe; er antwortete: «Fünf- bis sechstausend.»

«Ist aber viel», sagte Candidus. «Wieviele darunter sind gut?»

«Fünfzehn oder sechzehn», sagte der Abbé.

«Ist aber viel», bemerkte Martin trocken.

Eine Schauspielerin, die in einem dürftigen Stück die Königin Elisabeth spielte, gefiel Candidus besonders gut. «Die ist wirklich fein», sagte er zu Martin. «Sie hat was von Fräulein Kunigund. Der möcht' ich mich vorstellen lassen.» Dazu zeigte sich der Abbé gern bereit. Da Candidus in Deutschland aufgewachsen war, fragte er noch, wie er sich zu benehmen habe und wie man in Frankreich mit englischen Königinnen umgehe.

«Je nachdem», erklärte der Abbé. «In der Provinz sitzt man mit ihnen in Kneipen herum; in Paris verehrt man sie, solange sie hübsch sind; sind sie tot, wirft man sie auf den Schindanger.»

«Königinnen auf den Schindanger?» rief Candidus entsetzt.

«Der Herr Abbé hat schon recht», bemerkte Martin. «Als ich in Paris war, starb die große Adrienne Lecouvreur. Man verweigerte ihr, was man die Ehre eines christlichen Begräbnisses nennt, das heißt mit allem Lumpengesindel auf einem stinkigen Gottesacker zu faulen. Sie wurde als einzige der Truppe an der Ecke der Rue de Bourgogne begraben. Das muß ihr weh getan haben, denn sie dachte vornehm.»

«Das ist aber recht unhöflich», meinte Candidus.

«Was wollen Sie?» entgegnete Martin. «So sind die Leute hier. Das Ungereimteste, was man sich nur ausdenken kann, findet man bei der Regierung, beim Gericht, in der Kirche und im Theater dieser komischen Nation.»

«Ist das wahr, daß man in Paris zu allem lacht?» fragte Candidus.

«Das schon», antwortete der Abbé, «doch meistens aus Wut. Man klagt über alles und lacht dazu, ja man verübt lachend die ärgsten Missetaten.»

«Was war das für ein Schwein», wollte Candidus wissen, «der das Theaterstück mitsamt den Schauspielern so heruntermachte? Und ich hatte doch meine Freude dran!»

«Das ist von den Schelmen einer, der davon lebt, daß er alles in den Schmutz reißt, Theaterstücke und Bücher. Er haßt alles, was Erfolg hat, wie die Eunuchen die Genießer hassen; eine der Schlangen, die Dreck fressen und Gift speien, mit einem Wort, ein Kritiker.»

Unter solchen Gesprächen sahen Candidus, Martin und der Abbé die Leute an sich vorbeiziehen, die aus dem Theater kamen. «Wenn ich mich auch nach meinem Gundelchen sehne», sprach Candidus, «möchte ich doch gern mit der feinen Schauspielerin soupieren. Die war doch großartig.»

Der Abbé gehörte nicht zu den Leuten, die mit großen Theaterdamen verkehren, und gerade die sah man nur in der besten Gesellschaft. «Heut' ist sie nicht frei», sagte er, «doch führ' ich Euch zu einer sehr vornehmen Dame; da lernt Ihr Paris kennen wie sonst nicht in vier Jahren.»

Das erregte Candidus' Neugierde. Sie suchten die Dame ganz außen in der Vorstadt Saint-Honoré auf. Man saß gerade bei einem Spielchen, zwölf trübsinnige Moßjös mit schmutzigen Karten in der Hand. Alles war totenstill; bleich und kaltschwitzend saßen sie da, nur der Bankhalter schien nervös. Neben ihm saß die Dame des Hauses und äugte auf jeden Stich, wenn sie die Karten springen ließen. Die gezinkten Karten drückte sie wieder gerade, sah streng und höflich aus und ließ sich ihren Verdruß nicht anmerken, um die Kunden nicht zu verlieren. Ihre Tochter von fünfzehn Jahren saß mitten unter den Spielern und zwinkerte mit den Augen, wollte einer der armen Teufel dem Glück nachhelfen. Als der Abbé mit Candidus und Martin eintrat, erhob sich keine Seele; alles spintisierte an den Karten herum. «Da war die Frau Baronin von Thunderspruck besser erzogen», dachte sich Candidus.

Der Abbé tuschelte der Marquise etwas ins Ohr; da erhob sie sich und begrüßte Candidus mit einem liebenswürdigen Lächeln und Martin mit einem vornehmen Kopfnicken. Candidus bekam einen Stuhl und Karten in die Hand, und nach zwei Spielen fühlte er sich um fünfzigtausend Livres erleichtert. Dann servierte man das Essen und war recht vergnügt. Alles wunderte sich, daß Candidus seinen Verlust so leicht verschmerzte. Die Lakaien wisperten sich ins Ohr, das müsse ein englischer Lord sein.

Man speiste, wie es in Paris die Regel ist. Zuerst eisiges Schweigen, dann ein Gemurmel, aus dem niemand klug wird, dann abgedroschene Späße, erlogene Histörchen, törichte Dispute, Kannegießereien und boshafter Klatsch. Auch über die neuesten Bücher sprach man.

«Ihr kennt doch den neuen Roman des bewußten Doktors der Theologie?» fragte der Abbé.

«Gewiß», antwortete einer der Gäste, «aber ich habe es nicht über mich gebracht, ihn fertig zu lesen. Heut' gibt's ja viel freche Salbaderei; solche Dummheiten hat aber noch keiner zusammengesudelt. Das Zeug ist mir zum Ekel; da mundet mir doch ein Spielchen viel besser.»

«Und die Abhandlungen des Chorherrn Ypsilon, was sagen Sie dazu, Herr Abbé?»

«Ach Gott», warf die Marquise ein, «das ist ein dummes Schaf! Wie wichtig schlägt er Dinge breit, die allen längst bekannt sind! Wie schwerfällig behandelt er, was nicht der Mühe wert ist, daß man es leicht berührt. Wie witzlos eignet er sich den Witz anderer an! Wie verdirbt er, was er stiehlt! Doch mich ärgert er nicht länger; von den ersten Seiten hatt' ich schon genug.»

Es saß da auch ein belesener Herr mit sicherem Urteil, der der Marquise recht gab. Dann sprach man über Theaterstücke. Die Dame wollte wissen, warum so viele gespielt würden, die man nicht lesen könne. Der belesene Herr erklärte ihr, manches Stück sei bühnenwirksam, aber literarisch wertlos. Er bewies mit wenig Worten, es sei gar nicht schwer, ein paar Situationen herbeizuführen, wie man sie in Romanen findet, und das feßle auf der Bühne immer. Als Dichter müsse man es aber verstehen, neu und doch nicht gesucht zu sein, erhaben und doch natürlich; das Herz und seine Sprache müsse man vor allem kennen, ein Dichter sein und doch seine Geschöpfe nie als Dichter reden lassen. Die Sprache müsse man beherrschen, sie rein und harmonisch sprechen und nie dem Reim den Sinn aufopfern.

«Wer diese Gesetze nicht zu erfüllen versteht», fuhr er fort, «kann wohl ein Schauspiel herausbringen, das beklatscht wird. Aber ein Dichter ist er deshalb noch lange nicht. Gute Dramen gibt's nicht viele. Die einen sind ordentlich gereimte Hirtengedichte; die andern schlagen politische Gedanken breit, daß man dabei einschläft; wieder andere sind Träume von verstiegenen Narren in barbarischer Sprache, lange Anrufe an die Götter, weil man nicht mit Menschen zu reden weiß, falsche Maximen und schwülstige Gemeinplätze.»

Dem hörte Candidus gerne zu, froh, einmal einen verständigen Menschen vor sich zu sehen. Da die Marquise dafür gesorgt hatte, den reichen Gast neben sich zu haben, wandte er sich leise an sie und fragte, was das für ein Herr sei. «Das ist so ein Gelehrter», antwortete sie, «der nie mitspielt und den mir der Abbé bisweilen ins Haus bringt; in Büchern und Theaterstücken kennt er sich nicht übel aus. Er hat eine Tragödie geschrieben, die ausgepfiffen wurde, und ein Buch, von dem nur ein Exemplar den Buchladen verlassen hat – das, welches er mir geschenkt hat.»

«Ein großer Mann», dachte Candidus, «ein zweiter Pangloss!»

Dann versuchte er, ihn ins Gespräch zu ziehen.

«Sie sind doch auch der Meinung, verehrter Herr, daß alles auf der Welt zum Besten eingerichtet ist und nichts anders sein kann, als es eben ist.»

«Ganz und gar nicht», sagte der belesene Herr. «Ich finde, bei uns geht alles drunter und drüber; keiner weiß mehr, was sein Rang und sein Amt ist, was er tut und tun soll. Ausgenommen beim Abendbrot, wo es noch ziemlich friedlich zugeht, schlägt man die Zeit mit unnützem Gezänk tot. Da streiten Jansenisten gegen Molinisten, Gerichtsleut' gegen Kirchenleut', Schriftsteller gegen Schriftsteller, Höflinge gegen Höflinge, Steuerpächter gegen das Volk, Ehefrauen gegen ihre Männer, Verwandte gegen Verwandte; es ist ein Krieg aller gegen alle.»

«Ich hab' schon Schlimmeres erlebt», entgegnete ihm Candidus. «Aber ein Philosoph, den man seither leider gehängt hat, lehrte mich, all das sei wunderbar, es seien nur Schatten auf einem schönen Bilde.»

«Euer Philosoph war ein Spaßvogel», warf Martin ein. «Diese Schatten sind scheußliche Flecken.»

«Doch waren es die Menschen, die alles befleckten», sagte Candidus. «Sie können nicht anders.»

«Also können sie auch nichts dafür», meinte Martin.

Die Spieler, die von all dem nichts verstanden, verlegten sich aufs Trinken. Martin stritt sich mit dem belesenen Herrn herum, und Candidus erzählte der Dame des Hauses seine Abenteuer.

Nach dem Essen führte die Dame Candidus ins Nebenstübchen und setzte sich zu ihm aufs Ruhebett. «Also, Verehrtester, Ihr liebt noch immer euer Fräulein Kunigund von Thunderspruck?»

«Gewiß, gnädige Frau.»

Die Marquise erwiderte mit einem zärtlichen Lächeln: «So antwortet man vielleicht in Westfalen. Ein galanter Franzose hätte gesagt: ‚Zwar lieb' ich das Fräulein Kunigund noch; sehe ich aber Sie, gnädige Frau, so bin ich des nicht mehr so sicher.»

«So antwort' ich also, wie Sie's gern hören, Madame.»

«Ihre Leidenschaft begann damit, daß Sie das Taschentüchlein des Fräuleins aufhoben. Ich möchte, daß Sie mein Strumpfband aufheben.»

«Von Herzen gern», antwortete Candidus.

«Aber können Sie mir's auch wieder festmachen?»

Was er denn auch tat.

«Seh'n Sie, mein lieber Freund», fuhr die Dame fort, «Sie sind ein Fremder. Meine Pariser Verehrer lasse ich oft vierzehn Tage schmachten. Aber Ihnen ergebe ich mich schon am ersten Abend. Man muß doch als Gastgeberin einem jungen Mann aus Westfalen Ehre erweisen.»

Die Dame hatte die zwei nußgroßen Diamanten an der Hand des Fremden entdeckt und lobte ihr Feuer so rückhaltlos, bis sie an ihre Finger hinüberwechselten.

Als er mit dem Abbé auf dem Heimweg war, wurmte es Candidus, daß er seinem Gundelchen untreu gewesen war. Das fühlte ihm der Abbé nach; von den fünfzigtausend Livres, die Candidus verspielt hatte, fanden sich nicht gar viele in seiner Tasche, und sein Anteil an den halb geschenkten, halb abgepreßten Diamanten war nicht sonderlich groß. Er sann angestrengt nach, was da noch herauszuholen wäre. Auch er sprach nun viel von Fräulein Kunigund; Candidus versicherte ihm, er müsse sie um Verzeihung bitten, sobald er mit ihr in Venedig vereint sei.

Noch nie war der Abbé so höflich und aufmerksam gewesen. Er nahm Anteil an allem, was Candidus vorbrachte, was er tat und zu tun gedachte.

«Also in Venedig kommt Ihr wieder zusammen?» fragte er.

«Gewiß, Herr Abbé; ich muß Fräulein Kunigunde unbedingt wiedersehen.»

Es tat ihm wohl, von ihr zu reden; er plauderte alles aus, was er mit ihr erlebt hatte.

«Fräulein Kunigund ist sicher auch geistvoll», meinte der Abbé, «und schreibt entzückende Briefe?»

«Ich hab' noch nie einen von ihr erhalten. Denn, nicht wahr, als ich aus dem Schloß verjagt wurde, konnt' ich ihr nicht schreiben, und nachher erzählte man mir, sie sei tot. Und dann war ich ja wieder bei ihr und verlor sie wieder. Ich schickte ihr einen Boten fünfhundert Meilen weit; doch eine Antwort hab' ich noch nicht.»

Der Abbé hörte gespannt zu. Er schien in tiefes Sinnen versunken, verabschiedete sich dann bald von den beiden Freunden und drückte sie an sein

Herz. Anderntags beim Aufstehen erhielt Candidus einen Brief, der wie folgt abgefaßt war:

«Mein herzlich geliebter Freund, seit einer Woche liege ich krank in Paris und vernehme nun, daß du hier bist. Ich flöge in deine Arme, könnte ich mich rühren. In Bordeaux vernahm ich, daß du dort warst; dort hab' ich die Alte und den treuen Cacambo gelassen, die mir folgen werden. Der Gouverneur hat uns alles abgenommen; es bleibt mir nichts als dein treues Herz. Komm zu mir, so kann ich wieder gesunden oder vor Freuden sterben.»

Dieser reizende, dieser unverhoffte Brief schwellt ihm das Herz, so sehr ihn die Krankheit der Geliebten besorgt macht. Zwischen Glück und Schmerz schwankend, nimmt er eine Handvoll Gold und Diamanten, läßt sich mit Martin nach dem Gasthaus führen, das in dem Briefe genannt war. Zitternd vor Erregung tritt er ein. Sein Herz klopft laut; er kann nur noch schluchzen. Er will die Bettvorhänge öffnen, verlangt Licht. Die Wärterin hindert ihn daran; Licht sei für die Kranke gefährlich, und sofort schließt sie die Vorhänge.

«Wie geht es dir, mein Lieb?» schluchzt er. «Kannst du mich nicht sehn, so sprich doch.»

«Sprechen kann sie nicht», flüsterte die Wärterin.

Dann erscheint ein Patschhändchen zwischen den Vorhängen; Candidus netzt es mit Tränen, bedeckt es mit Küssen, füllt es mit Diamanten; auf einem Sessel läßt er einen Sack voll Geld liegen.

Da erscheinen auf einmal mit dem Abbé ein Konstabler mit zwei Hatschieren. «Sind das die verdächtigen Fremden?» fragt er, läßt sie ergreifen und abführen.

«In Eldorado verfährt man so nicht mit den Fremden», seufzt Candidus.

«Ich bin mehr Manichäer als je», brummt Martin.

«Wohin bringt Ihr uns denn?» fragt Candidus den Konstabler.

«In ein unterirdisches Loch», wird ihm erklärt.

Martin verlor sein kühles Blut nicht. Er begriff, daß das Weibsbild, welches die Rolle des Fräuleins spielte, von der Schelmenzunft war, der Abbé ein Schelm, der die Arglosigkeit des Candidus mißbraucht hatte, der Konstabler ein Spießgeselle, mit dem man leicht fertig werden konnte.

Statt es auf ein Gerichtsverfahren ankommen zu lassen, hörte Candidus auf den guten Rat Martins. Er bot dem Konstabler drei kleine Diamanten an, jeder seine dreitausend Dukaten wert.

«Mein sehr verehrter Herr», sagte da der Mann mit dem Elfenbeinstab, «hättet Ihr alle denkbaren Verbrechen begangen, Ihr seid der ehrlichste Mann von der Welt. Drei Diamanten, jeder zu dreitausend Dukaten! Ich ginge für Euch durchs Feuer, statt Euch ins Gefängnis zu führen! Hier verhaftet man alle Fremden. Aber laßt mich nur machen; ich führ' Euch zu meinem Bruder nach Dieppe in der Normandie. Bekommt der auch ein paar Diamanten, seid Ihr da aufgehoben wie in Abrahams Schoß.»

«Und warum werden denn alle Fremden verhaftet?» erkundigte sich Candidus.

Da ergriff nochmals der Abbé das Wort. «Weil ein Lumpenhund aus Atrebutien sich zu einem Mord aufstacheln ließ. Nicht einmal der Landesherr ist hier sicher vor Mordgesellen.»

Der Konstabler erklärte ihm dann das genauer. «Was für eine Greueltat!», rief Candidus, «und das bei einem Volke, das singt und lacht! Heraus aus dem Land, wo Affen die Tiger reizen! Bei mir zu Hause sah ich Bären; nur in Eldorado wirkliche Menschen. Geschwind, Herr Konstabler, geschwind nach Venedig, wo mein Schätzchen auf mich wartet!»

«Ich kann Euch nur bis in die Normandie bringen», sagte der Hüter des Gesetzes.

Man löst die Fesseln und erklärt, alles sei ein Irrtum gewesen. Der Konstabler schickt seine Hatschiere weg. Er fährt mit Candidus und Martin nach Dieppe, wo er sie seinem Bruder übergibt. Ein holländischer Segler lag gerade im Hafen. Der Herr Bruder empfängt auch seine Diamanten und zeigt sich sehr beflissen. Candidus und Martin schiffen sich ein. Der Holländer fährt nach Portsmouth in England. Das liegt zwar nicht auf dem Weg nach Venedig; doch wollte Candidus hinaus aus dem Land, wo die Hölle los war. Drüben würde sich wohl eine weitere Gelegenheit zeigen.

DREIUNDZWANZIGSTES KAPITEL

Was Candidus und Martin an der englischen Küste erleben

«O Pangloss, o Pangloss! O Martin, oh Martin! O Kunigund, mein Lieb! Was ist das für eine Welt!» rief Candidus auf dem holländischen Segler.

«Eine Welt voll Grauen und Wahnsinn!» nickte Martin.

«Kennt Ihr England? Ist man da auch so aberwitzig wie in Frankreich?»

«Wieder eine andere Art von Aberwitz», erklärte ihm Martin. «Wie Ihr wißt, liegen sich die beiden Länder in den Haaren wegen ein paar Juchart Schnee in Kanada. Dafür werfen sie mehr Geld weg, als ganz Kanada wert ist. Ob im einen oder im andern Land mehr gefährliche Narren zu finden sind, das zu untersuchen reichen meine Geisteskräfte nicht aus. Nur so viel weiß ich sicher, daß wir da zu einem schwarzgalligen Volk kommen.»

Wie sie in Portsmouth landen, erblicken sie eine unzählbare Volksmenge am Ufer und einen schweren Mann, der mit verbundenen Augen auf dem Verdeck eines Kriegsschiffs kniet. Vier Soldaten haben vor ihm Posto gefaßt und jagen ihm ganz friedlich eine Salve ins Gehirn, worauf all die Leute befriedigt nach Hause gehn. «Was soll das bedeuten? Was für ein

Teufel ist hier am Werk?» erkundigte sich Candidus.

Er fragt, wer der dicke Herr war, den man da so zeremoniell erledigt hatte. «Ein Admiral», erklärt man ihm.

«Und warum erschoß man ihn denn?»

«Er hat zu wenig Leute umgebracht. Er hatte ein Gefecht mit einem französischen Admiral, und da war man der Ansicht, daß er ihm nicht nahe genug kam.»

«War denn der französische Admiral nicht genau so weit von dem Engländer entfernt wie der Engländer von dem Franzos?»

«Das schon», antwortete man ihm. «Aber hierzulande tut man gut daran, wenn man von Zeit zu Zeit einen Admiral erschießt. Das gibt den andern mehr Kurasche.»

Das ging Candidus so sehr auf die Nerven, daß er nicht einmal das Schiff verlassen wollte. Er machte mit dem Holländer ab, auf die Gefahr hin, daß er ihn wie seinerzeit Mynheer Vanderdendur beraube, er solle ihn unverzüglich nach Venedig bringen.

In zwei Tagen war der Holländer bereit. Man fuhr der französischen Küste entlang, dann an Lissabon vorbei, und Candidus erinnerte sich bebend, was er da erlebt hatte. Durch die Meerenge von Gibraltar ging's drauf ins Mittelmeer. Und dann landete man in Venedig.

«Dem Himmel sei's gedankt», sagte Candidus und

drückte Martin an sein Herz; hier werde ich mein Kunigundchen wiedersehen. Auf den treuen Cacambo zähl' ich so fest wie auf mich selber. Nun ist alles gut, nun geht alles gut, so gut es nur gehen kann.»

VIERUNDZWANZIGSTES KAPITEL

Babett und Bruder Hyazinth treten auf

In Venedig angelangt, ließ er sogleich Cacambo in allen Kneipen und Kaffeehäusern, bei allen Freudenmädchen suchen; nirgends war er zu finden. Alle Tage erkundigte er sich bei den einlaufenden Seglern und Barken; umsonst. Keine Spur von Cacambo. «Seltsam», sagte Candidus zu Martin, «ich bin über Surinam nach Bordeaux gefahren, von Bordeaux nach Paris, von Paris nach Dieppe, von Dieppe nach Portsmouth; dann Portugal und Spanien entlang ins Mittelmeer. Jetzt sind wir ein paar Wochen hier; und in dieser ganzen Zeit ist Kunigund nicht eingetroffen. Statt ihrer hab' ich nur ein abgefeimtes Weibsstück mit seinem Abbé kennengelernt. Vielleicht ist mein Gundelchen tot. Wozu denn noch weiterleben? Gescheiter wär's gewesen, in Eldorado zu bleiben, dem herrlichen Paradies, statt in das verwünschte Europa zurückzukehren. Wie recht hast du, mein

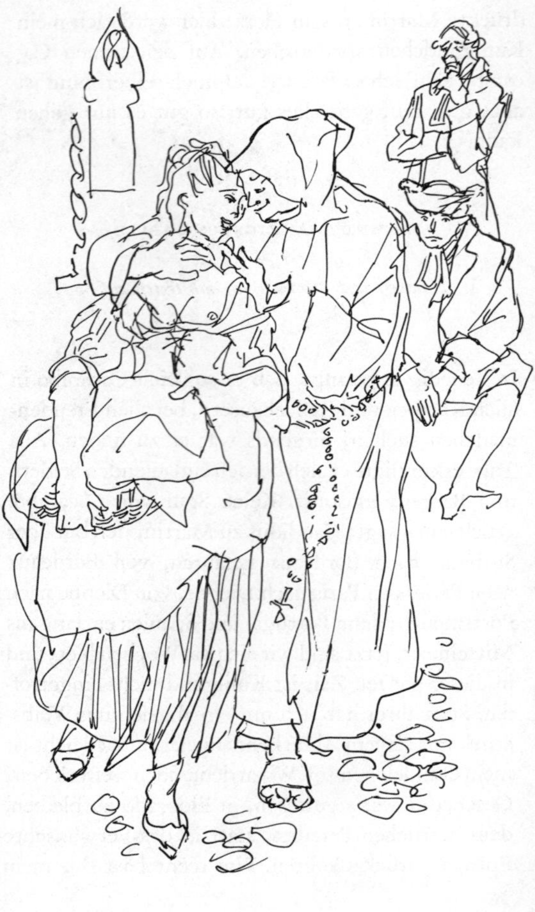

lieber Martin; alles auf der Welt ist nur Blendwerk und Drangsal!»

Er gab sich seinem Trübsinn hin, hatte keine Lust, die Opera alla moda anzusehn, die Freuden des Karnevals zu genießen. Die schönen Venezianerinnen ließen ihn kalt. Martin bedeutete ihm: «Bist du ein Einfaltspinsel, wenn du glaubst, ein Mestiz mit fünf bis sechs Millionen in der Tasche hole dir dein Liebchen vom Ende der Welt her. Stöbert er sie auf, behält er sie für sich. Findet er sie nicht, nimmt er eine andere. Ich rate dir, vergiß Kunigund und Cacambo!»

Das war nicht tröstlich. Candidus wurde zusehends schwermütiger, und Martin bewies ihm ohn' Unterlaß, es gebe wenig Glück und Tugend auf der Welt, ausgenommen in Eldorado, wohin kein Mensch gelangen könne.

Wie sie über diese gewichtigen Dinge stritten und auf Kunigund warteten, sah Candidus auf dem Markusplatz einen jungen Theatinermönch, ein Mädchen am Arm. Der war frisch, wohlgenährt und kräftig, seine Augen leuchteten; er schritt sicher und stolz, erhobenen Hauptes einher. Das Mädchen war hübsch und sang, blickte verliebt auf den Mönch, kniff ihn hin und wieder lustig in die Backen. «Sieh doch nur», sagte Candidus zu Martin, «sind das nicht glückliche Menschen! Sonst hab' ich auf dem ganzen Erdenrund, ausgenommen in Eldorado, nur arme Dulder gesehn. Aber dies Mädchen und sein Theatiner, denen lacht das Glück.»

«Ich wette nein», brummte Martin.

«Laden wir sie zum Essen ein; wir werden sehen, wer recht hat», sagte Candidus.

Er spricht sie an, sagt ihnen verbindliche Worte; er bittet sie, in die nächste Osteria zu kommen, um mit ihm Makkaroni, Rebhühner und Kaviar zu essen, eine Flasche Montepulciano, Lacrimae Christi, Zypern- und Samoswein zu trinken. Das Mädchen errötet leicht, der Theatiner nimmt an. Das Mädchen schaut verwundert und wie verstört auf Candidus; es hat ein Tränlein im Auge. Kaum sind sie in der Stube, flüstert sie: «Kennt denn der Herr Candidus mich nicht mehr?»

Da schaut er sie erst genauer an; denn bisher hat er nur seine Kunigund im Kopf gehabt, und sagt ihr dann: «Du bist Babett, mein armes Kind? Weißt du, wie übel du dem Magister Pangloss mitgespielt hast?»

«Ja, ich bin's und will Euch alles erklären. Ich weiß, welches Unheil über die Leute in Thunderspruck hereingebrochen ist, über die Baronin und das Fräulein. Mir ist es ebenso schlimm ergangen. Ich war ein braves Mädchen, als Ihr mich kanntet. Dann hat mich ein Klosterbruder verführt, bei dem ich beichtete. Die Folgen waren entsetzlich. Kurz nachdem Euch der Baron mit Fußtritten in den Allerwertesten aus dem Schloß gejagt hatte, mußte auch ich gehn. Hätte sich nicht ein berühmter Arzt meiner erbarmt, wär' ich gestorben. Aus Dankbarkeit war ich für einige Zeit sein Liebchen. Seine Frau schlug mich aus eifersüchtiger Wut unbarmherzig alle Tage; sie war eine Furie. Der Arzt war der häßlichste aller Männer, ich das unglücklichste aller Mädchen, weil ich eines Menschen wegen Prügel bekam, den ich nicht lieb hatte. Man weiß, wie gefährlich es für ein böses Weibsstück ist, mit einem Arzt verheiratet zu sein. Der hatte von ihr übergenug und gab ihr eines Tages, um ihr den Schnupfen zu vertreiben, eine so wirksame Mixtur, daß sie nach zwei Stunden an furchtbaren Krämpfen starb. Ihre Verwandten strengten einen Giftmordprozeß gegen den Arzt an; er suchte das Weite. Ich wurde eingesteckt. Meine Unschuld hätte mir wenig genützt, wäre ich nicht ein nettes Mädchen gewesen. Der Richter ließ mich frei, unter der Bedingung, daß er der Nachfolger des Arztes werde. Bald wurde ich durch eine Rivalin verdrängt und ohne Lohn zum Teufel gejagt. Nichts blieb mir übrig, als das schreckliche Gewerb' zu betreiben, das euch Männern so angenehm erscheint und über uns nichts als Elend bringt. So kam ich nach Venedig. Wüßtet Ihr, Herr Candidus, wie einem zumut ist, wenn man nacheinander mit einem alten Krämer, einem Advokaten, einem Mönch, einem Gondoliere, einem Prior lieb sein soll, wenn man allen Schimpf, alle Niedertracht hinnehmen muß, wenn man sich oft einen Rock leihen muß, damit ihn ein ekelhafter Patron hochnehmen darf, wenn uns der eine stiehlt, was uns ein anderer eingebracht hat, wenn die Polizei von uns das Letzte erpreßt und man nichts vor sich sieht als ein grausiges Alter in einem Spittel und den Tod auf einem Kehrichthaufen: da müßtet Ihr einsehn, daß es keinen unglücklicheren Menschen auf der ganzen Welt gibt als mich.»

So schüttete die arme Babett in einer Osteria zu Venedig dem guten Candidus ihr Herz aus; Martin, der dabei war, sagte: «Die eine Hälfte der Wette ist gewonnen.»

Bruder Hyazinth war im Gastzimmer geblieben und trank einen Schluck, bis das Essen fertig war.

«Du siehst aber so fröhlich aus», sagte Candidus zur hübschen Babett, «hast gesungen, als wir dich sahen, hast den Theatiner liebkost, als käme es dir von Herzen. Ich hätte dich für ein vollkommen glückliches Geschöpf gehalten.»

«Das ist ja gerade das Elend bei unserm Gewerb'. Gestern hat mich ein Offizier geprügelt und geprellt, heut muß ich die Glückliche spielen.»

Candidus hatte nun genug gehört; er gab zu, daß Martin recht hatte. Man setzte sich mit Babett und dem Theatiner zu Tisch, war beim Essen recht lustig, wurde schließlich ganz vertraut. «Hochwürden Pater», sagte Candidus zu dem Mönch, «um Euer Schicksal kann Euch jeder beneiden. Ihr strahlt vor Gesundheit und Glück; zu Eurer Erholung habt Ihr ein nettes Mädchen; offenbar ist es nicht so schlimm, Theatiner zu sein.»

«Wahrhaftig», antwortete drauf Bruder Hyazinth, «am liebsten wär's mir, alle Theatiner lägen auf dem Meeresboden. Hundertmal war ich dran, das Kloster anzustecken und zu den Türken zu laufen. Als ich fünfzehn Jahre alt war, zwangen mich die Eltern, diese ekelhafte Kutte anzuziehn, damit mein Bruder, der Kuckuck mög ihn holen, alles erben könne. Im Kloster gibt's nichts als Neid, Zwietracht und Bosheit. Manchmal halte ich ein paar lausige Predigten, die mir einen Batzen eintragen; aber der Prior stiehlt mir die Hälfte, der Rest geht an die Mädchen. Komm' ich abends ins Kloster, möcht' ich mir den Schädel an den Wänden einrennen. Und ich wüßt' keinen Bruder, dem's nicht so ginge.»

Kaltblütig wie immer wandte sich Martin zu Candidus: «Hab' ich's nicht gesagt? Ist die Wette gewonnen, ja oder nein?»

Candidus gab Babett zweitausend Piaster und andere tausend dem Bruder Hyazinth. «Ich garantier' Euch, daß sie damit glücklich werden», sagte er.

«Glaub' ich ganz und gar nicht», brummte Martin; «vielleicht macht Ihr sie damit erst recht unglücklich.»

«Kann auch sein», meinte Candidus. «Aber eines tröstet mich. Du siehst, wie man oft wieder auf Leute stößt, die man nie wiederzusehen geglaubt hat. So ist mir der rote Hammel und jetzt Babett wieder vor Augen gekommen; da wird auch Kunigund nicht ausbleiben.»

«Ich wünsche, du werdest noch einmal glücklich mit ihr», sagte Martin. «Aber ich bezweifle es sehr.»

«Du bist hart», seufzte Candidus.

«Ich hab' was erlebt», murmelte Martin.

«Aber sieh dir diese Gondoliere an», begann Candidus von neuem, «singen die nicht den ganzen Tag?»

«Du siehst sie nicht bei sich zu Haus, bei ihren Weibern und brüllenden Kindern. Der Doge hat seinen Kummer wie der Gondolier'. Gewiß ist das Los des Gondoliers immer noch besser als das des Dogen. Aber der Unterschied ist so gering, daß es nicht der Rede wert ist.»

«Ich hab' da von einem Senator Pococurante gehört, der in einem herrlichen Palast an der Brenta wohnt und alle Fremden nett empfangen soll. Das soll einer sein, der den Kummer nicht kennt.»

«Solch einen Vogel möcht' ich auch sehn», meinte Martin.

Alsbald ließ Candidus den Signor Pococurante verbindlich anfragen, ob er sie morgenden Tags empfangen möchte.

FÜNFUNDZWANZIGSTES KAPITEL

Besuch beim illustren Signor Pococurante

Auf einer Gondel fuhren Candidus und Martin die Brenta aufwärts und sahen bald den Palast des Patriziers. Der Park war weit und schön angelegt, mit feinen Marmorbildern geziert, und der Bau von einem berühmten Meister. Der Herr des Hauses, ein schwerreicher Mann von etwa sechzig Jahren, empfing seine Gäste höflich, doch nicht sehr herzlich, was Candidus verstimmte, aber Martin nicht mißfiel.

Zwei hübsche, nett angezogene Landmädchen brachten Schokolade, die prächtig schäumte. Candidus konnte nicht umhin, ihre Schönheit, Anmut und Gewandtheit zu loben. «Es sind ganz nette Mädchen», sagte der Herr Senator, «auch im Bett nicht übel. Der Damen aus der Stadt bin ich übersatt mit ihrer Koketterie und Eifersucht, ihrem Gezänk, ihren Launen, ihrer Kleinlichkeit, ihrem blöden Stolz. Und dazu soll man stets Sonette für sie dichten oder dichten lassen! Aber auch diese Mädchen hab' ich allmählich satt.»

Nach dem Essen sah sich Candidus die Galerie an, erstaunt über die Vortrefflichkeit der Gemälde. Er erkundigte sich, von welchem Meister die beiden schönsten wären. «Die beiden? Die sind von Raffael», belehrte ihn der Senator. «Sie haben mich eine ganze Stange Geld gekostet, als ich vor ein paar Jahren so eitel war, sie zu kaufen. Es heißt, man finde in ganz Italien nichts Besseres. Mir gefallen sie gar nicht. Die Farbe hat sehr nachgedunkelt, die Figuren kommen nicht rund heraus, und die Gewänder sehen gar nicht aus wie Stoffe. Mit einem Wort, von einer treuen Nachahmung der Natur ist nichts zu finden. Mir gefällt ein Bild nur, wenn ich die Dinge selber zu sehen vermeine. Aber so etwas gibt's gar nicht. Bilder hab' ich viele, anschauen tu ich sie nie.»

Vor dem Abendbrot ließ sich Pococurante ein Concerto vorspielen. Das kam Candidus himmlisch vor. «An diesem Geräusch kann man sich ein halbes Stündchen delektieren», meinte der Senator gähnend; «dauert es länger, wird man's müde, wenn's auch keiner eingesteht. Heutzutage ist die Musik nur noch die Kunst, schwierige Passagen zu spielen, und was nur schwierig ist, kann auf die Dauer nicht gefallen.

Lieber wäre mir schon die Oper, hätte man nicht aus ihr ein abstoßendes Ungeheuer gemacht. Lauf da hin, wer will, ein übles Trauerspiel mit Musik zu hören, wo die Szenen nur dazu da sind, daß ein paar sinnlose Arien den Kehlkopf einer Sängerin zur Geltung bringen. Wer wird vor Wonne hinsinken, wenn ein Kapaun die Rolle Cäsars oder Catos lispelt und linkisch über die Bühne stolziert? Auf dieses erbärmliche Zeug, auf das Italien stolz ist und das die Könige teuer bezahlen, hab' ich schon längst verzichtet!»

Candidus wagte eine bescheidene Gegenrede; Martin stimmte dem Senator rückhaltlos bei.

Nach dem fürstlichen Abendbrot zog man sich in die Bibliothek zurück. Da stand ein prächtig gebundener Homer, und Candidus lobte den guten Geschmack des Illustrissimo. «Das ist ein Buch», sagte er, «von dem Pangloss, der beste Philosoph Deutschlands, entzückt war.»

«Ich mach' mir gar nichts draus», bemerkte Pococurante kühl. «Früher hab' ich mir einreden lassen, es mache mir Vergnügen; aber diese ewigen Kämpfe, die sich gleichen wie ein Ei dem andern, diese Götter, die immer herbeikommen und doch nichts Entscheidendes tun, diese Helena, um die sich der ganze Krieg dreht, die Stadt Troja, die immer belagert und nie eingenommen wird: das langweilt mich zu Tod. Ein paarmal hab' ich gelehrte Herren gefragt, ob es ihnen nicht auch so gehe. Waren sie aufrichtig, so gestanden sie, auch sie schliefen dabei ein; man müsse den Homer aber doch in seiner Bibliothek haben, sozusagen als Denkmal des Altertums, wie rostige Münzen, die außer Kurs sind.»

«Aber von Virgil hat der Illustrissimo eine bessere Meinung?» warf Candidus ein.

«Ich gebe zu», murmelte Pococurante, «das zweite, vierte und sechste Buch der ‚Äneis' sind vortrefflich. Aber der fromme Äneas, der starke Cloanthes, der Freund Achates, der kleine Ascanius, der blöde König Latinus, die spießige Amata und die langweilige Lavinia sind das Frostigste und Widerwärtigste, was es gibt. Da lob' ich mir meinen Tasso und die Ammenmärchen Ariosts.»

«Darf ich mir erlauben zu fragen», fuhr Candidus fort, «ob dem Herrn nicht Horaz Vergnügen macht?»

«Da gibt es schon Sinnsprüche, aus denen ein Mann von Welt Nutzen ziehn kann; sie sind auch in kräftige Verse gefaßt, daß man sie nicht leicht vergißt. Aber ich mache mir nichts aus seiner Reise nach Brindisi, aus der Beschreibung einer schlechten Mahlzeit oder dem Gezänk von ein paar Lumpenkerlen, wobei der eine Worte voller Eiter und der andre Worte voller Essig spricht. Seine derben Verse gegen alte Weiber und Hexen find' ich ekelhaft, und es ist zum Lachen, daß er seinem Freund Mäcenas sagt, wenn er ihn unter die Dichter erhebe, so stoße er mit dem Scheitel an die Sterne. Den Narren gefällt alles, wenn nur der Dichter berühmt ist. Ich les' für mich selbst; mir gefällt, was mir paßt.»

Candidus, dem man beigebracht hatte, nichts selbständig zu beurteilen, hörte voll Verwunderung zu. Martin fand die Denkweise Pococurantes ganz vernünftig.

«Da steht auch ein Cicero», bemerkte Candidus. «Diesen großen Mann lest Ihr doch sicher eifrig?»

«Ich les' ihn gar nie», gähnte der Venezianer. «Was

kümmert's mich, ob er für den Rabirius oder für den Cluentius plädiert. Mit Prozessen hab' ich selbst genug zu tun. Mehr hätt' ich schon für seine philosophischen Bücher übrig; als ich aber sah, daß er an allem zweifelte, kam ich drauf, soviel wisse ich auch; ich brauche niemand, um unwissend zu bleiben.»

«Oh, da stehen gar achtzig Bände Berichte einer Akademie der Wissenschaften», rief Martin, «da ist gewiß viel Brauchbares dabei!»

«Wär' schon möglich», meinte Pococurante, «hätte ein einziger dieser Herren auch nur die Kunst erfunden, wie man Stecknadeln macht. Aber in diesen Büchern stehen nur leere Systeme und nichts Brauchbares.»

«Wieviel Theaterstücke seh' ich da!» sagte Candidus, «französische, italienische, spanische.»

«Dreitausend sind's», brummte der Senator, «und keine drei Dutzend davon gut. Die vielen Bände von Predigten da sind nicht so viel wert wie eine Seite bei Seneca. Diesen theologischen Wust seh' ich mir nie an, und noch weniger ein anderer.»

Martin entdeckte ganze Regale voll englischer Bücher. «Das muß einem Republikaner gefallen, Leute, die so frei schreiben.»

«Schon richtig», meinte Pococurante. «Ein schönes Vorrecht des Menschen, zu schreiben, was man denkt. Ganz Italien hinauf und hinunter schreibt jeder, was er nicht denkt. In der Heimat Cäsars und Marc Aurels wagt niemand, einen Gedanken zu haben, der nicht von einem Dominikaner approbiert ist. Die Freiheit der englischen Autoren könnt' mir schon gefallen, verdürbe nicht die Parteileidenschaft alles, was an dieser Freiheit achtbar ist.»

Da stand auch ein Milton, wie Candidus feststellte, und er fragte, ob der nicht zu den großen Geistern zu zählen sei.

«Der?» rief Pococurante, «mit seinem trocknen Kommentar in Versen über das Erste Buch Mosis? Dieser grobe Nachahmer der Griechen! Hat er nicht die ganze Schöpfungsgeschichte verdorben? Wo Moses die Welt durch ein Machtwort Gottes werden läßt, nimmt sein Messias einen Zirkel aus einem Himmelsschrank und zeichnet ein Plänchen. Da lob' ich mir die Hölle und den Teufel bei Tasso; aber Milton verkleidet Luzifer bald als Kröte, bald als Zwerg, läßt ihn hundertmal die gleiche Rede halten und über theologische Spitzfindigkeiten streiten. Und wo Ariost sich über die Erfindung der Feuerwaffen lustig macht, läßt er die Teufel in allem Ernst mit Kanonen in den Himmel schießen.»

Solche Worte taten Candidus in der Seele weh. Von Homer hatte er eine hohe Meinung, und auch Milton mocht' er leiden.

«Über unsere deutschen Dichter will ich ihn lieber nicht fragen», flüsterte er Martin ins Ohr. «Da käme was Schönes zum Vorschein.»

«Glaub' ich gern», nickte Martin.

«Was ist das für ein überlegener Geist!» murmelte Candidus. «Was für ein Genie! Nichts gefällt ihm!»

Als sie sich an Büchern sattgesehn, gingen sie in den Garten. Candidus war entzückt. «Ich find' ihn eher abgeschmackt», bemerkte der Herr des Hauses. «Das ist alles Schnörkelzeug. Morgen laß' ich mir einen nach einem edleren Plan anlegen!»

Die beiden Weltfahrer verabschiedeten sich.

«Ich muß schon sagen», bemerkte Candidus, «das ist tatsächlich ein glücklicher Mann. Er steht hoch über allem, was er besitzt.»

«Siehst du nicht», entgegnete ihm Martin, «wie ihm alles zum Ekel ist, was er besitzt? Plato sagt, das seien nicht die besten Mägen, die keine Speise vertragen.»

«Ist es nicht ein Vergnügen, alles zu kritisieren?» fragte Candidus, «da Mängel zu entdecken, wo andere Schönheiten zu sehen glauben?»

«Das heißt also, es sei ein Vergnügen, kein Vergnügen zu empfinden?»

«Da bin ich am End' der einzig Glückliche, wenn ich Kunigund wiedersehe», lächelte Candidus.

«Hoffnung schadet nicht», sagte Martin.

So gingen die Tage, die Wochen dahin. Kein Cacambo war zu sehn; Candidus verfiel wieder in Schwermut. Er bemerkte es kaum, daß Babett und Bruder Hyazinth nicht einmal kamen, um sich zu bedanken.

SECHSUNDZWANZIGSTES KAPITEL

*Wie Candidus und Martin mit sechs Fremden speisten
und wer die waren*

Eines Abends wollte Candidus gerade mit Martin und den andern Gästen des Gasthofs zu Tisch gehen. Da trat ein Kerl mit berußtem Gesicht von hinten an ihn heran, zupfte ihn am Ärmel und flüsterte: «Macht Euch zur Abfahrt bereit; vergeßt es nicht!»

Er kehrt sich um und erkennt Cacambo. Wäre es Kunigund selber gewesen, hätte er sich kaum mehr verwundert und gefreut; ganz toll war er vor Entzücken. Er zieht ihn an sein Herz: «Gewiß ist Kunigund hier! Wo ist sie denn? Führ mich rasch zu ihr! Die Freude bringt mich fast um.»

«Nein, sie ist nicht hier, in Stambul ist sie.»
«Großer Gott, in Stambul? Aber wär' sie in China, gleich muß ich zu ihr!»
«Nach dem Essen fahren wir», flüsterte Cacambo weiter; «mehr darf ich nicht sagen. Ich bin Sklave; mein Herr wartet auf mich; ich muß ihn bei Tisch bedienen. Kein Wort mehr. Eßt und haltet Euch bereit!»

Candidus schwankte zwischen Schmerz und Freude. Den treuen Cacambo hatte er wieder! Aber wieso war er Sklave? Voller Hast, sein Liebchen wiederzusehn, mit Herzklopfen und wirrem Kopf setzte er sich nieder. Martin blieb kühl und betrachtete die sechs Gäste, die sich da den Karneval in Venedig mit ansehn wollten.

Eben schenkte Cacambo einem von ihnen ein. Gegen Ende der Mahlzeit flüsterte er seinem Herrn ins Ohr: «Eure Hoheit kann fahren, sobald sie will. Das Schiff steht bereit.» Damit ging er hinaus. Die erstaunten Gäste sahn sich stumm an, als ein anderer Diener zu seinem Herrn trat und sagte: «Der Wagen Eurer Hoheit wartet in Padua, und die Barke steht bereit.» Der Herr nickt, der Diener geht. Wieder sehen sich die Gäste an, das Erstaunen wird noch größer. Ein dritter Lakai tritt zu einem dritten Fremden: «Eure Hoheit darf nicht länger säumen, gleich ist alles bereit», und auch er verschwindet.

Candidus und Martin waren jetzt überzeugt, es sei ein Karnevalsscherz. Da sagte ein vierter Diener zu einem vierten Herrn: «Eure Hoheit kann reisen, sobald es ihr genehm ist», und war draußen wie die andern. Nicht anders sprach der fünfte Lakai zu einem fünften Herrn. Anders redete der sechste Diener seinen Herrn an: «Hoheit», sagte er, «kein Mensch pumpt uns mehr. Vielleicht sperrt man heute nacht uns beide ein. Ich mach', daß ich fortkomme!»

Als die Diener alle weg waren, saß man in eisigem Schweigen da. Schließlich konnte Candidus nicht an sich halten und sprach: «Meine Herren, das ist ein sonderbarer Spaß. Wieso seid ihr alle Könige? Wir zwei, der Herr Martin und ich, sind bestimmt keine.»

Da sprach zuerst feierlich und auf italienisch der Herr Cacambos: «Ich bin kein Spaßvogel und nenne mich Achmet III. Ein paar Jahre war ich Großsultan; meinen Bruder hatte ich abgesetzt. Nun hat mich mein Neffe entthront und meinen Wesiren den Hals abschneiden lassen. Ich darf im alten Serail wohnen, und mein Neffe, der Großsultan Mahmud, läßt mich zuweilen für meine Gesundheit reisen, und da wollt' ich mir mal den Karneval in Venedig ansehn.»

Der junge Herr neben ihm ergriff dann das Wort und sagte: «Ich heiße Iwan und war Zar aller Reußen. Mich hat man schon in der Wiege entthront. Meine Eltern schmachten im Kerker; da wuchs auch ich auf. Manchmal bekomm' ich Urlaub, mit meinen Wärtern zu reisen, und da wollt' ich mir mal den Karneval in Venedig ansehn.»

Der dritte sagte: «Ich bin Karl Eduard, König von England. Mein Vater hat mir seine Rechte auf den Thron abgetreten. Ich habe gekämpft, um sie geltend zu machen; achthundert meiner Anhänger hat man das Herz aus dem Leibe gerissen und um die Ohren geschlagen. Auch ich saß im Kerker. Jetzt geh' ich meinen Vater in Rom besuchen, der entthront worden ist wie ich und mein Großvater. Da wollt' ich mir unterwegs mal den Karneval in Venedig ansehn.»

Dann ergriff der vierte das Wort: «Ich bin König von Polen. Das Würfelspiel des Kriegs hat mich meiner Staaten beraubt; gerade so ging es meinem Vater. Ich ergebe mich in den Willen der Vorsehung wie der Sultan Achmet, der Zar Iwan, der König Karl Eduard, denen Gott ein langes Leben schenke. Nun wollt' ich mir mal den Karneval in Venedig ansehn.»

Drauf sagte der fünfte: «Auch ich war König von Polen. Mein Königreich hab' ich zweimal verloren. Doch hat mir die Vorsehung ein andres Land gegeben, in dem ich mehr Gutes getan habe als alle sarmatischen Fürsten am Gestade der Weichsel. Auch ich ergebe mich in den Willen der Vorsehung und wollte mal den Karneval in Venedig ansehn.»

Blieb noch der sechste. Der sagte bescheiden: «So große Länder wie diese Herren besaß ich nie. Aber König war ich doch. Ich bin Theodor; man hat mich zum König von Korsika gewählt. Auch zu mir hat man Majestät gesagt, heut' nennt mich kaum einer Monsieur. Ich ließ Münzen prägen und besitze keinen Heller; ich hatte zwei Staatssekretäre, heute kaum einen Diener. Auf einem Thron bin ich gesessen, und in London lange auf Stroh gelegen. Nun hab' ich Angst, es könnte mir auch hier so gehn, wiewohl auch ich mir nur mal den Karneval in Venedig ansehn wollte.»

Die fünf andern Könige vernahmen das mit tiefem Mitleid. Jeder schenkte dem armen König Theodor zwanzig Zechinen, daß er sich Kleider und Hemden kaufen könne; Candidus verehrte ihm einen Diamanten im Wert von zweitausend Zechinen. «Wer ist dieser Mann», sagten sich die fünf Könige, «der hundertmal mehr verschenken kann als wir, und es auch tut? Sind Sie auch ein König, mein Herr?»

«Nein, meine Herren, und ich habe auch keine Lust, einer zu werden.»

Als man sich von der Tafel erhob, stiegen im gleichen Gasthof vier andre königliche Hoheiten ab, die gleichfalls durch das Kriegslos ihre Staaten verloren hatten und sich mal den Karneval in Venedig ansehn wollten. Aber Candidus beachtete sie überhaupt nicht. Er hatte nur noch eines im Sinn: sein Gundelchen wollte er in Stambul aufsuchen.

SIEBENUNDZWANZIGSTES KAPITEL

Candidus reist nach Stambul

Beim türkischen Kapitän, der den Sultan Achmet nach Stambul zurückbrachte, hatte der treue Cacambo erreicht, daß Candidus und Martin mitfahren durften. Sie stiegen zu Schiff und verneigten sich tief vor ihrer kläglichen Hoheit. Unterwegs sagte Candidus zu Martin: «Da haben wir mit sechs entthronten Königen gespeist und einem mußt' ich ein Almosen reichen. Wieviel unglückliche Fürsten gibt es wohl? Ich habe nur hundert rote Hammel verloren, und jetzt flieg' ich in die Arme meines Gundelchen. Noch einmal, mein lieber Martin, Pangloss hatte doch recht mit seiner besten aller Welten.»

«Ich hoff' es», meinte Martin.

«Es war eine unglaubliche Geschichte, die wir da in Venedig erlebt haben. Noch nie hat man gesehn oder gehört, daß sechs entthronte Könige an einem Wirtstisch beieinander saßen.»

«Das ist nicht merkwürdiger», sagte Martin, «als die meisten Geschichten, die uns begegnet sind; Könige werden oft entthront, und was die Ehre betrifft, mit ihnen zu speisen, ist das eine Kleinigkeit, die nicht der Rede wert ist. Was liegt daran, mit wem man ißt, wenn man nur etwas Gutes bekommt.»

Kaum waren sie auf dem Schiff, drückte Candidus seinen alten Diener Cacambo ans Herz. «Jetzt sag mal», rief er, «was macht Kunigund? Ist sie immer noch ein Wunder an Schönheit? Liebt sie mich noch? Wie geht es ihr? Du hast ihr doch einen Palast in Stambul gekauft?»

«Mein lieber Herr», antwortete Cacambo, «Kunigund wäscht die Töpfe eines Fürsten am Marmarameere, der nicht viele Töpfe besitzt. Sie ist Sklavin eines frühern Herrschers namens Ragotsky, dem der Großtürk täglich drei Taler zum Unterhalt gibt. Und ihre Schönheit ist hin, sie ist schrecklich häßlich geworden.»

«Schön oder nicht schön», seufzte Candidus, «ich bin ein Mann von Ehre und werde sie immer lieb behalten. Aber wie ist es nur möglich, daß es ihr so elend geht mit den fünf bis sechs Millionen, die ihr mitgenommen hattet?»

«Hab' ich nicht zwei Millionen Don Fernando d'Ibaraa y Figueora y Mascarenes y Lampourdos y Sousa geben müssen, daß ich Fräulein Kunigunde mitnehmen durfte? Ein wackerer Pirat hat sich den Rest geholt. Mit dem sind wir zum Kap Matapan, nach Milo, nach Nicaria, nach Samos, nach Petra, an die Dardanellen und ans Marmarameer gesegelt, und schließlich nach Scutari. Kunigund und die Alte stehn im Dienst des Fürsten, von dem ich sprach, und ich bin ein Sklave des entthronten Sultans.»

«Was für Schicksalsschläge, was für Verkettungen!»

rief Candidus. «Aber ich hab' ja noch ein paar Diamanten; mit denen bekomm' ich Kunigund frei. Schade nur, daß sie so häßlich geworden ist.»

Zu Martin sagte er dann: «Was meinst du, wer ist am meisten zu beklagen, der Sultan Achmet, der Zar Iwan, der König Eduard oder ich?»

«Das weiß ich nicht», sagte der Philosoph, «da müßt' ich euch allen ins Herz sehn können.»

«Wäre Pangloss da», überlegte Candidus, «er vermöcht' es zu sagen.»

«Ich weiß nicht», antwortete ihm Martin, «mit welcher Waage er das Unglück messen, den Schmerz bewerten könnte. Ich sage nur, es gibt Millionen von Menschen, die hundertmal mehr zu beklagen sind als der König Karl Eduard, der Zar Iwan und der Sultan Achmet.»

«Kann schon sein», seufzte Candidus.

Unter den Ruderknechten saßen ihrer zwei, die ihre Sache nicht sonderlich gut verrichteten und denen der Levanti Patron von Zeit zu Zeit mit dem Ochsenfiesel eins über die bloßen Schultern zog. Aus lauter Erbarmen sah sie Candidus genauer an, trat näher an sie hin. So sehr ihr Gesicht entstellt war, entdeckte er doch eine merkwürdige Ähnlichkeit mit Pangloss und dem Jesuitenbaron, dem Bruder des Fräuleins. Das regte ihn auf und stimmte ihn traurig. Immer länger mußte er sie ansehn, sagte dann zu Cacambo: «Wär' ich nicht dabei gewesen, als man den Magister Pangloss erhängte, und hätt' ich nicht selbst den Baron totgestochen, so glaubte ich, sie ruderten auf dieser Galeere.»

Als die Sträflinge die Worte Pangloss und Baron vernahmen, stießen sie einen lauten Schrei aus, hielten sich an der Bank fest und ließen die Ruder fallen. Der Levanti Patron rannte herbei und ließ einen Hagel von Hieben auf ihre Köpfe sausen. «Halt halt», rief Candidus, «ich zahl dir soviel du willst, aber laß die beiden frei!»

«Das ist Candidus!» sagte der eine Sträfling; «ist das nicht Candidus?» rief der andere.

«Träum' oder wach' ich?» rief Candidus, «bin ich wirklich auf dieser Galeere? Ist das der Herr Baron, den ich totgestochen habe, ist das der Magister Pangloss, den ich habe hängen sehen?»

«Das also ist der große Philosoph?» grinste Martin.

«Herr Levanti Patron», sprach Candidus, «wieviel Geld willst du für den Herrn Baron von Thunderspruck, einen der größten Reichsbarone, und für den Herrn Pangloß, den ersten Metaphysiker Deutschlands?»

«Sind die beiden Lumpenkerle Barone und Metaphysiker, o du Christenhund», antwortete ihm der Levanti Patron, «so sind sie wohl große Würdenträger in ihrem Land. Also gibst du mir für jeden fünfzigtausend Zechinen.»

«Die bekommst du gleich. Fahr nur wie ein Blitz nach Stambul, so werden sie dir ausbezahlt. Oder noch besser, führ mich zu Fräulein Kunigund.»

Beim ersten Angebot hatte der Levanti Patron beigedreht und ließ geschwinder rudern als ein Vogel fliegt. Candidus drückte den Baron und Pangloss an sein Herz.

«So hab' ich dich also nicht totgestochen, liebster Baron; und wieso seid Ihr am Leben, Herr Magister, da man Euch doch gehängt hat? Und warum seid Ihr beide türkische Galeerensträflinge?»

«Ist's wahr, lebt meine Schwester in diesem verfluchten Lande?» fragte der Baron.

«Gewiß», antwortete Candidus.

«So hab' ich meinen lieben Candidus wieder!» rief Pangloss entzückt.

Candidus machte sie mit Cacambo und Martin bekannt. Alle umarmten sich und sprachen aufeinander ein. Die Galeere flog dahin; schon waren sie im Hafen. Man ließ einen Juden kommen, dem Candidus einen Diamanten von hunderttausend Zechinen Wert für fünfzigtausend verkaufte und der ihm bei Abraham schwor, mehr könne er nicht geben. Sofort wurde das Lösegeld bezahlt. Pangloss warf sich seinem Befreier zu Füßen; der Baron dankte ihm mit einem stolzen Kopfnicken, versprach auch, das Geld bei der ersten Gelegenheit zurückzubezahlen.

«Wie ist's möglich, daß meine Schwester in der Türkei lebt?» fragte er.

«Natürlich ist's möglich», sagte Cacambo, «da sie doch bei dem Fürsten von Siebenbürgen Töpfe wäscht.»

Nochmals ließ man zwei Juden kommen, und wieder verkaufte Candidus Diamanten. Und dann nahmen sie eine andere Galeere, um Fräulein Kunigund zu befreien.

ACHTUNDZWANZIGSTES KAPITEL

Was mit Candidus, mit Kunigunde, mit Pangloss und den andern weiter geschah

«Verzeiht mir, hochwürdiger Pater», sagte Candidus zum Baron, «daß ich Euch mit dem Degen durch und durch stach.»

«Reden wir nicht mehr davon», entgegnete der Baron. «Ich war etwas vorschnell, ich geb' es zu. Willst du aber wissen, wie ich auf diese verdammte Galeere kam, so muß ich schon weit ausholen. Als mich der Bruder Apotheker geheilt hatte, wurden wir von Spaniolen angegriffen; sie nahmen mich gefangen. In Buenos Aires wurde ich eingesteckt, kaum war meine Schwester abgereist. Ich bat, nach Rom zum Ordensgeneral gebracht zu werden. Der ernannte mich zum Kaplan des französischen Gesandten in Stambul. Kaum war ich acht Tage da, sah ich eines Abends einen jungen Ikoglan, der recht gut gewachsen war. Es war warm, und er wollte ein Bad nehmen. Da mocht' ich mittun. Ich wußte nicht, daß es für einen Christen ein Kapitalverbrechen ist, wenn er mit einem jungen Muselman nackt betroffen wird. Ein Kadi ließ mir die Bastonade auf die Sohlen geben und verurteilte mich zu den Galeeren. Niemals hat man ein schrecklicheres Unrecht begangen. Aber ich möcht' nun wissen, warum meine Schwester in der Küche eines Fürsten von Siebenbürgen, den die Türken entthront haben, Töpfe wäscht.»

«Und Ihr, mein lieber Pangloss, wie kommt's, daß ich Euch wiedersehe?»

«Du hast mich hängen sehn, das ist richtig. Eigentlich wollte man mich verbrennen, aber du erinnerst dich, daß gerade ein Platzregen losging; da war's mit dem Verbrennen nichts. So wurde ich denn in der Eil' gehängt. Ein Wunderarzt kaufte meinen Leichnam, brachte mich heim und sezierte mich. Er machte mir einen Kreuzschnitt vom Nabel bis zu den Schlüsselbeinen. Nun war ich recht unsachgemäß gehängt worden. Der Scharfrichter der Heiligen Inquisition, ein Subdiakon, verbrennt die Leute prächtig, aber im Hängen fehlt's ihm an Übung; der Strick war naß, kam nicht ins Gleiten, verknotete sich schlecht. Ich atmete noch; bei diesem Kreuzschnitt stieß ich einen lauten Schrei aus. Der Wundarzt stürzte zu Boden, glaubte, er seziere den Teufel, rannte weg, fiel die Treppe hinunter. Seine Frau lief aus ihrer Stube herbei, sah mich mit meinem Kreuzschnitt auf dem Tisch liegen, bekam noch mehr Angst als ihr

Mann, rannte davon und kam auf ihn zu liegen. Als sie wieder bei Sinnen waren, sagte die Wundärztin zum Wundarzt: ‚Wie kommst du dazu, einen Ketzer zu sezieren? Weißt du nicht, daß die den Teufel im Leib haben? Gleich hol' ich einen Pfaffen, der soll ihn exorzieren.' Bei diesen Worten überlief's mich kalt; mit meiner letzten Kraft schrie ich: Barmherzigkeit! Da bekam der portugiesische Barbier Mut, nähte mich zusammen, und seine Frau pflegte mich. Nach vierzehn Tagen war ich wieder auf den Beinen. Der Barbier fand eine Stelle für mich, ich wurde Lakai bei einem Malteserritter, der nach Venedig reiste. Da er mich nicht bezahlen konnte, trat ich bei einem venezianischen Kaufherrn in Dienst und folgte ihm nach Stambul.

Eines Tages trat ich in eine Moschee; da war ein alter Imam, und eine hübsche junge Türkin betete ihren Rosenkranz. Ihre Brust stand offen, da steckte ein prächtiger Strauß von Tulpen, Rosen, Levkojen und Hyazinthen. Sie ließ den Strauß fallen; ich steckte ihn eifrig und ehrerbietig wieder an seinen Platz. Ich brauchte so lange dazu, daß es den Imam verdroß. Da er sah, daß ich ein Christ war, rief er Leute herbei. Man führte mich zum Kadi; der ließ mir die Bastonade auf die Sohlen geben und schickte mich auf die Galeeren. Da wurde ich auf dem gleichen Schiff und der gleichen Bank angekettet wie der Herr Baron. Auf der gleichen Galeere waren noch vier junge Leute aus Marseille, fünf neapolitanische

Priester und zwei Mönche aus Korfu; die erzählten uns, solche Geschichten kämen alle Tage vor. Der Herr Baron behauptete, er sei ungerechter behandelt worden als ich; ich war der Meinung, es sei weniger schlimm, einer jungen Frau einen Blumenstrauß anzustecken, als pudelnackt mit einem Ikoglan betroffen zu werden. Da stritten wir in einem fort und bekamen täglich unsere zwanzig mit dem Ochsenfiesel, bis dich die Verkettung der irdischen Dinge auf unsere Galeere brachte und wir frei wurden.»

«Nun frag' ich dich, mein lieber Pangloss», sprach Candidus ernst, «als man dich hängte, sezierte, mit dem Ochsenfiesel schlug, als du auf der Galeere rudern mußtest, warst du da immer noch der Meinung, alles sei aufs beste eingerichtet?»

«Das ist meine Meinung und dabei bleib' ich», antwortete der Magister, «ich bin ein Philosoph und darf mir nicht widersprechen. Leibniz kann nicht unrecht haben; die praestabilierte Harmonie ist eine feine Sache und erst recht das Plenum und die subtile Substanz.»

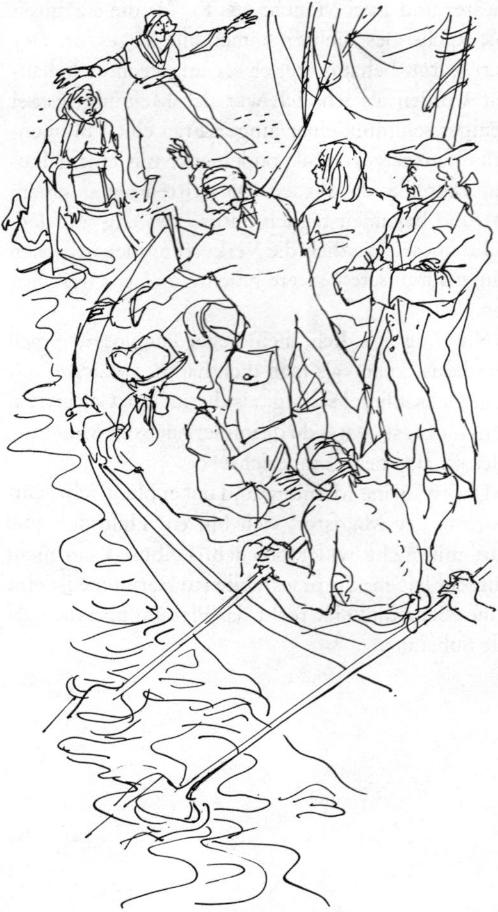

NEUNUNDZWANZIGSTES KAPITEL

Wie Candidus Kunigunde und die Alte wiederfand

So erzählten sich Candidus, der Baron, Pangloss und Martin ihre Abenteuer, disputierten über die zufälligen oder notwendigen Ereignisse des Universums, stritten sich über Ursach' und Wirkung, über das physische Übel, über Freiheit und Notwendigkeit, über die Tröstungen, die man empfinden kann, wenn man auf einer türkischen Galeere rudert. Endlich kamen sie am Ufer des Marmarameers beim Haus des Fürsten von Siebenbürgen an. Da erblickten sie gleich Kunigund und die Alte, die ihre Wäsche an Seile spannten, um sie zu trocknen.

Der Baron erbleichte. Der arme Candidus prallte drei Schritte zurück, als er Kunigund erblickte mit ihrem braunen Gesicht, ihren rotgeränderten Augen, ihrer welken Brust, ihren runzligen Wangen und ihren roten, aufgesprungenen Armen. Dann faßte er sich ein Herz und ging ihr entgegen. Sie schloß ihn und den Bruder in die Arme; man begrüßte die Alte; beide wurden losgekauft.

Ganz in der Nähe war ein kleiner Pachthof; die Alte riet, ihn zu erwerben, bis man etwas Besseres fände. Kunigunde wußte nicht, wie häßlich sie war; niemand hatte es ihr gesagt. Sie erinnerte Candidus mit solcher Heftigkeit an seine Schwüre, daß der gute Junge sie nicht abzuweisen wagte. Er bedeutete also dem Baron, er werde sie heiraten.

«Das werde ich niemals dulden», sagte der Exjesuit. «Das ist eine unerhörte Frechheit von dir, und ihrerseits ein Zeichen von niedriger Gesinnung. Niemand soll mir je eine solche Schande vorwerfen dürfen; die Kinder meiner Schwester könnten ja nie in ein deutsches Domkapitel aufgenommen werden; sie darf nur einen Reichsbaron heiraten.»

Kunigund warf sich ihm zu Füßen und benetzte sie mit Tränen. Er blieb unerbittlich. Und Candidus sprach: «Du Erznarr! Von der Galeere hab' ich dich freigekauft, für dich und deine Schwester habe ich Lösegeld bezahlt. Sie wusch Töpfe und ist häßlich. Ich nehm' sie nur aus Herzensgüte und du hast die Stirn, Einsprache zu erheben. Ich würde dich nochmals totstechen, wenn ich meiner Wut freien Lauf ließe.»

«Töte mich», sagte der Baron. «Aber solange ich lebe, wirst du meine Schwester nicht heiraten.»

DREISSIGSTES KAPITEL

Schluß des Buches

Im Grunde seines Herzens hatte Candidus keine Lust, Kunigund zu heiraten; er wollte es zumeist aus Trotz gegen den Baron. Und Kunigund drängte ihn so, daß er nicht nein zu sagen wagte. Er bat Pangloss, Martin und den treuen Cacambo um ihren Rat. Pangloss verfaßte ein schönes Memorandum, in dem er nachwies, der Baron habe kein Recht über seine Schwester; nach allen Gesetzen des Reiches dürfe sie sich Candidus zur linken Hand vermählen. Martin schlug vor, den Baron ins Meer zu werfen. Cacambo war dafür, ihn dem Levanti Patron zu übergeben und wieder auf der Galeere rudern zu lassen;

dann solle man ihn mit dem nächsten Schiff nach Rom zu seinem Ordensgeneral schicken.

Das fand man vernünftig; auch die Alte war einverstanden. Der Schwester sagte man nichts. Mit ein paar Zechinen ward alles geregelt. Man war glücklich, einen Jesuiten hereingelegt und einen hochnäsigen Baron gedemütigt zu haben.

Es läge nun nahe zu glauben, Candidus habe nach soviel Schicksalsschlägen, mit seiner alten Liebe vermählt, mit den Philosophen Pangloss und Martin vereint, vom klugen Cacambo und der Alten betreut, und mit seinem Häufchen Diamanten aus dem Land der Inka das herrlichste Leben geführt. Die Juden betrogen ihn so bunt, daß ihm nichts blieb als sein Pachthof. Seine Frau wurde von Tag zu Tag häßlicher, dazu übellaunisch und unerträglich. Die Alte wurde kränklich und noch bösartiger als Kunigund. Cacambo, der den Garten bestellte und den Gewinn in Stambul zu Markte brachte, war mit Arbeit überlastet und verwünschte sein Schicksal. Pangloss war unglücklich, daß er nicht an einer deutschen Universität glänzen konnte. Nur Martin war überzeugt, es gehe einem überall gleich schlimm und man müsse sich in Geduld fassen.

Candidus, Pangloss und Martin stritten sich bisweilen über Metaphysik und Ethik. Oft sah man unter den Fenstern des Pachthofes Schiffe dahinfahren mit Ladungen von Effendis, Baschis und Kadis, die nach Lemnos, Mytilene oder Erzerum in die Verbannung geschickt wurden. Andere Kadis, Baschis und Effendis kehrten zurück, um deren Ämter zu übernehmen und wurden ihrerseits verbannt. Sauber ausgestopfte Köpfe fuhren mit, die der Hohen Pforte vorgewiesen werden mußten. Das gab Anlaß zu neuem Hin und Wider; stritt man sich nicht, war es so langweilig, daß die Alte einmal sagte: «Nun möcht' ich wissen, was schlimmer ist, hundertmal von schwarzen Piraten genotzüchtigt zu werden, einen Hinterbacken abgehauen zu bekommen, bei den Bulgaren Spießruten zu laufen, in einem Autodafé gepeitscht oder gehängt, seziert, oder an die Ruderbank geschmiedet zu werden, kurz, alle Scheußlichkeiten zu erleben, die wir durchmachen mußten, oder hier zu hocken und nichts zu tun?»

«Keine leichte Frage», meinte Candidus.

Daran schlossen sich weitere Überlegungen. Martin glaubte, der Mensch sei geboren, um in den Krämpfen der Unrast oder im Todesschlaf der Langeweile zu verharren; Candidus war nicht dieser Meinung, wollte aber nichts behaupten. Pangloss gab zu, er habe immer Schweres erduldet; da er aber einmal gelehrt habe, alles sei aufs Bestmögliche eingerichtet, so bleibe er dabei, wenn er es schon selbst nicht glaube.

Was Martin vollends in seiner düsteren Lehre bekräftigte, Candidus in seinen Zweifeln bestärkte und Pangloss in Verlegenheit brachte, das war die unvermutete Ankunft von Babett und Bruder Hyazinth. Sie waren ganz heruntergekommen; ihre dreitausend Piaster waren schnell durchgebracht; sie hatten sich verlassen und wiedergefunden, hatten sich gezankt und waren eingesteckt worden und entflohen; schließlich war Bruder Hyazinth zu den Türken gelaufen. Babett blieb bei ihrem traurigen Gewerb und verdiente nichts mehr damit.

«Hab' ich's nicht gesagt», bemerkte Martin, «daß deine Geschenke kein Glück bringen und die Leute noch elender machen? Du und Cacambo, ihr habt die Taschen voll Millionen gehabt; aber glücklicher als Babett und Hyazinth seid ihr auch nicht.»

«Mein armes Kind», sprach Pangloss zu Babett; «nun hat dich der Himmel auch hergeführt! Weißt du, daß du mich um den Nasenzipfel, um ein Aug und ein Ohr gebracht hast? Wie siehst du nun aus! Ist das ein Leben!»

Und damit hatten sie einen neuen Stoff zu Wortgefechten.

In der Nähe wohnte ein angesehener Derwisch, der für den größten Weisen der Türkei galt; dessen Rat wollten sie hören. Pangloss führte das Wort und sprach: «Meister, wir möchten wissen, wozu ein so seltsam Wesen wie der Mensch geschaffen worden ist.»

«Was geht das dich an?», fuhr ihn der Derwisch an, «was hast du damit zu tun?»

«Das Übel, ehrwürdiger Vater, macht sich furchtbar breit auf der Erde», warf Candidus ein.

«Ist das so wichtig, ob das Gute oder ob das Übel

auf Erden herrscht? Schickt der Sultan ein Schiff nach Ägypten, kümmert er sich darum, ob es den Mäusen im Packraum gut oder schlecht geht?»

«Was sollen wir denn tun?» fragte Pangloss von neuem.

«Schweigen», meinte der Derwisch.

«Ich hätte gern mit dir philosophiert», warf Pangloss ein, «über Ursach' und Wirkung, über die bestmögliche aller Welten, über den Ursprung des Übels, die Natur der Seele und die praestabilierte Harmonie.»

Da schlug ihm der Derwisch die Tür vor der Nase zu.

Man vernahm indessen, zwei Wesire und ein Mufti hätten die seidene Schnur erhalten, und ein paar ihrer Freunde seien gepfählt worden. Darüber ereiferte man sich ein paar Stunden lang. Auf dem Heimweg nach ihrem Pachthof trafen Pangloss, Candidus und Martin einen gütigen Greis, der unter der Pomeranzenlaube bei seiner Haustür die Abendruhe genoß. Pangloss, nicht minder neugierig als rechthaberisch, fragte ihn, wie der Mufti heiße, der daran glauben gemußt.

«Weiß ich nicht», antwortete der Alte. «Nie hab' ich mich gekümmert, wie ein Mufti oder ein Wesir heißt. Die Nachricht, von der du sprichst, hab' ich nicht gehört. Wer sich in öffentliche Ämter drängt, muß damit rechnen, daß es ihm übel gehe; meist verdient er es auch. Aber ich frag' dem nie nach, was man in Stambul treibt. Wenn ich nur die Früchte meines Gartens hinschicken kann, den ich bearbeite.»

Damit lud er die Fremden ein, in sein Haus zu treten. Seine beiden Töchter und seine Söhne bedienten sie mit selbstgemachtem Sorbet, mit eingemachtem Kaimak, mit Zitronen, Pomeranzen und Ananas, mit Datteln, Pistazien und mit Mokka, der nicht mit dem schlechten Kaffee von Batavia gemischt war. Dann besprengten die Töchter die Bärte ihrer Gäste mit wohlriechenden Wassern.

«Du hast gewiß ein prächtiges Landgut?» fragte ihn Candidus.

«Es sind nur zwei Morgen», belehrte ihn der Türke. «Ich bearbeite sie mit meinen Kindern. Die Arbeit hält uns drei große Übel fern: Langeweile, Laster und Not.»

Auf dem Heimweg überdachte Candidus, was der alte Türke gesagt hatte. Dann wandte er sich zu Pangloss und Martin: «Dieser gütige Greis hat sich ein besseres Los ausgesucht als die sechs Könige, mit denen wir speisen durften.»

«Die Großen der Erde sind allen bösen Schicksalsschlägen ausgesetzt», dozierte Pangloss, «wie man bei den Philosophen lesen kann. Eglon, der König der Moabiter, wurde von Aod ermordet; Absalom blieb an seinen Haaren hängen und wurde von drei Pfeilen durchbohrt. Der König Nadab, der Sohn Jerobeams, wurde von Baasa umgebracht, der König

Ela von Jojachim, Ochosias von Jehu, Athalja von Jojada. Die Könige Jojakim, Simri, Zedekia starben als Sklaven. Wie es Kroesus, Astyages, Darius, Dionysius von Syrakus, Pyrrhus, Perseus, Hannibal, Jugurtha, Ariovist, Caesar, Pompejus, Nero, Otho, Vitellius, Domitian, Richard II. von England, Eduard II., Heinrich VI., Richard III., Maria Stuart, Karl I., den drei Heinrich von Frankreich, dem Kaiser Heinrich IV. erging, ist bekannt. Ihr wißt ...»

«Ich weiß, daß wir unser Gärtchen bebauen müssen», sagte Candidus.

«Das stimmt», meinte Pangloss. «Denn der Mensch wurde in den Garten Eden gesetzt, ut operaretur eum, daß er ihn bearbeite. Was beweist, daß der Mensch nicht zur Ruhe geschaffen ist.»

«Also arbeiten wir und philosophieren nicht länger», sagte Martin. «Das ist das einzige Mittel, das Leben erträglich zu machen.»

Diesem löblichen Entschluß pflichteten alle bei; jeder bemühte sich, nach seinen Gaben zu arbeiten. Das Gütchen war ertragreich. Kunigund war zwar häßlich, verstand sich aber wohl auf Zuckergebäck. Babett stickte, die Alte besorgte die Wäsche. Selbst Pater Hyazinth war zu etwas gut; er schreinerte vorzüglich und wurde ein rechtschaffener Mensch. Pangloss sagte oft zu Candidus: «Alle Geschehnisse in dieser bestmöglichen aller Welten sind miteinander verkettet. Wärst du nicht um der Liebe zu Kunigund willen mit Fußtritten in den Allerwertesten aus dem Schloß gejagt worden, hätte dich nicht die Heilige Inquisition verhaftet, wärst du nicht durch ganz Amerika gewandert, hättest du den Baron nicht erstochen und die hundert Hammel aus dem Lande Eldorado verloren, so könntest du jetzt nicht hier deine Pomeranzen und Pistazien essen.»

«Wohl gesprochen», antwortete Candidus. «Doch wir müssen unser Gärtchen bebauen.»

TREUHERZ, DER HURONE

ERSTES KAPITEL

*Wie der Prior unserer Lieben Frau vom Berglein und sein
Fräulein Schwester einen Huronen treffen*

Der heilige Dunstan, von Geburt ein Ire und ein Heiliger von Profession, bestieg eines Tages ein Berglein, das dann gleich auf die französische Küste zuschwamm, und gelangte mit diesem Fahrzeug in die Bucht von Saint-Malo. Als der Heilige gelandet war, gab er dem Berg seinen Segen. Dieser verneigte sich tief und schwamm dann nach Irland zurück, genau wie er gekommen war.

Dunstan stiftete da ein Klösterchen und weihte es

unserer Lieben Frau vom Berglein; so heißt es noch, wie männiglich bekannt ist.

*

Im Jahre des Heils 1689, es war am Abend des 15. Juli, erging sich der Abbé Kerkabon, der Prior unserer Lieben Frau vom Berglein, mit der Demoiselle Kerkabon, seiner Schwester, am Meeresstrand, um sich an der Kühle zu laben. Er war ein älterer, herzensguter Herr, den alle seine Nachbarn so gerne sahen wie ehedem seine Nachbarinnen. Was ihm ein vorzügliches Ansehen im Lande gab, das war der Umstand, daß er als einziger seiner Amtsbrüder nicht zu Bett getragen werden mußte, wenn er mit ihnen getafelt hatte. Von der Gottesgelahrtheit besaß er leidliche Kenntnisse, und wenn er sich am heiligen Augustin müde gelesen, ergötzte er sich am Rabelais, und so wußte niemand etwas anderes als Liebes und Gutes von ihm zu berichten.

Die Demoiselle war niemals verehelicht gewesen, wiewohl es ihr an Lust dazu nicht gefehlt hatte; mit ihren fünfundvierzig Jahren sah sie noch recht frisch aus. Sie war gut und gefühlvoll und trotz ihrer Frömmigkeit den Weltfreuden nicht abgeneigt.

Der Herr Prior blickte betrübt übers Meer hin und sagte, leise seufzend, zu seiner Schwester: «Grad da drüben hat sich mein armer Bruder mit unserer lieben Schwägerin Anno 1669 auf der Fregatte ‚Hirondelle' eingeschifft, um in Kanada Kriegsdienst zu tun. Wäre er da nicht gefallen, dürften wir hoffen, er käme eines Tages wieder.»

«Glaubst du wirklich», meinte die Schwester erschauernd, «daß die Irokesen sie geschlachtet haben, wie man uns erzählt hat? Sonst wäre sie doch sicher heimgekehrt ... Meiner Lebtag werde ich sie beweinen ... War das eine reizende Frau, und unser Bruder hätte mit seinen herrlichen Gaben gewiß sein Glück gemacht.»

Wie sich die beiden so ihren Gedanken hingaben, sahen sie, daß sich ein kleineres Schiff in der Bucht zum Landen anschickte und mit der Flut herbeischwamm; es gehörte englischen Händlern, die Waren ihres Landes absetzen wollten. Sie sprangen auf den Sand, ohne den Prior und seine Schwester zu beachten, die es übel vermerkte, daß man sie keines Grußes würdigte.

Da zeigte sich ein junger, schöngewachsener Mann viel liebenswürdiger. Mit einem kühnen Satz sprang er über seine Gefährten hinweg, landete zu den Füßen der Demoiselle und begrüßte sie mit artigem Kopfnicken, da er wohl die landesüblichen Verbeugungen nicht gelernt hatte. Sein Aussehen und seine Gewandung kamen den Geschwistern seltsam vor. Er war barhaupt und ohne Beinbekleidung, an den Füßen trug er Mokassins, seine Haare waren zu langen Flechten gedreht, ein Wämslein umschloß seinen geschmeidigen Leib. Er sah etwas kriegerisch und doch recht gutartig aus, hatte eine Kürbisflasche ungehängt nebst einer Tasche mit einem Becherlein und etwas Schiffszwieback. Mit seinem Französisch konnte er sich leidlich verständlich machen. Er bot den beiden seine Flasche mit Zuckerrohrschnaps zum Gruß und trank mit ihnen; dann ließ er sie wieder kosten, alles auf so manierliche Art, daß der geistliche Herr und seine Schwester ihre helle Freude daran hatten. Sie boten ihm ihre Hilfe an, fragten ihn, wer er sei und was er hier zu tun gedenke. Er erklärte, das wisse er selber noch nicht; er sei nur begierig, die französische Küste kennenzulernen. Da sei er nun und werde bald wieder hinfahren, wo er hergekommen sei.

Nach seiner Aussprache kam es dem Prior vor, er sei kein Engländer, und so fragte er ihn denn, aus welchem Lande er stamme.

«Ich bin ein Hurone», antwortete der junge Mann stolz.

Die Demoiselle war erstaunt und erfreut, einen so netten Huronen vor sich zu sehen und lud ihn gleich zum Abendessen ein. Er ließ sich nicht zweimal bitten, und so schritten sie denn zu dritt auf das Klösterlein zu.

Die rundliche Demoiselle schielte mit lustigen Äuglein mehrmals nach dem neuen Freund und sagte leise zu ihrem würdigen Bruder: «Der Bursch' hat ein Gesicht wie Lilien und Rosen; auch ist seine Haut recht zart für einen Huronen!»

«Recht hast du schon, meine Liebe», flüsterte der Prior.

Sie stellten dem jungen Weltfahrer die eine und die andere Frage und wunderten sich, wie rasch und sicher er Bescheid gab.

Das Gerücht, im Klösterlein sei ein Hurone zu Gast, lief mit Windeseile durch die Nachbarschaft. Wer sich zur Gesellschaft zählte, mochte da nicht fernbleiben. Es kamen der Pfarrer Saint-Yves mit seiner Schwester, einer hübschen, wohlerzogenen Bretonin, ferner der Amtmann und der Steuereinnehmer mit ihren Eheliebsten. Man setzte den Gast zwischen die Damen Kerkabon und Saint-Yves. Alle betrachteten ihn neugierig, redeten auf ihn ein und setzten ihm mit Fragen zu. Er ließ es über sich ergehen, als hätte er sich wie Lord Bolingbroke das ‚Nil admirari' zum Wahlspruch genommen. Am Ende machte ihn das Gerede etwas wirr; da sagte er in aller Sanftmut, doch recht bestimmt: «Bei uns zu Hause, liebe Nachbarn, spricht immer einer nach dem andern; wie soll ich Ihnen antworten, wenn ich Sie nicht verstehen kann?»

Die Vernunft bringt die Menschen immer für ein paar Augenblicke zur Besinnung, und so schwiegen alle. Der Herr Amtmann, der die Fremden, wo er zu Gast war, in Beschlag nahm und es meisterlich verstand, sie auszuholen, tat zuerst wieder seinen Schnabel auf: «Wie heißen Sie eigentlich, junger Mann?»

«Man hat mich Treuherz genannt», sagte der Hurone. «Auch in England ließ man mir diesen Namen, weil ich immer frisch heraussage, was ich denke, und tue, was mir in den Sinn kommt.»

«Wie kamen Sie denn nach England, da Sie doch ein Hurone sind?»

«Man hat mich hingebracht. Ich wurde in einem Gefecht gefangen, nachdem ich mich tapfer gewehrt hatte. Die Engländer, die für Tapferkeit etwas übrig haben, weil das ihre eigene Art ist, und die meinen Freimut schätzten, ließen mir die Wahl, zu meinen Eltern zurückzukehren oder nach England zu kommen. Ich entschied mich hierzu, weil ich ums Leben gern andere Länder sehe.»

«Wie konnten Sie denn Ihre Eltern so einfach verlassen?» fragte der Amtmann mit richterlicher Strenge.

«Ich habe nie Vater und Mutter gekannt», antwortete der Gast, und alle wiederholten mit Bedauern: «Nie Vater und Mutter gekannt ...»

«Wir wollen ihm die Eltern ersetzen!» sagte die Demoiselle Kerkabon zu ihrem Bruder, «wie interessant ist doch dieser Hurone!»

Treuherz dankte ihr stolz und herzlich, fügte aber bei, er habe keine Bedürfnisse.

«Ich wundere mich», fuhr der Amtmann in seinem Verhör fort, «daß Sie so gut französisch sprechen. Das setzt doch niemand bei einem Huronen voraus.»

«Ein Franzose lebte als Gefangener bei uns, als ich

noch ein Kind war», berichtete Treuherz. «Ich war ihm sehr zugetan, und er lehrte mich seine Sprache; ich lerne leicht, was ich lernen will. In Plymouth wurde ich dann mit einem jener Franzosen bekannt, die man, ich weiß nicht warum, Hugenotten nennt; der brachte mich noch weiter. Sobald ich mich besser verständlich machen konnte, kam ich hierher. Ich mag die Franzosen gut leiden, wenn sie mir nicht zu viel Fragen stellen.»

Dieser Bemerkung zum Trotz fragte ihn der Pfarrer Saint-Yves weiter, welche Sprache ihm am besten gefalle, Huronisch, Englisch oder Französisch.

«Huronisch natürlich», sagte der Fremde.

«Ist nicht möglich!» rief die Demoiselle Kerkabon. «Französisch ist doch die schönste aller Sprachen, Bretonisch natürlich ausgenommen.»

Nun fragten sie den Gast um die Wette, wie man auf huronisch den Tabak benenne; er antwortete: «Taya»; wie man für essen sage; er erwiderte: «essenten.» Die Demoiselle Kerkabon wollte wissen, ob es auch ein Wort für Liebe gebe, und er sagte: «Trovander.» Er behauptete mit einigem Recht, diese Worte seien zum mindesten so schön wie die entsprechenden französischen oder englischen. «Trovander» gefiel allen ausnehmend gut.

Der Prior besaß eine huronische Sprachlehre, die ihm einmal ein Missionar geschenkt hatte. Er lief in sein Studierzimmer, um sie nachzuschlagen, und kam vor Freude außer Atem zurück; er war nunmehr überzeugt, daß der Hurone echt sei. Man stritt sich über die Verschiedenheit der Sprachen und kam überein, ohne die dumme Geschichte mit dem Turm zu Babel spräche schon die ganze Welt französisch.

Der verhörlustige Amtmann, der dem Fremdling nicht recht getraut hatte, bezeigte ihm nun unumwundene Hochachtung, unterhielt sich mit ihm sehr höflich, ohne daß zwar der Hurone den Unterschied bemerkt hätte.

Fräulein Saint-Yves zeigte sich begierig, zu erfahren, wie man es im Land der Huronen mit der Liebe halte; der Gast antwortete: «Man verrichtet edle Taten, um denen zu gefallen, die Ihnen gleichen.»

Alle zollten ihm Beifall. Fräulein Saint-Yves errötete beglückt. Auch die Demoiselle Kerkabon wurde rot; doch verdroß es sie ein wenig, daß jenes Kompliment nicht an sie gerichtet war. Sie war aber zu gutmütig, als daß sie das dem Huronen übel vermerkt hätte. Sie fragte ihn freundlich, wie viele Geliebte er im Land der Huronen gehabt habe.

Er sagte: «Ich hatte nur eine einzige. Das war Abacaba, die unzertrennliche Gefährtin meiner lieben Amme. Die Binsen waren nicht so schlank gewachsen, das Wiesel im Winterkleid nicht so weiß, die Lämmer nicht so sanftmütig, die Adler nicht so stolz und die Hirsche liefen nicht so leicht wie sie. Einmal verfolgte sie einen Hasen, etwa fünfzig Meilen von unserer Behausung; ein ungezogener Algonkine, der hundert Meilen weiter zu Hause war, raubte ihr das Häslein. Als ich es erfuhr, rannte ich ihm nach, brachte ihn mit einem Keulenschlag zu Fall und schleppte ihn mit gebundenen Händen und Füßen herbei. Die Verwandten der Abacaba wollten ihn verspeisen; da ich aber nie Geschmack an solchen Schmäusen hatte, ließ ich ihn laufen, und er wurde mein Freund. Das hat Abacaba so sehr gerührt, daß sie mich vor allen bevorzugte. Sie liebte mich noch, hätte sie nicht ein Bär gefressen. Ich habe ihn zur Strafe getötet und seinen Pelz getragen; aber getröstet hat mich das wenig.»

Bei dieser Erzählung empfand das Fräulein Saint-Yves ein geheimes Vergnügen, daß der Hurone nur eine einzige Geliebte gehabt habe und daß diese nicht mehr lebte. Aber sie war sich über die Ursache ihres Vergnügens nicht klar. Alle schauten Treuherz an und lobten ihn, daß er seine Kameraden daran verhindert hatte, einen Algonkinen zu verzehren.

Der Herr Amtmann, der das Verhören nicht lassen konnte, wollte wissen, zu welchem Glauben sich der Gast bekenne, ob zur anglikanischen oder zur gallikanischen Kirche oder zu jener der Hugenotten.

«Ich bleibe bei meinem Glauben, wie ihr beim eurigen», antwortete der Hurone.

«Ach du lieber Gott!» rief da die Demoiselle Kerkabon. «Diese unglückseligen Engländer haben wohl ganz versäumt, ihn zu taufen!»

«Wie ist es denn möglich», meinte das Fräulein Saint-Yves, «daß die Huronen nicht katholisch sind?

Haben sie denn die hochwürdigen Herren Jesuiten noch nicht bekehrt?»

Der Gast versicherte, es gebe in seinem Lande nichts zu bekehren; nie habe ein wahrer Hurone seinen Glauben gewechselt; in ihrer Sprache kenne man nicht einmal ein Wort für Unbeständigkeit. Das gefiel wiederum dem Fräulein recht wohl.

«Wir wollen ihn taufen und werden ihn taufen!» rief die Demoiselle Kerkabon. «Das wäre eine Ehre für dich, lieber Bruder, und ich will die Patin sein. Der Herr Pfarrer Saint-Yves wird ihn zum Taufstein führen; das muß eine prächtige Feier werden. In der ganzen Bretagne wird man von nichts anderm reden; das bringt uns sicher Ehre und Ruhm ein.»

Alle waren begeistert und riefen durcheinander: «Getauft muß er werden!»

Der Hurone bedeutete ihnen aber, in England lasse man die Leute nach ihrem Willen leben; er sei durchaus nicht einverstanden. Der Glaube der Huronen sei nicht schlechter als jener der Bretonen; da reise er lieber gleich wieder zurück.

Zum Abschied leerte man den Rest seiner Kürbisflasche; dann suchten alle ihr Lager auf. Als man den Gast in sein Zimmer geführt hatte, konnten es die Damen nicht unterlassen, durch das große Schlüsselloch zu spähen, um zu erfahren, wie die Huronen schliefen; sie sahen, wie der Gast die Decke auf dem Fußboden ausbreitete und, in sie gehüllt, in schöner, lässiger Haltung einschlief.

ZWEITES KAPITEL

Treuherz, der Hurone, wird von seinen Verwandten erkannt

Nach seiner Gepflogenheit erwachte der Hurone mit der Sonne und dem Hahnenschrei. Er gehörte nicht zu jener guten Gesellschaft, die sich, bis die Sonne die Hälfte ihrer Bahn zurückgelegt hat, im Bette wälzt, die sich weder auf das Einschlafen noch auf das Erwachen versteht, die kostbare Stunden in einem Zustand zwischen Tod und Leben verliert und dann klagt, das Leben sei zu kurz.

Schon hatte er seine zwei, drei Meilen zurückgelegt, an die dreißig Stück Wildbret mit der Kugel erlegt und begrüßte nun im Gärtchen den Herrn Prior und seine kluge Schwester in ihrem Nachthäubchen beim Morgenspaziergang. Er schenkte ihnen seine Jagdbeute. Dann zog er unter seinem Hemd ein Amulett hervor, das er auf der Brust trug, und bat sie bescheiden, es zum Dank für die erwiesene Gastfreundschaft anzunehmen.

«Ich besitze nichts Wertvolleres», sagte er. «Man hat mir gesagt, es werde mir Glück bringen. Nun schenke ich es Ihnen; leben Sie immer glücklich damit!»

Die Geschwister lächelten gerührt über seine Einfalt. Das Amulett bestand aus zwei Miniaturbildern ohne sonderlichen Wert, die durch einen verschwitzten Lederriemen zusammengehalten wurden.

Die Demoiselle wollte wissen, ob es bei den Huronen auch Maler gebe.

«Das nicht», sagte der Gast, «ich habe das seltene Stück von meiner Amme bekommen; ihr Mann hat es erbeutet, als wir gegen Franzosen aus Kanada Krieg führten ... Das ist alles, was ich darüber weiß.»

Der Prior besah sich die Bilder recht aufmerksam, erbleichte, wurde aufgeregt, seine Hände zitterten.

«Bei unserer Lieben Frau vom Berglein!» rief er, «das muß mein lieber Bruder, der Hauptmann, mit seiner Frau sein!»

Da prüfte auch die Demoiselle die Miniaturen mit aller Sorgfalt und kam zum nämlichen Schlusse.

Beide wurden von Verwunderung, Freude und Schmerz zugleich ergriffen. Sie weinten vor Rührung, ihr Herz klopfte; sie rissen sich die Bilder aus den Händen, betrachteten abwechselnd die Miniaturen und den Huronen, fragten ihn nacheinander und gleichzeitig, wo, wann und wie diese Porträts in die Hände seiner Amme gekommen seien; sie rechneten nach, wie lange Zeit seit der Abreise des Hauptmanns verstrichen sei, und erinnerten sich, daß sie erfahren hatten, er sei bis ins Land der Huronen gelangt, und seither nie wieder von ihm gehört hatten.

Der Gast hatte erzählt, er habe Vater und Mutter nicht gekannt. Der Prior stellte fest, daß ihm ein flaumiger Bart am Kinn sproß; er wußte wohl, daß das bei den Huronen nie der Fall ist.

«Also muß er der Sohn eines Europäers sein», schloß er ... «Mein Bruder und seine Frau sind seit dem Feldzug von 1669 verschollen ... Gerade damals wurde wohl mein Neffe geboren. Seine huronische Nährmutter hat ihn gerettet und ihn als Kind lieb gewonnen.»

Sie überlegten alles Für und Wider, und die letzten Zweifel schwanden; der Gast mußte ihr Neffe sein. Sie drückten ihn ans Herz und vergossen gerührte Tränen. Treuherz lachte dazu; er konnte sich nicht denken, daß ein Hurone der Neffe eines bretonischen Geistlichen sei.

Nun kamen auch die andern in den Garten. Der Pfarrer Saint-Yves, der sich für einen Physiognomiker hielt, verglich die Bilder mit dem Gesicht des Huronen, fand, er habe die Augen seiner Mutter, die Nase und die Stirn des seligen Hauptmanns von Kerkabon, und seine Wangen glichen denen beider Eltern.

Fräulein Saint-Yves hatte die beiden niemals gesehen, war aber sofort überzeugt, daß er ihnen vollkommen gleiche. Alle bestaunten die Wege der Vorsehung und die seltsame Verkettung der Geschehnisse. Niemand zweifelte mehr an der Verwandtschaft; auch der Gast wandte nichts mehr dagegen ein, als Neffe eines Priors zu gelten; er erklärte, er sei ihm als Onkel so recht wie jeder andere.

Alle begaben sich in die Kirche, um Gott für seine weisen Ratschlüsse zu danken; nur der Hurone blieb zu Hause und stärkte sich durch einen guten Schluck nach all dem Erlebten.

Die Engländer, mit deren Schiff er gekommen war, wollten ihn abholen, da sie die Anker lichteten.

«Ihr habt wohl nicht wie ich», sagte er ihnen, «Onkel und Tante gefunden. Ich bleibe... Kehrt nach Plymouth zurück; was ich auf dem Schiff ließ, mögt ihr behalten. Das brauch' ich alles nicht mehr, da ich nun einen Prior zum Onkel habe.»

Darauf setzten die Engländer ihre Segel und kümmerten sich nicht weiter um ihn.

Nachdem der neugebackene Onkel mit seinen Freunden ein Tedeum gesungen und der Herr Amtmann noch eine erkleckliche Reihe von Fragen gestellt, nachdem man sich lange nicht von Verwunderung und Freude erholt hatte, kamen der Prior und der Pfarrer überein, ihren Schützling so bald als möglich zu taufen. Das ist bei einem zweiundzwanzigjährigen Huronen nicht so einfach wie bei einem Neugeborenen, der nichts davon weiß, daß man ihn von der Erbsünde losspricht. Man mußte ihn also unterrichten, und das mußte gründlich überlegt werden; der Pfarrer Saint-Yves war der Meinung, wer nicht in Frankreich geboren sei, habe keinen Verstand.

Doch der Prior gab der Gesellschaft zu verstehen, obwohl sein Neffe nicht so glücklich sei, in der Bretagne das Licht der Welt erblickt zu haben, habe er doch einen trefflichen Verstand. Das habe jeder aus seinen klugen Antworten ersehen; gewiß habe ihn die Natur sowohl von der väterlichen wie von der mütterlichen Seite begünstigt.

Man fragte ihn, ob er schon Bücher gelesen habe. Er sagte, Rabelais sei ihm aus einer englischen Übersetzung bekannt; auch habe er einige Stücke aus Shakespeare auswendig gelernt. Diese Bücher hätten dem Schiffskapitän gehört, mit dem er von Amerika nach Plymouth gesegelt sei, und sie hätten ihm viel Spaß gemacht.

Der Amtmann konnte es nicht unterlassen, ihn darüber auszufragen.

«Ich muß gestehen», sagte der Hurone, «einiges habe ich erraten; aber den Rest habe ich nicht verstanden.»

Der Pfarrer Saint-Yves dachte sich im stillen, es sei ihm eigentlich nie viel anders gegangen, und die meisten Leute pflegten so zu lesen.

«Aber die Bibel haben Sie doch gelesen?» warf er ein.

«Niemals, Hochwürden», entgegnete der Hurone, «die fand sich nicht unter den Büchern des Kapitäns; ich habe auch nie von ihr sprechen gehört.»

«Da sieht man wieder diese verflixten Engländer!» rief die Demoiselle Kerkabon erzürnt. «An einem Stück von Shakespeare, einem Plumpudding und einer Flasche Rum ist ihnen mehr gelegen als an allen fünf Büchern Mose. Darum haben sie es auch nie fertiggebracht, die Indianer zu bekehren ... Gott hat sie verflucht, und wir werden ihnen Jamaika und Virginien wieder abnehmen, und, das hoff' ich, recht bald.»

Man ließ den besten Schneider von Saint-Malo kommen; der sollte den Huronen vom Kopf bis zu den Füßen neu kleiden. Dann trennte sich die Gesellschaft. Der Amtmann fragte die Leute wieder anderswo aus. Das Fräulein Saint-Yves blickte mehrmals zurück, um nach dem Neffen des Priors zu sehen; der verbeugte sich jedesmal so tief, wie er das seiner Lebtage noch nie getan hatte.

Der Amtmann ergriff die Gelegenheit, ihr vor dem Abschied seinen langen Lümmel von Sohn vorzustellen, der eben aus der Lateinschule kam. Doch schenkte sie ihm keine Beachtung, so sehr lag ihr die Höflichkeit des Huronen im Sinn.

DRITTES KAPITEL

Treuherz bekehrt sich

Der Prior, der wohl spürte, wie er jeden Tag älter wurde, dachte sich, Gott habe ihm einen Neffen zum Trost geschickt, damit er diesem eines Tages seine Pfründe überlassen könne, wenn sich der junge Mann taufen lasse und die Weihen empfange.

Der bewies ein vorzügliches Gedächtnis. Seiner bretonischen Abstammung und der frischen Luft Kanadas verdankte er einen guten Kopf, der vieles auszuhalten vermochte; wenn man da etwas mit dem Griffel hineinschrieb, so war es nicht mehr auszuwischen. Nie vergaß er wieder etwas. Er faßte um so leichter und schärfer auf, als man ihn in seiner Kindheit nie mit unnützen und törichten Dingen vollgepfropft hatte, wie sie unsere Jugend beschweren; sein Gehirn war wolkenlos und heiter. Der Prior durfte ihn bald ins Neue Testament einführen. Das gefiel Treuherz ausnehmend gut. Da er aber nicht wußte, wann und wo sich diese Geschehnisse zugetragen hatten, glaubte er, es sei vor kurzem und in der Bretagne gewesen. Er schwur, er werde Kaiphas und Pilatus Nase und Ohren abschneiden, sollten ihm diese Schurken je über den Weg laufen.

Der Onkel freute sich über diese guten Absichten

und klärte ihn rasch auf; er lobte seinen Eifer, ermahnte ihn jedoch, seinen Zorn zu mäßigen, denn jene Leute seien seit siebzehnhundert Jahren tot. Bald wußte der Hurone das Neue Testament fast auswendig und fand Widersprüche heraus, die dem Prior oft Mühe machten. Da mußte dann der Pfarrer Saint-Yves in die Lücke springen, und wenn auch der keinen Rat mehr wußte, zogen sie einen Jesuitenpater bei, um die Bekehrung zu vollenden.

Endlich kam es mit der Gnade Gottes so weit, daß sich der Hurone bereit erklärte, das Christentum anzunehmen. Wohl meinte er, er müsse erst beschnitten werden; denn, sagte er: «In dem Buch, das Ihr mich lesen laßt, sehe ich keinen, der nicht beschnitten wäre; also muß ich wohl die Vorhaut zum Opfer bringen, je früher um so besser.» Er fackelte nicht lange, sondern ging zu einem Wundarzt und bat ihn, den Eingriff vorzunehmen; damit glaubte er, der Demoiselle Kerkabon und ihren Freunden einen großen Gefallen zu tun. Da aber der Arzt noch nie eine Beschneidung vorgenommen hatte, fragte er zuerst die Familie an, die darüber in große Aufregung geriet. Die gute Tante zitterte, ihr Neffe, der so rasch und draufgängerisch war, werde die Operation vielleicht allein versuchen und das könnte traurige Folgen haben, an denen die Damen in ihrer Herzensgüte immer lebhaften Anteil nehmen.

Der Prior war dann um die nötige Aufklärung des Huronen besorgt; er sagte, die Beschneidung sei längst aus der Mode und die Taufe viel milder und heilbringender; jetzt herrsche das Gesetz der Gnade und nicht mehr die alte Strenge. Der Hurone, der sehr verständig und aufrichtig war, disputierte lange, sah aber dann seinen Irrtum ein, was bei dogmatischen Streitigkeiten selten genug ist; kurz, er versprach, sich taufen zu lassen, sobald man Lust dazu habe.

Zuerst mußte er freilich beichten, und das war wiederum nicht leicht. Immer noch trug er das Buch bei sich, das ihm der Onkel geschenkt hatte, und darin stand von keinem Apostel zu lesen, daß er je gebeichtet habe. Das widerlegte ihm der Prior, indem er auf die Worte der Epistel Jacobi hinwies, wo es heißt: «Beichtet einer dem andern!», jene Stelle, die alle Ketzer so sehr verdrießt. Da beichtete er dann einem Kapuziner, zerrte ihn aber nachher aus dem Beichtstuhl heraus, hielt ihn mit eisernen Armen fest, setzte sich an seinen Platz, drückte ihn auf die Knie nieder und sagte: «Lieber Freund, jetzt ist die Reihe an dir, denn es heißt: Beichtet einer dem andern!» Und damit drückte er sein Knie auf die Brust des Gegners, der aufschrie, daß es durch die Kirche hallte. Man sprang herbei und sah den Mönch in den Händen des Täuflings, der ihn im Namen Jacobi zur Beichte zwingen wollte. Doch war man so stolz, einen Huronen und halben Engländer taufen zu können, daß man über den kleinen Zwischenfall hinwegsah. Es gab sogar Theologen, die der Meinung waren, die Beichte sei nicht nötig, da die Taufe ohnehin alle Sünden wegwasche.

Man setzte also einen Tag mit dem Bischof von Saint-Malo fest, der sich sehr geschmeichelt fühlte, einen Indianer taufen zu dürfen. Er kam in feierlichem Staat mit andern geistlichen Herren herbei. Fräulein Saint-Yves dankte Gott und zog ihre besten Kleider an, ließ auch die feinste Coiffeuse aus der Stadt kommen, um gute Figur zu machen. Auch der fragelustige Amtmann eilte mit allen seinen Leuten herbei. Die Kirche war festlich geschmückt; aber als man den Huronen herbeiholen wollte, war er nirgends zu finden.

Der Onkel und die Tante machten sich auf die Suche. Man vermutete, er sei auf die Jagd gegangen. Alle Gäste durchstöberten den Wald und die nächsten Dörfer; nirgends war eine Spur zu entdecken. Schon fürchtete man, er sei nach England zurückgekehrt; man erinnerte sich, wie er oft von seiner Vorliebe für dieses Land gesprochen hatte. Der Prior und seine Schwester waren überzeugt, daß man dort niemand taufe, und zitterten schon um sein Seelenheil. Der Bischof war bestürzt und wollte schon heimkehren. Der Prior und der Pfarrer Saint-Yves taten ganz verzweifelt. Der Amtmann fragte alle, die vorbeigingen, mit seinem gewohnten Ernst aus. Die Demoiselle weinte; Fräulein Saint-Yves weinte zwar nicht, aber seufzte tief, so daß es schien, es sei ihr an den heiligen Sakramenten viel gelegen; traurig gin-

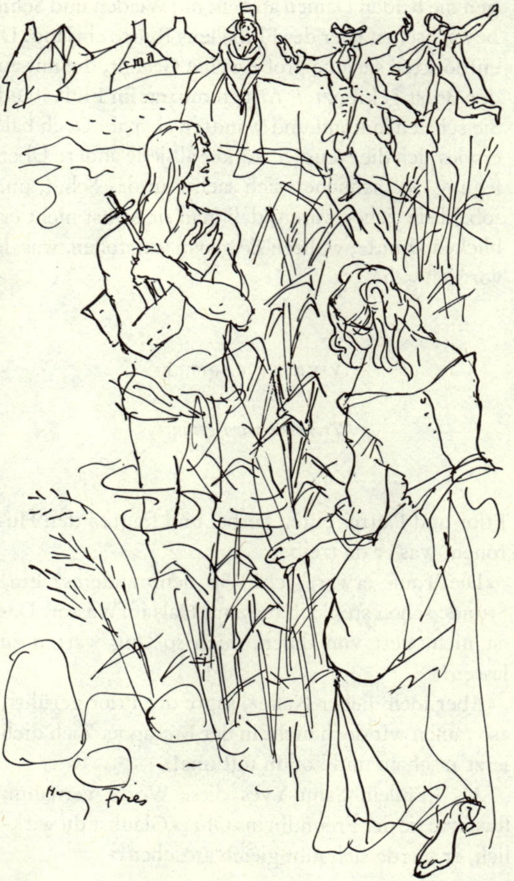
Hanny Fries

gen die beiden Damen an dem mit Weiden und Schilf
bewachsenen Ufer des Flüßchens Rence entlang. Da
entdeckten sie eine große weiße Gestalt, die mit auf
der Brust gekreuzten Armen mitten im Fluß stand.
Sie schrien laut auf und wandten sich ab. Doch bald
erwies sich die Neugier stärker als jede andere Überlegung; sie schlichen sich sachte in das Schilf, und
sobald sie sicher waren, daß man sie selbst nicht erblicken konnte, wollten sie genau feststellen, was da
vor sich gehe.

VIERTES KAPITEL

Treuherz wird getauft

Prior und Pfarrer eilten herbei und fragten den Huronen, was er da treibe.

«Die Taufe erwart' ich! Was denn anderes? Eine
Stunde schon steh' ich bis zum Hals im Wasser. Das
ist nicht nett von Ihnen, mich so lang warten zu
lassen!»

«Aber mein lieber Neffe», sagte der Prior gerührt,
«so taufen wir doch nicht in der Bretagne. Zieh dich
jetzt rasch an und komm mit uns!»

Als Fräulein Saint-Yves diese Worte vernahm,
flüsterte sie der Freundin ins Ohr: «Glaubst du wirklich, er werde sich nun gleich anziehen?»

Indessen sprach der Hurone kopfschüttelnd zum Prior: «Diesmal lasse ich mir nichts weismachen wie das erstemal, lieber Onkel. Ich habe seither alle Stellen nachgesehen und weiß genau, daß man so und nicht anders tauft. Der Eunuch der Königin Candaces wurde in einem Bach getauft; da wette ich, was du willst; schau nur nach. Entweder laß' ich mich gar nicht taufen oder wie's im Evangelium steht, nämlich hier im Fluß.»

Er ließ sich nicht einreden, der Brauch habe sich seither geändert; er blieb als Bretone und Hurone hartnäckig auf seiner Meinung bestehen. Immer wieder kam er auf seinen Eunuchen zurück, und obwohl seine Tante und das Fräulein, die ihn durch die Weiden genau hatten sehen können, ihm mit Recht sagen konnten, das Beispiel eines solchen Mannes gelte nicht für ihn, fanden sie es besser, zu schweigen: so taktvoll waren sie! Auch der Bischof kam und wollte ihm zureden, und das will etwas heißen; aber es war umsonst, der Hurone stritt sich auch mit ihm herum.

«Zeigen sie mir doch in dem Buch, das mir mein Onkel geschenkt hat, einen einzigen Mann, der anders als im Flusse getauft worden ist, und ich bin gleich zu Ihren Diensten.»

Die Tante hatte wohl gemerkt, wie sich schon an jenem ersten Tag ihr Neffe vor niemand so tief verneigt hatte wie vor dem Fräulein Saint-Yves; nicht einmal seine Gnaden den Bischof hatte er so ehrerbietig und zugleich herzlich begrüßt. Das brachte sie darauf, die Hilfe des Fräuleins in Anspruch zu nehmen, um dieser Verlegenheit Herr zu werden; vielleicht konnte es ihr Zuspruch erreichen, daß der Hurone sich bretonisch taufen ließ. Denn sie glaubte, ihr Neffe könne nie ein Christ werden, wenn er darauf bestehe, im fließenden Wasser getauft zu werden.

Das Fräulein errötete vor geheimem Stolz, als es mit einem solchen Auftrag betraut wurde. Sie trat mit feinem Anstand zu dem Huronen heran und drückte ihm zart die Hand: «Wollen Sie mir nichts zuliebe tun?» sagte sie leise, indem sie die Augen niederschlug und ihn dann wieder anblickte.

«Für Sie, mein liebes Fräulein, tu' ich alles, was Sie mir befehlen. Da laß' ich mich mit Wasser oder Feuer oder Blut taufen. Es gibt nichts, was ich Ihnen abschlagen könnte.»

So gelang dem hübschen Fräulein mit zwei Worten, was weder die Zureden des Priors noch die Fragen des Amtmanns noch die Gottesgelehrtheit des würdigen Bischofs bewirkt hatten. Sie fühlte ihren Triumph wohl, wußte aber noch nicht, wie groß er war.

Die Taufe ging nun mit allem nur wünschbaren Anstand, mit Feierlichkeit und Pracht vor sich. Onkel und Tante überließen dem Pfarrer Saint-Yves und seiner hübschen Schwester die Würde der Paten, und das erfüllte das Fräulein mit besonderer Freude. Sie wußte nicht, was für Opfer dieser Titel von ihr verlangte. Sie nahm die Ehrung an, ohne ihre verhängnisvollen Folgen zu kennen.

Da zu jeder kirchlichen Feier ein großer Schmaus gehört, setzte man sich nach der Taufe gleich zu Tisch. Die bretonischen Spaßvögel versicherten, man dürfe den Wein nicht taufen. Der Prior führte den Spruch Salomons an: «Der Wein erfreut des Menschen Herz.» Der Herr Bischof fügte hinzu, der Erzvater Juda habe sein Eselfüllen an einen Weinstock gebunden und seinen Mantel in Traubenblut getaucht, und es sei schade, daß man das in der Bretagne nicht tun könne, da Gott ihr die Reben versagt habe. Jeder fand ein Scherzwort über die Taufe des Huronen und ein Kompliment für die Patin. Immer wieder kam der Amtmann mit seinen Fragen; er wollte wissen, ob der Hurone gedenke, sein Gelübde zu halten.

«Wie sollte ich es nicht halten», sprach er feierlich, «da ich es doch in die Hand des Fräuleins abgelegt habe?» Er trank ausgiebig auf das Wohl seiner Patin.

Dem Täufling wurde warm ums Herz. «Wäre ich von Ihrer Hand getauft worden», sagte er zu ihr, «so hätte mich das Wasser, das man mir auf den Kopf goß, wie Feuer gebrannt.»

Dem Amtmann kam das zu poetisch vor; er wußte nicht, wie verbreitet in Kanada die bildliche Ausdrucksweise ist. Doch die junge Patin fand es wunderbar.

Man hatte den Huronen auf den Namen Herkules

getauft. Mehrmals erkundigte sich der Bischof, was das für ein Heiliger wäre; er habe nie von ihm reden hören. Der gelehrte Jesuit meinte, das sei ein Heiliger, der zwölf Wunder getan habe; von dem dreizehnten, das er in einer Nacht mit fünfzig Jungfrauen vollbracht hatte, erzählte er freilich nichts. Doch machte ein Spaßvogel eine Anspielung darauf; die Damen schlugen die Augen nieder und dachten, nach seinem Äußeren zu schließen, könnte sich der neue Herkules seines Patrons würdig erweisen.

FÜNFTES KAPITEL

Treuherz verliebt sich

Seit der Taufe und dem Taufschmaus wünschte das schöne Fräulein leidenschaftlich, der Bischof möchte sie mit dem neuen Herkules durch ein noch schöneres Sakrament verbinden. Doch war sie zu zurückhaltend und zu gut erzogen, um sich ihre Gefühle einzugestehen; wenn ein Blick, ein Wort, eine Gebärde ihre Gedanken hätte verraten können, hüllte sie sich gleich in den Schleier einer ungemein lieblichen Scham. Sie war zärtlich, feurig und sittsam.

Gleich nach der Abfahrt des Bischofs trafen sich der Hurone und Fräulein Saint-Yves, ohne sich bewußt zu sein, daß sie sich suchten. Sie sprachen, ohne vorher zu wissen, was sie sich sagen würden. Treuherz versicherte ihr zuerst, er liebe sie von ganzem Herzen, und die schöne Abacaba, für die er daheim geschwärmt habe, könne sich mit ihr nicht messen. Das Fräulein erwiderte mit seiner gewohnten Sittsamkeit, er solle so bald wie möglich mit seinem Onkel und seiner Tante reden. Sie werde ihrerseits ihrem Bruder, dem Pfarrer, ein paar Worte sagen und sie hoffe auf allgemeine Einwilligung.

Treuherz glaubte, dazu sei keine Einwilligung eines andern vonnöten; es käme ihm lächerlich vor, jemand anders zu fragen, was man tun solle; seien sich zwei Liebende einig, so brauche es keinen dritten, um sie zusammenzubringen.

«Ich frage auch niemand, wenn ich frühstücken oder auf die Jagd gehn oder schlafen will. In der Liebe muß man wohl das Einverständnis dessen haben, den man begehrt; aber da ich weder meinen Onkel noch meine Tante heiraten will, brauche ich sie in dieser Sache nicht zu belästigen. Und Sie, mein liebes Fräulein, täten wohl daran, auch Ihren Bruder aus dem Spiel zu lassen.»

Die junge Bretonin gab sich alle Mühe, den Wildling von der Notwendigkeit der Sitte zu überzeugen. Es wäre da leicht zum ersten Liebeszwist gekommen, wäre es nicht an der Zeit gewesen, daß der Pfarrer Saint-Yves die Schwester nach Hause begleitete. Der Hurone ließ Onkel und Tante, die von der Feier

und dem Schmaus müde waren, zu Bette gehen; er
selber machte die halbe Nacht huronische Gedichte
auf die Geliebte. Gibt es doch kein Land der Erde,
wo nicht die Liebe im Menschen den Dichter erweckte!

Am Morgen nach dem Frühstück hielt ihm der
Onkel vor seiner Schwester, die sich tief gerührt
zeigte, folgende Rede: «Dem Himmel sei gedankt,
mein lieber Neffe, daß du nun in Ehren ein Christ
und Bretone geworden bist. Das ist aber noch nicht
alles. Ich werde allmählich alt. Das bißchen Land,
das dir mein Bruder hinterlassen hat, reicht nicht
weit. Doch hab' ich meine Pfründe und wenn du
die Weihen erhältst und geistlich wirst, wie ich
hoffe, kann ich sie dir übergeben. Dann hast du
ein sorgloses Leben und bist der Trost meines
Alters.»

Darauf entgegnete ihm der Neffe: «Lang mögest
du leben und dich deiner Pfründe freuen, mein lieber
Onkel. Doch weiß ich nicht, was das heißt: geistlich
werden. Mir ist alles recht, wenn ich das Fräulein
Saint-Yves zur Frau haben kann.»

«Was sind das für Geschichten, mein armer Neffe!
Liebst du denn das Fräulein so tief und aufrichtig?»

«Ja, lieber Onkel.»

«Aber das ist ja unmöglich! Du kannst sie auf keinen Fall heiraten!»

«Warum wäre das nicht möglich? Hat sie mir doch
beim Abschied so warm die Hand gedrückt und mir

versprochen, sie werde mich zum Mann verlangen. Und ich werde sie ganz bestimmt nehmen.»

«Es ist aber ausgeschlossen, sag' ich dir. Sie ist deine Patin, und es ist eine furchtbare Sünde, wenn eine Patin ihrem Patenkind die Hand drückt. Man darf seine Patin nicht heiraten, das ist wider göttliches und menschliches Recht.»

«Du machst dich lustig über mich, lieber Onkel. Warum sollte man seine Patin nicht heiraten dürfen, wenn sie jung und hübsch ist? In dem Buch, das du mir geschenkt hast, steht nichts davon, daß es unrecht sei, ein Mädchen zu heiraten, weil es geholfen hat, jemand aus der Taufe zu heben. Alle Tage tut man hierzulande eine Menge Dinge, von denen nichts in dem Buch steht, und andererseits hält man sich gar nicht an das, was darin zu lesen ist. Wenn man mir das Fräulein wegen der Taufe nicht geben will, entführe ich sie und lasse mich schleunigst enttaufen.»

Der Prior rang verzweifelt die Hände; seine Schwester weinte bittere Tränen.

«Lieber Bruder», sagte sie, «wir dürfen nicht zulassen, daß unser Neffe in Verdammnis falle. Der Papst, unser Heiliger Vater, wird ihm sicher Dispens gewähren, und dann kann er als guter Christ die Frau heimführen, die er haben will.»

Darauf gab ihr Treuherz einen herzhaften Kuß.

«Was ist das für ein lieber prächtiger Mann», sagte er, «der den jungen Leuten in ihren Liebesgeschichten so brav beisteht? Gleich geh' ich zu ihm und rede mit ihm.»

Man erklärte ihm, wer der Papst sei, und darüber wunderte sich der Hurone mehr als über alles andere.

«Von dem steht ja auch nichts in dem Buch, das du mir geschenkt hat. Da leben wir an der Küste der Nordsee, und ich soll das Fräulein verlassen, um die Erlaubnis, sie zu heiraten, von einem Herrn zu erwirken, der am Mittelmeer, hunderte von Meilen von hier, zu Hause ist und der eine ganz fremde Sprache spricht? Das ist lächerlich und unverständlich! Gleich geh' ich zum Pfarrer Saint-Yves, der nur ein paar Schritte von hier wohnt. Da steh' ich gut dafür, daß ich heut' noch mein Schätzchen heimführe.»

Noch hatte er nicht ausgeredet, als der Amtmann eintrat, der ihn wie immer fragte, wohin so eilig.

«Heiraten!» rief Treuherz im Galopp; in ein paar Minuten war er bei seiner schönen Bretonin, die noch im Morgenschlummer lag.

«Ach, mein lieber Bruder», seufzte die Demoiselle Kerkabon, «niemals wirst du erleben, daß der geistlich wird!»

Es gefiel dem Herrn Amtmann gar nicht, daß ein anderer das schöne Fräulein haben wollte; denn er gedachte es seinem Söhnchen zu verloben, das noch dümmer und unerträglicher war als er selber.

SECHSTES KAPITEL

Treuherz eilt zu seiner Geliebten und gerät in Wut

Kaum hatte der Wildling von einer alten Magd vernommen, wo das Zimmer des Fräuleins sei, stieß er wuchtig die Türe auf und rannte auf das Bett zu. Sie schrickt auf und schreit: «Du bist es? Du selbst? Bleib, wo du bist! Was willst du?»

Und er ruft: «Heiraten will ich dich!»

Das hätte er auch gleich getan, hätte sie sich nicht als wohlerzogenes Mädchen mit aller Kraft dagegen gewehrt.

Der Hurone verstand keinen Spaß; all diese Umstände kamen ihm töricht vor.

«So hat mir Abacaba, mein Schätzchen von dazumal, nie mitgespielt. Du bist nicht aufrichtig! Du hast mir die Ehe versprochen und willst sie nicht vollziehen; das widerspricht dem einfachen Gebot der Ehre. Ich will dir beibringen, wie man Wort hält, und dich auf den Weg der Tugend zurückführen!»

Treuherz besaß eine Manneskraft, die seines Namenspatrons Herkules würdig war; er hätte von ihr den weitgehendsten Gebrauch gemacht, wären nicht auf die durchdringenden Schreie des Mädchens, das von Tugend andere Begriffe hatte, der Pfarrer mit seiner Haushälterin, ein alter Diener und ein Priester des Kirchspiels herbeigeeilt. Der Anblick dieser Leute mäßigte die Wut des Angreifers.

«Was soll das, Herr Nachbar? Was tun Sie hier?» schrie der Pfarrer.

«Nichts als meine Pflicht!» entgegnete Treuherz. «Ich habe einen heiligen Schwur getan, und den will ich halten.»

Das Fräulein rückt errötend ihr Nachtkleid zurecht. Man bringt Treuherz in die Wohnstube, wo ihm der Pfarrer begreiflich zu machen sucht, was er da Ungeheuerliches begonnen habe. Der Hurone beruft sich auf die Forderungen des Naturrechts, das ihm offenbar bekannt ist. Der Pfarrer suchte ihm den Vorrang des geschriebenen Gesetzes zu beweisen; ohne die Vereinbarung unter den Menschen müßte das Naturrecht zu natürlicher Räuberei ausarten. «Zum Heiraten braucht es Notare, Priester, Zeugen, Verträge und Dispense», erklärt er ihm. Dem stellt der Hurone die Überlegung entgegen, die man stets von den Söhnen der Wildnis vernimmt: Ihr müßt ja rechte Schurken sein, daß ihr soviel Vorsichtsmaßregeln nötig habt!

Es fiel dem Pfarrer nicht leicht, diese Schwierigkeit zu entwirren.

«Sicher gibt es bei uns viele Treulose und Schelme; doch wären es bei Euch zu Hause kaum weniger, lebtet ihr in großen Städten zusammen. Es gibt aber auch viele anständige, weise und gebildete Leute, und gerade zu deren Schutz wurden die Gesetze geschaffen. Je rechtlicher ein Mensch, um so eher unterwirft er sich dem Gesetz; damit gibt er den Lasterhaften ein Beispiel: sie achten den Zügel, den die Tugend sich selbst gegeben hat.»

Diese Einwände machten Treuherz nachdenklich. Er hatte, wie man bemerkt haben wird, ein gesundes Urteil. Durch Schmeichelworte stimmte man ihn milder, man machte ihm Hoffnungen; das sind die beiden Köder, mit denen man in der alten wie in der neuen Welt die Leute fängt. Er durfte sogar das Fräulein wieder sehen, nachdem ihre Toilette beendet war. Alles ging sehr schicklich zu; doch brachten es die funkelnden Augen des Huronen so weit, daß das Fräulein die seinen niederschlug und die Anwesenden es mit der Angst bekamen.

Es war nicht leicht, ihn zu seinen Verwandten zurückzuschicken. Nur das Fräulein brachte das fertig; je mehr sie fühlte, daß sie über ihn Macht hatte, um so lieber bekam sie ihn; sie ließ ihn also gehen, und das tat ihr wiederum leid. Als er draußen war, erwog der Pfarrer, der auch Vormund seiner Schwester war, was zu tun sei, um sich neuer Gewalttaten des schrecklichen Liebhabers zu erwehren. Er beriet sich mit dem Amtmann, der immer noch hoffte, das Fräulein mit seinem Schlingel von Sohn zu vermählen; der meinte, das arme Mädchen müsse in einem Kloster versorgt werden. Das war ein harter Schlag. Eine Gleichgültige, die man ins Kloster sperren will, würde ein Zetergeschrei erheben, nun gar eine Liebende, die ebenso sittsam wie zärtlich war – es war zum Verzweifeln!

Dem Prior erzählte der Hurone alles mit seiner gewohnten Freimütigkeit. Der machte ihm die nämlichen Vorhaltungen wie der Pfarrer, die sein Verstand zwar begriff, sein Gefühl aber ablehnte. Anderntags wollte er die Geliebte wieder aufsuchen, um mit ihr über das Naturrecht und das positive Recht zu diskutieren. Doch der Amtmann sagte ihm schadenfroh, sie sei jetzt in einem Kloster.

«Dann geh' ich zu ihr ins Kloster und rede mit ihr», sagte der Hurone.

«Das geht nicht!» entgegnete ihm der Amtmann und erklärte ihm des langen und breiten, was für eine Bewandtnis es mit einem Kloster habe; das komme nämlich vom lateinischen claustrum und bezeichne einen verschlossenen Ort, und da lasse man niemand ein, der nicht hineingehöre.

Als Treuherz begriffen hatte, daß ein Kloster nichts anderes sei als ein Gefängnis, in dem man Mädchen einsperrt, eine grauenvolle Einrichtung, die weder Huronen noch Engländer kennen, geriet er in Wut wie einst sein Patron Herkules, als ihm Eurytes, der König von Oechalien, die schöne Jole auf nicht minder grausame Art verweigerte. Er wollte das Kloster in Brand stecken, das Fräulein entführen oder mit ihr verbrennen. Seine Tante verlor jede Hoffnung, daß er je geistlich werde; weinend rief sie, er habe den Teufel im Leib, seit er getauft sei.

SIEBENTES KAPITEL

Treuherz schlägt die Engländer zurück

Treuherz versank in düstern Trübsinn; er ging mit seinem Jagdgewehr, den Hirschfänger zur Seite, dem Strand entlang, schoß ein paar Vögel und hätte am liebsten sich selber erschossen. Doch hing er immer noch am Leben, da auch das Fräulein noch lebte. Er verfluchte Onkel, Tante und die ganze Bretagne, vor allem aber seine Taufe, und dann segnete er wieder die nämlichen Dinge, da er durch sie zu seinem Liebchen gekommen war. Er war drauf und dran, das Kloster anzuzünden und hielt wieder seine Schritte an vor Angst, das Fräulein mitzuverbrennen. Die Fluten des Meeres waren nicht so von Ost- und Weststürmen aufgewühlt wie sein armes Herz von gegensätzlichen Regungen. So wanderte er ziellos umher. Da vernahm er Trommelwirbel. Er sah eine große Menschenmenge, die teils dem Strand zustrebte, teils von ihm zurückwich. Alles schrie vor Angst und Zorn. Mit Riesensprüngen eilte er dorthin, wo das Gedränge am stärksten war. Der Hauptmann der Landmiliz, mit dem er bei seinem Onkel gespeist hatte, erkannte ihn und lief ihm entgegen.

«Da ist unser lieber Hurone!» rief er, «der wird für uns kämpfen.» Und die Milizen stimmten ein und riefen: «Der Hurone ist da, der Hurone!»

«Was ist denn los?» fragte er ruhig, «was seid ihr so aufgeregt? Hat man vielleicht auch eure Schätzchen ins Kloster gesteckt?»

Da schrien alle vor Angst: «Siehst du denn nicht, wie die Engländer landen?»

«Warum denn nicht?» meinte Treuherz, «das sind doch nette Leute! Sie haben mir nie zugeredet, geistlich zu werden, sie haben mir nicht mein Liebchen entführt.» Der Hauptmann gab ihm zu verstehen, die Engländer kämen, um das Priorat zu plündern, den Wein seines Onkels zu trinken, vielleicht um das Fräulein Saint-Yves fortzuschleppen, und das kleine

Schiff, mit dem er selber angekommen sei, habe nur die Gelegenheit dazu ausgespäht. Solches unternähmen die Engländer, ohne nur dem König von Frankreich den Krieg zu erklären.

«Wenn dem so ist!» rief der Hurone, «so verstößt das gegen das Naturrecht. Ich will mit ihnen reden; ich verstehe ihre Sprache. Ich kann mir nicht denken, daß sie so niederträchtig sind.»

Indessen war das Geschwader näher gekommen. Der Hurone wirft sich in ein Boot, rudert darauf zu, besteigt das Admiralschiff und fragt, ob es wirklich wahr sei, daß sie das Land ohne anständige Kriegserklärung verwüsten wollen. Der Admiral und seine Leute lachen ihm ins Gesicht, geben ihm Punsch zu trinken und schicken ihn zurück.

Das kränkte Treuherz; nun sann er nur noch darauf, sich für seine neuen Landsleute und Verwandten zu schlagen. Von allen Seiten eilen Edelleute herbei. Er schließt sich ihnen an. Er lädt und richtet die Geschütze, die man herbeigebracht hat, und brennt eins ums andere los. Die Engländer landen; er schießt ein paar Soldaten nieder und verwundet den Admiral, der ihn verhöhnt hat. Seine Tapferkeit reißt die Milizen mit; die Engländer rennen in ihre Boote. Die ganze Küste hallt wider von den Rufen: «Sieg! Sieg! es lebe der König, es lebe der Hurone!» Alle drücken ihn ans Herz, verbinden seine Wunden. «Wäre das Fräulein Saint-Yves hier, legte sie mir den Verband an!»

Auch der Amtmann, der sich im Keller versteckt hatte, solange der Kampf tobte, kargte nicht mit Lobreden. Doch wie entsetzte er sich, als er vernahm, wie Herkules von Kerkabon ein Dutzend kampfbereite Leute sammelte und zu ihnen sprach: «Jetzt ist das Priorat von Feinden befreit; jetzt müßt ihr mir helfen, auch Fräulein Saint-Yves zu befreien!»

Dafür war die mutige Jungmannschaft gleich Feuer und Flamme. Ein Haufe lief hinter ihm her, gegen das Frauenkloster. Hätte der Amtmann nicht den Milizhauptmann benachrichtigt, wäre alles aus gewesen. So brachte man Treuherz zu Onkel und Tante zurück, die ihn mit Tränen der Rührung empfingen.

«Jetzt sehe ich ein, daß du nicht das Zeug dazu hast, geistlich zu werden!» rief der Prior. «Du bist zum Offizier bestimmt wie mein armer Bruder und wirst ein armer Teufel bleiben wie er.»

Seine Schwester weinte; sie umfaßte Treuherz und schluchzte: «Er wird ums Leben kommen wie sein Vater; wäre er doch lieber geistlich geworden!»

Beim Kampfe hatte der Hurone einen Beutel voller Guineen aufgelesen, den der Admiral hatte fallen lassen. Damit glaubte er, könne er die ganze Bretagne kaufen und Fräulein Saint-Yves zur großen Dame machen. Alle rieten ihm, sich in Versailles vorzustellen, um den Lohn für seine Dienste zu empfangen. Der Milizhauptmann und die andern Offiziere stellten ihm ein Zeugnis über sein Verhalten aus; auch Onkel und Tante lobten seinen Entschluß. Ihr Neffe mußte vom König empfangen werden; das brächte ihn rasch zu Ruhm und Ansehen. Die Geschwister vermehrten das in dem Beutel gefundene Geld um ein rundes Sümmchen aus ihren Ersparnissen. Und der Hurone sagte sich im stillen: «Bin ich einmal beim König, so bitt' ich mir Fräulein Saint-Yves zur Frau aus; das kann er mir nicht abschlagen.» Dann machte er sich unter dem lauten Beifall seiner Landsleute auf den Weg; alle wollten ihn ans Herz drücken, die Tante winkte zum Abschied, der Onkel gab ihm seinen Segen, und er dachte an nichts als an sein Liebchen.

ACHTES KAPITEL

*Treuherz reist an den Hof und speist unterwegs
mit Hugenotten*

Treuherz fuhr mit dem Marktschiff die Loire aufwärts nach Saumur, weil es damals keine andere Reisemöglichkeit gab. Als er dort anlangte, wunderte er sich, daß er die Stadt verödet fand und mehrere Familien im Begriff waren, ihre Habseligkeiten zusammenzupacken. Er vernahm, die Stadt habe vor sechs Jahren noch fünfzehntausend Seelen gezählt;

jetzt seien es kaum sechstausend. Beim Abendessen im Wirtshaus brachte er das Gespräch darauf. Es saßen mehrere Protestanten am Tisch; die einen beklagten sich bitter, andere bebten vor Zorn, wieder andere sagten weinend: «Nos dulcia linquimus arva, nos patriam fugimus.»

Treuherz, der kein Latein verstand, ließ sich diese Worte erklären. Sie bedeuteten: «Wir verlassen unsere lieblichen Fluren, wir fliehen aus unserm Vaterland.»

«Warum flieht ihr denn aus eurem Vaterland, meine Herren?» fragte Treuherz.

«Weil man verlangt, daß wir den Papst anerkennen.»

«Und weshalb laßt ihr ihn nicht gelten? Ihr habt wohl keine Patinnen, die ihr heiraten möchtet? Mir hat man gesagt, er allein gebe dazu die Erlaubnis.»

«Wissen Sie denn nicht, daß der Papst behauptet, er sei der Herr über die Länder aller Könige?»

«Aber welchen Standes sind Sie denn, meine Herren?»

«Fast alle sind wir Tuchmacher und Fabrikanten.»

«Wenn sich also der Papst zum Herrn über eure Tuchballen und Fabriken erklärte, hättet ihr recht, ihn nicht anzuerkennen. Handelt es sich aber um die Könige, so ist das deren Sache; was mischt ihr euch da hinein?»

Da ergriff ein kleiner Mann in Schwarz das Wort und erläuterte ihm sehr gelehrt die Beschwerden der Gesellschaft. Er sprach mit solchem Feuer über die Aufhebung des Ediktes von Nantes, beschrieb das Elend von fünfzigtausend flüchtigen Familien und von fünfzigtausend durch Dragonaden bekehrten Einwohnern mit so bewegten Worten, daß der Hurone Tränen vergoß.

«Wie soll man sich erklären», sagte er, «daß ein großer König, dessen Ruhm bis zu den Huronen gedrungen ist, sich so vieler Seelen beraubt, die ihn verehrt hätten, und so vieler Hände, die bereit wären, ihm zu dienen?»

«Weil man ihn getäuscht hat wie alle Könige», erläuterte ihm der kleine Mann in Schwarz. «Man hat ihm eingeredet, alle dächten sofort wie er, sobald er es befehle, und wir könnten unsern Glauben wechseln wie sein Kapellmeister Lully die Szenerien seiner Opern. So verlor er nicht nur viele Tausende nützlicher Bürger; er machte sie sich auch zu Feinden. Der König von England bildete aus solchen Franzosen mehrere Regimenter, die sonst für ihren König gekämpft hätten.

Das ist um so erstaunlicher, als der gegenwärtige Papst der erklärte Feind des Königs ist. Seit neun Jahren liegen sie in heftigem Streit. Das französische Volk hoffte, es werde schließlich das Joch zerbrechen, das es seit Jahrhunderten diesem Fremden unterwirft, dem es eine so harte Steuer entrichten muß. Man hat den König offenbar über seinen wirklichen Vorteil und die Grenzen seiner Macht getäuscht und die Großmut seines Herzens irregeleitet.»

Treuherz wurde von wachsendem Mitgefühl gepackt. Er erkundigte sich, was für Franzosen ihren Herrscher so hinter das Licht geführt hätten.

«Das sind die Jesuiten», bedeutete man ihm, «und vor allem der Père La Chaise, der Beichtvater des Königs. Gott möge sie für ihre Grausamkeit strafen; hoffentlich wird man sie einmal außer Landes jagen, wie man uns heute verjagt. Furchtbares müssen wir ausstehen, seit des Königs Minister Louvois uns seine Jesuiten und Dragoner auf den Hals schickt.»

«Meine Herren», sagte Treuherz, der sich nicht mehr beherrschen konnte, «ich reise nach Versailles, um die Belohnung für geleistete Dienste zu empfangen. Da will ich mit Herrn Louvois reden. Auch dem König werde ich klaren Wein einschenken; es ist nicht möglich, daß man sich der Wahrheit verschließt, wenn man sie fühlt. Dann kehre ich zurück, um Fräulein Saint-Yves zu heiraten, und lade euch alle zur Hochzeit ein.» Da hielten ihn viele für einen großen Herrn, der inkognito mit dem Marktschiff reiste. Andere meinten zwar eher, er sei der Hofnarr des Königs.

Am Tisch saß auch ein verkappter Jesuit, ein Spion des Père La Chaise. Er erstattete diesem regelmäßig über alles Bericht, und der Beichtvater des Königs meldete es dann an den ersten Minister weiter. Der Spion schrieb auch jetzt einen Brief, der zugleich mit dem Huronen in Versailles eintraf.

NEUNTES KAPITEL

*Wie Treuherz in Versailles ankommt und bei Hofe
empfangen wird*

Im Küchenhof des Schlosses wurde Treuherz aus dem Postwagen abgesetzt. Er fragte einen der Sänftenträger, um welche Stunde der König zu sprechen sei; der lachte ihm ins Gesicht wie damals der englische Admiral. Das ließ sich der Hurone nicht bieten; er versetzte ihm eine brave Maulschelle, worauf sich die andern einmischten. Es wäre blutig ausgegangen, hätte nicht ein Bretone aus der Leibgarde das Pack davongejagt.

«Sie scheinen mir ein wackerer Mann; ich bin der Neffe des Priors von unserer Lieben Frau vom Berglein», sagte Treuherz zu ihm, «ich habe die Engländer aus der Bretagne verjagt und möchte nun mit dem König reden. Führen Sie mich bitte auf sein Zimmer!»

Der Leibgardist zeigt sich erfreut, einen Tapferen aus seiner Heimat zu sehen, der nicht zu wissen scheint, wie es bei Hofe zu und her geht. Er erklärt ihm, man käme nicht so leicht zum König; zuerst müsse man seinem Minister vorgestellt werden.

«Also, bitte, führen Sie mich zum Herrn Louvois!»

«Es ist fast noch schwieriger, zum Minister zu

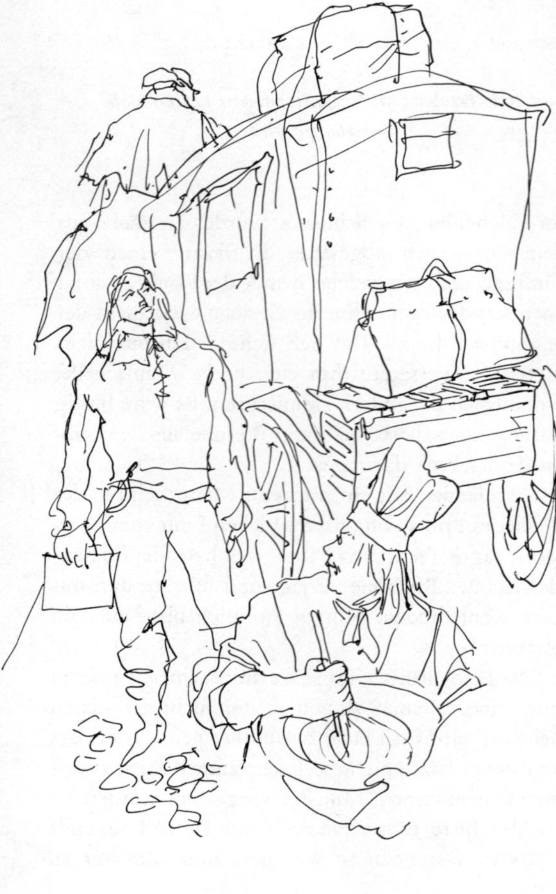

dringen als zu Seiner Majestät, dem König. Aber gehn wir zum Herrn Alexandre, seinem ersten Schreiber. Das ist gerade so gut, wie wenn wir den Minister sprächen.»

Also verfügen sie sich zum Herrn Alexandre, dem ersten Schreiber. Sie werden aber nicht vorgelassen, da der gerade eine Hofdame empfängt und befohlen hat, jedermann abzuweisen.

«Macht nichts», sagt der Leibgardist, «gehn wir zum ersten Schreiber des Herrn Alexandre; das ist gerade, als wenn wir den Herrn Alexandre selbst sprächen.»

Der Hurone folgt ihm verwundert; eine halbe Stunde warten sie in einem Vorzimmer.

«Was soll das heißen?» fragt Treuherz, «ist in diesem Lande ein jeder unsichtbar? Es ist ja leichter, die Engländer aus der Bretagne zu verjagen, als in Versailles die Leute zu sprechen, mit denen man zu tun hat.»

Um die Zeit zu vertreiben, erzählt er dem Landsmann seine Liebesgeschichte. Aber der Glockenschlag der Uhr rief den Gardisten wieder auf seinen Posten. Sie machen ab, sich am nächsten Tag zu treffen; der Hurone wartet allein eine weitere halbe Stunde, denkt dabei an sein Liebchen und wie schwer es ist, einen König oder einen ersten Schreiber zu sprechen.

Endlich erscheint der Geselle.

«Mein Verehrtester», sagt der Hurone, «hätte ich

so lange gewartet, um die Engländer zu schlagen, wie Sie mich auf meine Audienz haben warten lassen, so verwüsteten sie jetzt die Bretagne, und niemand könnte sie daran hindern.»

Der Schreiber macht ein langes Gesicht und fragt schließlich, was dem Herrn zu Diensten sei.

«Eine Belohnung», erklärt der Hurone und weist sein Zeugnis vor.

Das liest der Schreiber und sagt dann, man werde ihm erlauben, ein Leutnantspatent zu kaufen.

«Was? Geld soll ich dafür hergeben, daß ich die Engländer verjagt habe? Dafür bezahlen, daß ich mich für Sie totschießen lassen darf, während Sie in aller Ruhe Ihre Sprechstunden abhalten! Wollen Sie mich zum besten haben? Ich verlange das Kommando einer Schwadron, und das unentgeltlich; ich verlange, daß der König meine Braut aus dem Kloster befreit und mir erlaubt, sie zu heiraten; ich möchte den König sprechen wegen der fünfzigtausend Familien, die ich ihm erhalten möchte. – Mit einem Wort, ich will mich nützlich machen; eine Stelle will ich haben und vorwärtskommen.»

«Wie ist denn Ihr Name, mein Herr, daß Sie so hohe Töne anschlagen?»

«Haben Sie denn mein Zeugnis nicht gelesen?» schreit ihn Treuherz an. «Springt man hier so mit den Leuten um? Ich bin auf den Namen Herkules von Kerkabon getauft; ich wohne in der ‚Blauen Uhr‘ und werde mich über Sie beim König beschweren.»

Daraus schloß der Schreiber, es sei bei ihm nicht ganz richtig im Oberstübchen, und nahm die Sache nicht weiter ernst.

Am nämlichen Tag erhielt der hochwürdige Père La Chaise, der Beichtvater des Königs, den Brief des Spions aus Saumur, in dem zu lesen stand, der Bretone Kerkabon begünstige die Umtriebe der Hugenotten und mißbillige das Vorgehen der Jesuiten. Gleichzeitig hatte Louvois von dem verhörfreudigen Amtmann einen Brief bekommen, worin Treuherz als ein Taugenichts geschildert wurde, der Klöster anzünden und Mädchen entführen wolle.

Nachdem sich Treuherz etwas im Park ergangen, der ihm sterbenslangweilig vorkam, und dann zu Abend gespeist hatte, legte er sich voll der süßen Hoffnung nieder, er werde anderntags vom König empfangen, bekomme von ihm Fräulein Saint-Yves zur Frau, nebst einer Schwadron, und werde der Verfolgung der Hugenotten ein Ende machen.

In so herrliche Gedanken gewiegt, schlummerte er recht sanft, als die hohe Polizei in sein Zimmer trat. Sie bemächtigte sich zuerst einmal seiner Doppelflinte und seines großen Säbels.

Dann schrieb man auf, was er an Bargeld besaß, und führte ihn in ein anderes königliches Schloß. Karl der Fünfte, der Sohn Johannes des Zweiten, hatte es in Paris erbaut, und man nennt es die Bastille.

Was für Enttäuschungen mußte da der arme Hurone erleben! Es war wie ein böser Traum. Zuerst war er wie vor den Kopf geschlagen und konnte keinen Gedanken fassen. Dann brach ein wilder Zorn los; mit übermenschlicher Kraft faßt er zwei der Häscher an der Kehle und wirft sie zur Kutsche hinaus, stürzt ihnen nach und reißt den dritten mit sich, der ihn zurückhalten will. Er fällt zu Boden; man fesselt ihn und setzt ihn wieder in den Wagen. «Das hat man also davon», sagt er sich, «wenn man die Engländer aus dem Lande jagt. Was würdest du wohl sagen, mein schönes Fräulein Saint-Yves, sähest du mich in diesem Zustand?»

Endlich kommt man in seinem neuen Quartier an. Man trägt ihn in seine Zelle, wie man einen Toten auf den Gottesacker bringt. Hier empfängt ihn ein alter Einsiedler aus Port-Royal mit Namen Gordon, der da schon zwei Jahre schmachtet. «Ich bring' Gesellschaft», sagt der Anführer der Häscher. Und damit schiebt er die gewaltigen Riegel der dicken, mit starken Eisenbändern beschlagenen Tür vor. Die beiden Gefangenen blieben von der ganzen Welt getrennt.

ZEHNTES KAPITEL

Treuherz wird mit einem Jansenisten in der Bastille eingesperrt

Gordon war ein heiterer, rosiger Greis, der zwei seltene Dinge gelernt hatte: das böse Geschick zu ertragen und die Unglücklichen zu trösten. Er trat mit offenem Antlitz und mitleidigem Herzen auf den neuen Gefährten zu, drückte ihn ans Herz und sprach: «Wer du auch seist, der du mein Grab mit mir teilen mußt, zweifle nicht, daß ich nichts unterlassen werde, um dich in dem Höllenschlund zu trösten, der uns umschließt. Verehren wir die Vorsehung, die uns hierher geführt hat; ertragen wir alles mit friedvoller Seele, und hoffen wir auf Erlösung!»

Diese Worte fielen wie ein köstlicher Balsam in das Herz des Huronen. Es war ihm, als werde er dem Leben zurückgegeben; er schaute den neuen Freund lange mit weit offenen Augen an.

Durch seine freundlichen Worte und durch die Teilnahme, die er ihm als Leidensgefährten bezeugte, weckte Gordon in dem Huronen, ohne mit Fragen nach der Ursache seines Unglücks in ihn zu dringen, den Wunsch, sein Herz von der Last, die es bedrückte, zu erleichtern. Aber er konnte sich selbst sein Unglück nicht erklären; es schien ihm eine Wirkung ohne Ursache, und Gordon war darüber ebenso verwundert.

«Gott muß große Dinge mit dir vorhaben», erklärte er ihm dann, «daß er dich vom Ontariosee nach England und Frankreich geführt hat, dich in der Bretagne taufen ließ und zu deinem Seelenheil hierher brachte.»

«Begreif das, wer kann», entgegnete ihm der Hurone, «mir kommt es eher vor, der Satan habe da die Finger im Spiel. Meine Freunde in Kanada hätten gewiß nicht so niederträchtig an mir gehandelt; das wäre ihnen gar nicht in den Sinn gekommen. Man heißt sie zwar Wilde; doch sind sie hochanständige, wenn auch rauhe Menschen, und hierzulande find' ich nur abgefeimte Schufte. Ich bin freilich überrascht, daß ich so weit übers Weltmeer gekommen bin, um mit einem alten Geistlichen in einem Kerker zu schmachten. Wenn ich aber bedenke, welche Unmenge von Menschen übers Meer fahren, um im Krieg zu fallen, oder unterwegs Schiffbruch leiden und von den Fischen gefressen werden, kann ich nicht einsehen, welche gnädigen Absichten Gott mit ihnen gehabt haben soll.»

Auf einer Drehscheibe schob man ihnen das Essen herein. Sie unterhielten sich weiter über die göttliche Vorsehung, über die erschlichenen Haftbefehle, über die Kunst, den Schicksalsschlägen nicht zu erliegen.

«Ich liege seit zwei Jahren hier», sprach Gordon, «ohne einen andern Trost als meine Gedanken und meine Bücher, und bin doch keinen Augenblick mißmutig gewesen.»

«Da liebst du wohl keine Patin!» rief Treuherz. «Kenntest du das Fräulein Saint-Yves, wie ich es kenne, so wärest du verzweifelt.» Dann weinte er fassungslos, und damit wurde ihm weniger schwer ums Herz. «Wie kommt es denn», fragte er, «daß uns die Tränen das Gemüt leichter machen? Da wäre doch eher das Gegenteil zu erwarten.»

«Mein lieber Sohn, alles in uns ist körperlich bedingt, jede Ausscheidung entlastet den Körper, und was ihn erleichtert, tut der Seele wohl: wir sind Maschinen, die die Vorsehung konstruiert hat.»

Da der Hurone, wie der Leser weiß, einfach und

klar zu denken verstand, begriff er rasch, wie Gordon das gemeint hatte, und es kam ihm vor, als habe er sich schon Ähnliches überlegt. Er wollte auch wissen, warum sein Leidensgenosse schon so lange hinter Schloß und Riegel sitze.

«Durch die wirksame Gnade», gab ihm der zum Bescheid. «Man hält mich für einen Jansenisten. Ich war mit Arnauld und Nicole befreundet, und da waren die Jesuiten hinter uns her. Wir sind der Meinung, der Papst sei ein Bischof wie die andern auch. Da hat denn der Père La Chaise von seinem Beichtkind, dem König, den Befehl erwirkt, mir ohne jede Form des Rechts mein köstlichstes Gut, die Freiheit, zu rauben.»

«Ist das nicht seltsam», sagte darauf der Hurone, «treff' ich denn lauter Unglückliche, die es durch den Papst geworden sind?

Von deiner wirksamen Gnade begreife ich vollends nichts», fügte er dann hinzu. «Eine einzige Gottesgnade hab' ich erlebt, nämlich, daß ich einen Menschen traf, der mir süßen Trost spendet, wie ich ihn nie aus dem eigenen Herzen hätte schöpfen können.»

Ihre Gespräche wurden mit jedem Tag tiefgründiger. Ihre Seelen schmolzen in eins zusammen. Der Greis wußte viel; der Jüngling wollte vieles lernen. Mit Ernst ging er daran, die Grundlagen aller Wissenschaft zu erfassen. Auch die Mathematik wollte er erlernen; er begriff alles rasch und mühelos. Dann ging es hinter die Physik, die sie nach dem Lehrbuch eines Schülers von Cartesius studierten; Treuherz war scharfsichtig genug, darin nur unbewiesene Hypothesen zu entdecken.

Darauf machten sie sich hinter die Erkenntnislehre von Malebranche. Da ging ihm manches Licht auf.

«So lassen wir uns also von unserer Einbildung täuschen? Unsere Begriffe bilden sich also weder aus eigener Anschauung noch aus eigenem Denken?»

Der zweite Band machte ihn allerdings weniger glücklich; er schloß daraus, es sei leichter, ein Haus abzubrechen als eines aufzubauen.

Sein Leidensgenosse war erstaunt, daß ein ungelehrter junger Mann eine Bemerkung machte, die nur von einem geübten Denker zu erwarten war. Er bekam eine hohe Meinung von seinem Verstand und gewann ihn noch lieber.

«Ihr Malebranche», sagte Treuherz eines Tages zu ihm, «scheint mir die eine Hälfte seines Buches mit seinem Verstand und die andere mit seiner Phantasie und seinen Vorurteilen geschrieben zu haben.»

Ein paar Tage später fragte ihn Gordon, wie er über die Seele, die Entstehung unserer Gedanken, die Gnade und die Willensfreiheit denke.

«Gar nicht», antwortete Treuherz. «Wenn ich darüber nachdächte, so würde ich meinen, daß wir in der Hand einer ewigen Macht stehen wie die Gestirne und die Elemente. Sie bewirkt alles in uns. Wir sind

Rädchen in einem gewaltigen Räderwerk, das von jener Macht beseelt ist. Sie handelt nach allgemeinen Gesetzen, nicht nach besonderen Absichten. So weit geht meine Einsicht; alles übrige erscheint mir als ein Abgrund der Finsternis.»

«Da käme es also darauf heraus, daß Gott selber die Sünde erschaffen hat», warf der Greis ein.

«Das wäre mit deiner wirksamen Gnade um kein Haar besser», sagte der Hurone. «Denn allen, denen diese Gnade versagt ist, bleibt dann nichts anderes übrig als die Sünde, und wer uns dem Bösen ausliefert, bewirkt das Böse.»

Diese kindliche Denkart brachte den guten Alten in etwelche Verlegenheit; er fühlte wohl, er werde sich da umsonst anstrengen, um den festgefahrenen Karren in Lauf zu bringen. Er bestrebte sich mit solchem Eifer, dem Huronen die Beziehungen Gottes zu den einzelnen Geschöpfen klarzumachen, daß er Treuherz am Ende leid tat. Man kam dabei auf den Urgrund alles Guten und Bösen zu sprechen, erörterte die alten Legenden über diese Frage, wie jene von der Büchse der Pandora oder die vom Ei, aus dem nach der Lehre Zarathustras Ormuzd, der Geist des Guten, entstiegen war, nachdem es Ahriman, das Prinzip des Bösen, geöffnet hatte; die Feindschaft der Brüder Osiris und Typhon, und schließlich die Erbsünde. Es war ein tiefes Dunkel, in dem die beiden, ohne sich zu finden, herumtappten. Dieses Wirrsal der Seele hatte aber das Gute, daß sie an etwas anderes dachten als an das eigene Elend; die Plagen der ganzen Menschheit lenkten sie durch einen seltsamen Zauber von der eigenen Mühsal ab; sie mochten nicht klagen, wo alle litten.

In der Stille der Nacht stand aber immer wieder das Bild der Geliebten vor der Seele des jungen Dulders und verdrängte alle philosophischen Gedankengänge. Dann erwachte er mit Tränen in den Augen; der alte Jansenist vergaß darüber seine wirksame Gnade und die ernsten Lehrsätze seiner Sekte; er tröstete den jungen Freund, den er in Todsünde verstrickt glaubte.

Waren sie ihrer Bücher und Gedankengänge satt, so kamen sie auf ihre Erlebnisse zurück, und dann lasen sie wieder zusammen oder jeder für sich. So entwickelte sich der Geist des jungen Gefangenen zu stets wachsender Stärke. Er hätte es besonders in der Mathematik weit gebracht, hätte er nicht immer an die Geliebte denken müssen.

Er las auch Geschichtsbücher; aber sie stimmten ihn traurig. Die Welt kam ihm darin gar zu böse und elend vor. In der Tat ist ja die Geschichte nur das Bild von Verbrechen und Katastrophen. Die vielen unschuldigen und friedlichen Menschen spielen auf dieser Riesenbühne keine Rolle. Die Personen sind Gewissenlose und Ehrgeizige. Es ist, als gefiele die Geschichte wie die Tragödie nur, wenn Leidenschaften, Verbrechen und Schicksalsschläge sie beleben. Klio muß wie Melpomene den Dolch in der

Hand führen. Obwohl die Geschichte Frankreichs wie die aller Länder voller Greuel ist, schien sie ihm doch in ihren Anfängen so abstoßend, in ihrem Fortgang so trocken, selbst zur Zeit Heinrich IV. so kleinlich, so bar großer Denkmäler, so unbeteiligt an den großen Entdeckungen, die andere Nationen berühmt gemacht haben, daß er sich des Gähnens nicht enthalten konnte, wenn er von all den Unglücksfällen las, die diesen Winkel der Welt heimgesucht hatten.

Gordon dachte ebenso. Beide lächelten mitleidig, wenn sie die Taten der Herren von Fezensac, Fesansaguet und Astarac lasen. Ihre Kenntnis hätte nur einen Sinn für ihre Erben, wenn sie welche hatten. Die großen Zeiten der Römischen Republik ließen sie eine Zeitlang alles andere vergessen. Das Bild Roms, das den Erdkreis besiegte und ihm Gesetze gab, erfüllte den Huronen mit Bewunderung. Er schwärmte für dies Volk, das sieben Jahrhunderte lang von der Begeisterung für Freiheit und Ruhm beherrscht wurde.

So gingen die Tage, die Wochen, die Monate dahin; Treuherz hätte sich an diesem Ort des Schreckens fast glücklich gefühlt, wäre nicht sein Liebeskummer gewesen.

Sein gutes Herz wurde auch weich im Gedanken an den guten Onkel Prior und an die mitfühlende Tante. «Was denken sie wohl?» sagte er sich dann, «wenn sie kein Wörtchen von mir vernehmen? Halten sie mich vielleicht für undankbar?» Das quälte ihn lange; er bedauerte alle, die ihn liebten, fast mehr als sich selber.

ELFTES KAPITEL

Wie Treuherz seinen Geist entwickelt

Bücher tun uns die Seele auf; ein weiser Freund tröstet sie. Beides war Treuherz zuteil geworden, beides hatte er bisher nicht einmal geahnt. «Mir ist geschehen wie in den Metamorphosen der Alten», sagte er sich. «Aus einem fast tierischen Wesen bin ich in einen Menschen verwandelt worden.» Aus dem Geld, über das er verfügen durfte, kaufte er sich nichts als Bücher. Sein Freund ermunterte ihn, seine Gedanken zu Papier zu bringen, und so schrieb er denn zuerst über die alten Völker:

«Mir kommt es vor, als seien die Völker lange in dem gleichen Zustand gewesen wie ich. Sie haben sich erst spät gebildet und lange nur an die flüchtige Gegenwart gedacht, kaum an die Vergangenheit und nie an die Zukunft. Ich bin fünf- bis sechshundert Meilen in Kanada gereist, ohne auch nur ein einziges Denkmal zu finden. Niemand weiß dort etwas von seinem Urgroßvater. Ist das nicht der Naturzustand des Menschen? Hier hat man es weiter gebracht als bei uns drüben; durch Kenntnisse und Künste hat man im Lauf der Jahrhunderte immer wieder höhere Stufen erklommen. Das ist kaum geschehen, weil dem Europäer ein Bart wächst und dem Indianer nicht. Auch die Chinesen haben fast keinen Bart und pflegen die Künste seit fünftausend Jahren. Ihre Aufzeichnungen gehen auf viertausend Jahre zurück; da muß ihr Volk schon vor fünfzig Jahrhunderten seine erste Blüte erlebt haben.

Eins macht mich stutzig, wenn ich die Geschichte Chinas lese; es geht da immer ganz vernünftig und natürlich zu. Es ist wirklich wunderbar, wie sich da nichts Wunderbares ereignet.

Warum haben sich alle andern Völker eine sagenhafte Herkunft zugeschrieben? Die alten Chroniken Frankreichs, die zwar nicht so sehr alt sind, lassen die Franzosen von einem Francus, einem Sohn Hektors, abstammen; die Römer behaupten, in Phrygien sei ihr Heimatland, obwohl in ihrer Sprache kein Wort vorkommt, das auf phrygische Herkunft hinwiese. Die Götter sollen zehntausend Jahre lang Ägypten bewohnt haben; bei den Skythen war der Teufel zu Hause, der die Hunnen gezeugt hat. Vor Thukydides gab es nur Erzählungen wie der Amadisroman, aber weniger unterhaltend. Da erleben wir Geistererscheinungen, Orakel, Wunder, Zaubereien, Verwandlungen, Traumdeutungen; solche Märchen bedingen das Schicksal der großen Reiche und kleinen Länder. Da gibt's sprechende Tiere, da werden

Tiere angebetet, da werden Götter in Menschen und Menschen in Götter verwandelt. Hätten sie zum wenigsten Fabeln erfunden, die als Gleichnisse der Wahrheit gelten könnten! Die Fabeln der Philosophen liebe ich, über die der Kinder lache ich, die der Betrüger hasse ich.»

Eines Tages fiel ihm eine Geschichte des Kaisers Justinian in die Hände. Da stand zu lesen, ein paar unwissende Heuchler hätten in schlechtem Griechisch einen Erlaß gegen den größten Feldherrn jener Zeit verfaßt, weil dieser im Eifer des Gesprächs sagte: «Die Wahrheit leuchtet durch ihr eigenes Licht; in keinem Kopf wird es durch die Flammen der Scheiterhaufen heller.» Die Heuchler erklärten das für ketzerisch; rechtgläubig sei die gegenteilige Behauptung: «Man erleuchtet die Geister nur durch die Flammen der Scheiterhaufen; niemals kann eine Wahrheit durch ihr eigenes Licht leuchten.» So verdammten denn die Priester die Rede des Feldherrn.

«Wie war es möglich,» rief der Hurone, «daß sich ein paar Hohlköpfe an einen solchen Mann wagen durften?»

«Es hat ihnen auch nichts geholfen», erklärte ihm Gordon, «man lachte sie nur aus, der Kaiser am meisten, der als weiser Fürst die Priester verhinderte, etwas anderes als Gutes zu tun. Die Heuchler hatten durch ihre Edikte schon die Geduld seiner Vorgänger erschöpft.»

«Da tat er wohl daran», bemerkte Treuherz. «Man muß die Priester erhalten und in Schranken halten.»

Manche Bemerkungen, die er niederschrieb, erschreckten den alten Gordon. «Da habe ich nun», sagte er sich, «fünfzig Jahre lang studiert und ich fürchte, ich habe es nicht so weit gebracht wie dieser Wildling mit seinem gesunden Menschenverstand. Ich habe mühsam Vorurteile in mir verstärkt. Er hört nur auf die Stimme der Natur.»

Der gute Alte hatte auch ein paar jener kritischen Broschüren, jener Hefte, in denen Leute, die unfähig sind, selbst etwas hervorzubringen, die Schöpfungen anderer herunterreißen, wo ein Visé Racine, ein Faidit Fénelon schmäht. Treuherz durchblätterte ein paar. «Sie kommen mir vor», sagte er, «wie Schmeißfliegen, die ihre Eier im After der schönsten Pferde ablegen. Das hindert sie nicht am Laufen.» Die beiden Philosophen würdigten diese Exkremente der Literatur kaum eines Blickes.

Sie vertieften sich in die Anfangsgründe der Astronomie; der Hurone ließ sich einen Himmelsglobus kommen, und das erfüllte ihn wieder mit großer Freude. «Es ist zwar hart, die Bahn der Gestirne erst dann zu erkennen», sagte er sich, «wenn uns Kerkermauern verhindern, sie zu sehen. Jupiter und Saturn schweben in unendlichen Räumen dahin, Millionen von Sonnen erleuchten Myriaden von Welten, und in dem Erdenwinkel, in den uns das Schicksal versetzt hat, gibt es Wesen, die andere denkende und sehende Wesen daran hindern, dieses stolze Schauspiel zu erblicken. Zu uns dringt das Licht nicht, das Gott für alle erschaffen hat. Am nördlichen Wendekreis, wo ich meine Kindheit verbrachte, hat niemand es mir verborgen. Ohne dich, mein lieber Gordon, lebte ich hier in finsterer Nacht.»

ZWÖLFTES KAPITEL

Was Treuherz über die Theaterstücke denkt

Treuherz war wie ein Baum, den man aus unfruchtbarem Boden in ein günstiges Erdreich verpflanzt hat und der nun Wurzeln und Zweige treibt. Seltsam, daß in diesem Fall das günstige Erdreich ein Kerker war!

Unter den Büchern, mit denen sich die Gefangenen die Zeit vertrieben, waren auch Dichtungen, Übersetzungen griechischer Tragödien und ein paar französische Stücke. Die Verse, in denen von Liebe die Rede war, stimmten den Huronen zugleich freudig und wehmütig, denn sie erinnerten ihn an Fräulein Saint-Yves. Die Fabel von den beiden Tauben zerriß ihm das Herz. Er konnte noch lange nicht in seinen Taubenschlag zurückkehren.

Molière entzückte ihn. Aus ihm lernte er die Sitten der Pariser und der Menschen überhaupt kennen.

«Welches seiner Lustspiele gefällt Ihnen am besten?»
«Unbedingt Tartuffe.»

«Ich denke wie Sie», sagte Gordon. «Ein Tartuffe hat mich in diesen Kerker gebracht und wohl auch Ihr Unglück verschuldet. Wie finden Sie diese griechischen Tragödien?»

«Gut für Griechen», sagte Treuherz. Aber als er von Racine Iphigenie, Phaedra, Andromache, Athalia las, geriet er in Entzücken, seufzte, vergoß Tränen; er konnte sie auswendig, ohne daß er sie sich eingeprägt hätte.

«Lesen Sie Rodogune!» empfahl ihm Gordon. «Dies Drama gilt allgemein als das Meisterwerk der Bühne, mit dem die andern Stücke, die Ihnen so viel Vergnügen gemacht haben, keinen Vergleich aushalten.» Gleich nach der ersten Seite rief Treuherz: «Das ist nicht vom selben Dichter!»

«Woran sehen Sie das?»

«Das kann ich noch nicht sagen; aber diese Verse dringen mir weder ins Ohr noch ins Herz.»

«Auf die Verse kommt es doch nicht an», erwiderte Gordon.

«Warum macht man dann welche?» fragte Treuherz.

Nachdem er das Stück sehr aufmerksam gelesen hatte, in der einzigen Absicht, Vergnügen daran zu finden, sah er seinen Freund mit trockenen und erstaunten Augen an und wußte nicht recht, was er sagen sollte. Als der darauf in ihn drang, er solle ihm schildern, was er beim Lesen empfunden habe, antwortete Treuherz: «Den Anfang habe ich nicht recht verstanden, die Mitte hat mich empört, die Schlußszene hat mir großen Eindruck gemacht, obwohl sie mir unwahrscheinlich vorkommt. Ich habe an keiner Gestalt Anteil genommen und mir keine zwanzig Verse gemerkt, wo ich doch sonst alle behalte, wenn sie mir gefallen.»

«Und doch gilt dies Stück für das beste von allen, die wir haben.»

«Dann verhält es sich wohl mit diesem Drama wie mit vielen Menschen, die ihren Rang nicht verdienen. Schließlich ist das Geschmacksache, und mein Geschmack ist vielleicht noch nicht richtig entwickelt. Ich kann mich irren, aber Sie wissen ja, daß ich die Gewohnheit habe, frei herauszusagen, was ich denke oder vielmehr was ich empfinde. Die meisten lassen sich, glaub' ich, in ihren Urteilen von Illusionen, von der Mode oder Laune beeinflussen. Ich habe geredet, wie es mir die Natur eingab; vielleicht ist sie bei mir sehr unvollkommen, vielleicht wird sie aber auch von den meisten Menschen zuwenig zu Rate gezogen.»

Dann sagte er Verse aus Racines Iphigenie auf, deren er viele auswendig wußte, und obgleich er nicht kunstgerecht deklamierte, legte er so viel Wahrheit und Gefühl hinein, daß er den alten Jansenisten zu Tränen rührte. Dann las er Cinna; er weinte nicht, aber bewunderte.

DREIZEHNTES KAPITEL

Die schöne Saint-Yves reist nach Versailles

So bildete sich unser unglücklicher Freund mehr, als daß er sich tröstete: sein so lange gefesselter Geist regte kräftig und schnell seine Schwingen, und die Natur entschädigte ihn durch seine innere Entwicklung für die Grausamkeit des Schicksals. Aber was wurde indessen aus dem Prior unserer Lieben Frau vom Berglein, seiner guten Schwester und dem im Kloster eingesperrten Fräulein?

Im ersten Monat fühlten sie sich beunruhigt, im dritten verzweifelten sie fast. Allerlei Gerüchte und Vermutungen drangen zu ihnen und ließen ihnen keine ruhige Stunde. Nach einem halben Jahr hielt man den Verschollenen für tot. Schließlich vernahmen der Prior und seine Schwester, ein königlicher Leibgardist habe einen Brief nach Hause geschrieben, in dem er erzählte, wie ein junger Mann, dessen Beschreibung auf Treuherz paßte, eines Tages in Versailles erschienen sei; in der Nacht aber sei er verhaftet worden und seither habe niemand je wieder etwas von ihm gehört.

«Da hat unser Neffe sicher etwas angestellt», meinte die Demoiselle Kerkabon, «und das hat schlimme Folgen gehabt. Er ist gar jung, ein starrköpfiger Bretone ist er auch und weiß nicht, wie er sich bei Hofe benehmen soll. Ich bin nie weder in Versailles noch in Paris gewesen, lieber Bruder; jetzt wäre eine schöne Gelegenheit dazu. Da könnten wir erfahren, was aus unserm Neffen geworden ist; er ist der leibliche Sohn unseres Bruders; unsere Pflicht ist, ihm beizustehen. Vielleicht wäre er jetzt bereit, geistlich zu werden, wo die Stürme der Jugend verrauscht sind. Er hatte keinen schlechten Kopf und hat sich im Alten wie im Neuen Testament überraschend schnell ausgekannt. Wir sind für sein Seelenheil verantwortlich, da wir ihn getauft haben; seine Patin, das arme Kind, weint sich die Augen aus. Wir müssen wirklich nach Paris! Vielleicht ist er in eine jener schrecklichen Männerfallen geraten, von denen man soviel erzählt, und da müssen wir ihn herausbekommen.»

Solche Reden gingen dem Prior sehr zu Herzen. Er suchte seinen Bischof in Saint-Malo auf, der bei der Taufe dabeigewesen war, und bat ihn um Schutz und Rat. Der Prälat riet ihm auch zur Reise, gab ihm Empfehlungen auf den Weg für den Père La Chaise, den einflußreichsten Mann des Reiches, für den Erzbischof von Paris und für den berühmten Bossuet, den Bischof von Meaux.

Dann machten sie sich auf die Fahrt. In Paris kamen sie sich vor wie in einem Irrgarten ohne Ausweg. Sie waren nicht reich, und jetzt mußten sie täglich einen Wagen nehmen, um auf Erkundungen zu fahren, die zu keinem Ziel führten.

Der Prior verfügte sich zum Père La Chaise; der war gerade in Konferenz mit der Baronin du Tron und konnte keine Provinzgeistlichen empfangen. Dann begab er sich zum Erzbischof, der sich gerade mit der schönen Frau von Lesdiguières in kirchlichen Angelegenheiten beriet. Dann fuhr er nach Meaux, und da las der Monsignore Bossuet gerade mit Fräulein de Mauléon das Buch der Madame Guyon über die mystische Liebe. Es gelang ihm schließlich, bis zu diesen beiden Prälaten vorzudringen; doch erklärten beide, sie könnten nichts für seinen Neffen tun, da er nicht geistlich sei.

Am Ende empfing ihn auch der Père La Chaise; er begrüßte ihn mit offenen Armen, beteuerte ihm, er habe immer große Stücke auf ihn gehalten, obwohl er nie von ihm gehört hatte; er schwur, die Gesellschaft Jesu habe von jeher die Bretonen ganz besonders geschätzt.

«Aber hören Sie», fragte er dann, «Ihr Neffe ist doch nicht etwa Hugenotte?»

«Das ganz sicher nicht.»

«Oder gar Jansenist?»

«Ich versichere Hochwürden, er ist noch kaum ein Christ, da er erst seit kurzem getauft ist.»

«Dann ist alles gut. Da werd' ich mein möglichstes tun. Ist Ihre Pfründe beträchtlich?»

«Nicht besonders; auch hat unser Neffe uns schon viel Geld gekostet.»

«Gibt es Jansenisten in Ihrer Gegend? Da heißt es

höllisch aufpassen. Sie sind gefährlicher noch als Hugenotten und Atheisten.»

«Ich weiß von keinem, Hochwürden. Niemand in unserer Gegend weiß, was ein Jansenist sei.»

«Dann ist alles gut. Ich werde für Sie tun, was in meiner Macht steht.»

Er verabschiedete ihn recht herzlich und dachte weiter nicht mehr daran.

So verging Woche um Woche und der Prior mit seiner Schwester versanken in dumpfe Verzweiflung.

Indessen beeilte sich der verwünschte Amtmann, seinen Tölpel von Sohn mit dem Fräulein Saint-Yves zu vermählen, die man zu diesem Zweck aus ihrem Kloster geholt hatte. Die liebte ihr Patenkind mehr als je und verabscheute aus Herzensgrund den Bengel, mit dem man sie verloben wollte. Die Schande, daß man sie ins Kloster gesperrt hatte, verstärkte ihre Leidenschaft; der Befehl, den Sohn des Amtmanns zu heiraten, trieb sie zum Äußersten. Sehnsucht, Zärtlichkeit und Abscheu ließen sie alle Rücksichten vergessen. Die Liebe ist bekanntlich in einem jungen Mädchen kühner und erfindungsreicher als die Freundschaft bei einem alten Prior und einer Tante, die die Vierzig weit hinter sich hat. Außerdem hatten die Romane, die sie im Kloster heimlich gelesen hatte, ihren Geist gebildet.

Sie erinnerte sich des Briefes, den der bretonische Leibgardist nach Hause geschrieben hatte. Sie entschloß sich kühn, selber auf Erkundung zu gehen, sich den Ministern zu Füßen zu werfen, wenn ihr Verlobter im Kerker sei, wie es hieß, und Gerechtigkeit zu verlangen. Sie ahnte, daß ein hübsches Mädchen bei Hofe manches erreichen könne; doch konnte sie sich nicht denken, welcher Preis dafür gefordert werde.

Sobald ihr Entschluß gefaßt war, fühlte sie sich getröstet und beruhigt. Sie weist den tölpelhaften Bewerber nicht mehr ab und empfängt den geschwätzigen Amtmann. Sie ist nett mit ihrem Bruder und erfüllt das Haus mit ihrer Heiterkeit. Aber an dem für die Hochzeit festgesetzten Tag steht sie heimlich in aller Frühe auf, packt ihre Geschenke und was sie sonst besitzt zusammen, setzt sich zu Pferd und ist schon Meilen weit, als man gegen Mittag in ihr Zimmer tritt. War das eine Überraschung und Bestürzung! Der verhörlustige Amtmann stellte mehr Fragen als sonst in einer ganzen Woche; der verlassene Bräutigam machte ein dümmeres Gesicht als je. Der Pfarrer geriet in argen Zorn und wollte gleich der Schwester nachlaufen; der Amtmann und sein Sohn wollten ihn begleiten. So führte das Schicksal diese ganze bretonische Gesellschaft wieder in Paris zusammen.

Das Fräulein dachte sich wohl, man könnte sie verfolgen. So fragte sie alle Kuriere, ob sie nicht einen dicken Pfarrer, einen noch dickeren Amtmann und einen jungen Tölpel überholt hätten, die unterwegs nach Paris seien. Am dritten Tag vernahm sie, die

Verfolger seien ihr auf den Fersen. Da schlug sie einen Umweg ein und kam mit Geschick und Glück in Versailles an, als man sie überall in Paris suchte.

Aber wie sollte sie sich hier benehmen? Jung und schön, ohne Rat und Hilfe, ohne einen Bekannten, allen Fährlichkeiten ausgesetzt, war es gar nicht so leicht, den Leibgardisten ausfindig zu machen. Sie wandte sich an einen Jesuiten niedriger Ordnung; es gibt in der Gesellschaft Patres für alle Leute; wie Gott jedem Tierchen seine Weide gibt, bekommt der König seinen Oberjesuiten als Beichtvater, dann haben die Prinzessinnen ihre Beichtiger; nur die Minister haben keine, so dumm sind sie denn doch nicht. Dann kommen die Jesuiten für jedermann und insbesondere für die Kammerzöfchen, aus denen man die Geheimnisse ihrer Damen herausholt, und das ist sicher kein unwichtiges Amt. Ein solcher also war der Père Tout-à-tous, an den sich das Fräulein wandte, und dem sie ihre Abenteuer berichtete. Sie schilderte ihm die Gefahren, die ihr drohten, und bat ihn, sie bei einer frommen Frau unterzubringen, wo sie in Sicherheit vor allen Versuchungen sei.

Der Pater führte sie bei der Frau eines Hofküchenbeamten ein, die sein getreues Beichtkind war. Sie wußte sofort deren Vertrauen und Freundschaft zu gewinnen; sie fragte nach dem bretonischen Leibgardisten und ließ ihn bitten, sie aufzusuchen. So erfuhr sie, daß ihr Verlobter verhaftet worden sei, nachdem er mit dem ersten Schreiber des Herrn Alexandre gesprochen hatte. Den suchte sie also zuerst auf. Der Anblick des reizenden Mädchens stimmte ihn mild; hat doch der liebe Gott die schönen Frauen eigens dazu erschaffen, die rauhen Männer zu zähmen.

Der gerührte Federfuchser gestand ihr sogleich alles. «Ihr Bräutigam ist seit bald einem Jahr in der Bastille; wären Sie nicht gekommen, käme er wohl seiner Lebtag nicht heraus.» Dem guten Mädchen wurde es schwarz vor den Augen. Als es wieder zu sich kam, bedeutete ihr der Schreiber: «Meine Macht geht nicht so weit, daß ich etwas Gutes bewirken könnte; nur im Bösen erreiche ich manchmal etwas. Gehen Sie zum Polizeiminister Saint-Pouange, der ist im Guten wie im Bösen mächtig. Er ist ein Vetter und Günstling des allmächtigen Louvois. Dieser hat zwei Seelen; die eine ist dieser Saint-Pouange, die andere Madame Dufresnoy. Diese ist aber augenblicklich nicht in Versailles. Da bleibt Ihnen also nichts übrig, als den Schutz des Polizeiministers zu suchen.»

Nun schwankte das Fräulein zwischen ein wenig Freude und tiefem Schmerz, zwischen schwacher Hoffnung und banger Furcht; verfolgt von ihrem Bruder, voll Zärtlichkeit für ihren Liebsten, ihre Tränen trocknend und neue vergießend, zitternd, verzagt und wieder Mut schöpfend eilte sie zum Minister.

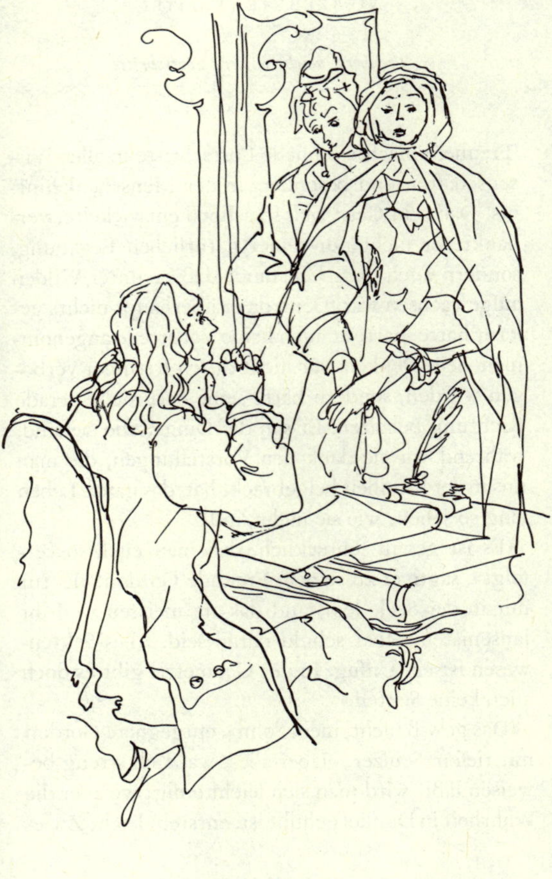

VIERZEHNTES KAPITEL

Treuherz macht weitere Fortschritte

Treuherz machte schnelle Fortschritte in allen Wissenschaften und besonders in der Menschenkenntnis. Daß sein Geist sich so schnell entwickelte, verdankte er nicht nur seiner natürlichen Begabung, sondern auch dem Umstand, daß er unter Wilden aufgewachsen war. Denn da er überhaupt nichts gelernt hatte, hatte er auch keine Vorurteile angenommen. Sein Denken war nicht durch Irrtümer verbogen worden, sondern hatte seine natürliche gerade Richtung behalten. Er sah die Dinge, wie sie sind, während wir sie dank den Vorstellungen, die man uns in der Kindheit beigebracht hat, das ganze Leben lang so sehen, wie sie nicht sind.

«Es ist gewiß schrecklich, daß man euch so verfolgt», sagte er zu seinem Freunde Gordon. «Es tut mir in der Seele leid, und das am meisten weil ihr Jansenisten selber schuld daran seid. Alles Sektenwesen ist ein Unfug. In der Geometrie gibt es doch auch keine Sekten.»

«Das gewiß nicht, mein Sohn», entgegnete Gordon mit tiefem Seufzer. «Über alles, was sich streng beweisen läßt, wird man sich leicht einig; wo aber die Wahrheit in Dunkel gehüllt ist, entsteht leicht Zwietracht. – Genauer gesagt, über den in Dunkel gehüllten Irrtum. Gäbe es eine einzige Wahrheit unter dem Wust jener Streitsätze, die man seit Jahrhunderten wiederkäut, so hätte man sie sicher erkannt und wäre sich darüber einig geworden. Wäre diese Wahrheit so nötig wie die Sonne, so wäre sie strahlend wie sie. Es ist ein Widersinn, ein Hohn auf das Menschengeschlecht und eine Beleidigung des höchsten Wesens, wenn einer sagt: Es gibt eine für den Menschen wichtige Wahrheit, und Gott hat sie uns verborgen.»

Alles, was dieser Wildling, der nur bei der Natur in die Schule gegangen war, vorbrachte, hinterließ bei dem unglücklichen Gelehrten einen tiefen Eindruck. «Wäre es denn möglich», sagte er sich, «daß ich für Hirngespinste mein Glück verscherzt habe? Daß ich unglücklich bin, weiß ich jedenfalls gewisser als was die ‚wirksame Gnade' ist. Da habe ich meine Tage damit verbracht, über die Freiheit Gottes und des Menschengeschlechts nachzusinnen und meine eigene darüber verloren. Kein Kirchenvater wird mich aus dem Abgrund retten, in den ich gestürzt bin.»

Treuherz sagte schließlich, wie es seinem Wesen entsprach: «Soll ich dir offen meine Meinung sagen? Wer sich wegen eines bloßen Wortgezänks verfolgen läßt, scheint mir wenig weise; wer ihn deshalb verfolgt, ist ein Ungeheuer.»

Darüber waren sie sich einig, daß man sie ungerecht eingekerkert hatte.

«Ich bin hundertmal mehr zu beklagen als du», sagte Treuherz. «Ich bin frei geboren wie der Vogel in den Lüften. Ich lebte meiner Freiheit und meiner Liebe; beides hat man mir geraubt. Hier liegen wir in Ketten, wissen nicht, warum, und können es von keinem erfragen. Zwanzig Jahre habe ich als Hurone gelebt; man nennt uns Wilde, weil wir uns an unsern Feinden rächen; aber unsere Freunde haben wir nie unterdrückt. Kaum habe ich meinen Fuß auf den Boden Frankreichs gesetzt, habe ich mein Blut für mein Vaterland vergossen. Ich habe eine seiner Provinzen gerettet; zum Dank dafür schmachte ich im Kerker, wo ich ohne deine Trostesworte vor Wut gestorben wäre. Gibt es in diesem Lande keine Gesetze? Man verurteilt hier zu lebenslänglichem Kerker, ohne den Angeklagten anzuhören. Das ist bei den Engländern nicht so. Für die Engländer hätte ich kämpfen sollen und nicht für die Franzosen.»

Die Welt der neuen Gedanken war nicht stark genug, seine in ihren heiligen Rechten verletzte Natur zu zähmen; er ließ seinem gerechten Zorn freien Lauf.

Sein Gefährte mochte ihm nicht widersprechen. Die unbefriedigte Liebe wird um so mächtiger, je unerreichbarer ihr Ziel ist; dagegen hilft keine Philosophie. Von der Geliebten sprach er nicht weniger oft als von Ethik und Metaphysik. Je reiner sein Gefühl wurde, um so mehr lag sie ihm im Sinn. Er versuchte Romane zu lesen und fand keinen, der seinem Seelenzustand gerecht wurde; sein Herz ließ alles, was er las, weit hinter sich. «Ach», sagte er, «fast alle diese Schriftsteller besitzen nur Geist und Kunst.»

So wurde der alte Jansenist allmählich der Vertraute seiner Liebe. Vorher hatte er die Liebe nur als eine Sünde gekannt, die man in der Beichte bekennen muß. Jetzt erfuhr er, daß sie ein ebenso edles wie zärtliches Gefühl ist, das die Seele ebenso gut erheben wie schwächen kann, ja manchmal sogar Tugenden weckt. Kurz, es geschah das seltene Wunder, daß ein Jansenist von einem Huronen bekehrt wurde.

FÜNFZEHNTES KAPITEL

Die schöne Saint-Yves wehrt sich gegen bedenkliche Zumutungen

Begleitet von der Freundin, bei der sie wohnte, ging die schöne Bretonin des andern Tags zur Audienz beim Polizeiminister. Da sah sie gerade ihren Bruder, den Pfarrer, herauskommen. Das ängstigte sie etwas; doch die fromme Freundin wußte sie zu beruhigen.

«Gerade weil man gegen dich etwas vorhat, mußt du selber reden. Hierzulande bekommt jeder Angeber Recht, tritt man ihm nicht tapfer entgegen.

Übrigens müßt' ich mich sehr täuschen, wenn deine Gegenwart nicht eine größere Wirkung tut als die Reden deines Bruders.»

Ermuntert man ein liebendes Mädchen, so kennt es keine Furcht. Bald wurde das Fräulein vorgelassen. Ihre reizvolle Jugendfrische, ihre tränennassen Augen zogen alle Blicke auf sich. Die Schreiber im Vorsaal blickten erstaunt auf; die Schönheit erwies sich stärker als die Amtsgewalt des Ministers. Sie betrat dessen Kabinett und brachte ihre Bitte mit jener edlen Anmut vor, wie sie nur aus einem reinen Herzen kommt. Auch Saint-Pouange fühlte sich gerührt. Sie bebte leicht; er beruhigte sie.

«Kommen Sie heut' abend wieder», sagte er verbindlich. «Solche Geschäfte müssen mit Umsicht und in Ruhe behandelt werden. Hier warten zu viele Leute; da müssen die Audienzen schnell erledigt werden. Ich will die Sache gründlich mit Ihnen besprechen.» Er rühmte ihre Schönheit und Hilfsbereitschaft und setzte eine weitere Zusammenkunft auf sieben Uhr abends fest.

Sie kam zur genauen Zeit in Begleitung ihrer frommen Freundin. Doch diese blieb im Vorzimmer und las ein frommes Traktätlein, während Saint-Pouange die schöne Bittstellerin in seinem privaten Kabinett empfing.

«Halten Sie es für möglich», begann er lächelnd, «daß Ihr Bruder heute morgen einen Haftbefehl gegen Sie erwirken wollte? Eher wäre ich geneigt, ihn selber durch einen Befehl in die Bretagne heimzuspedieren!»

«Da scheint man ja recht freigebig mit Haftbefehlen zu sein, Herr Minister. Erbittet man denn diese gerade wie Gnadenbeweise, und das aus den fernsten Provinzen? Ich verlange keinen gegen meinen Bruder. Nicht daß ich keine Beschwerden gegen ihn hätte. Aber ich achte die Freiheit aller Menschen und erbitte diejenige eines Mannes, dem ich anverlobt bin. Der König verdankt ihm die Erhaltung einer Provinz. Er könnte die besten Dienste leisten. Er ist der Sohn eines Offiziers, der im königlichen Dienste gefallen ist. Niemand weiß, was er verbrochen hat und warum man ihn einsperrt, ohne ihn nur anzuhören.»

Der Minister zeigte ihr die Briefe des Spions aus Saumur und des niederträchtigen Amtmanns.

«Solche Schufte gibt es also auf der Welt. Und mich will man zwingen, den tölpelhaften Sohn gerade dieses lächerlichen und boshaften Menschen zu heiraten? Auf solche haltlose Anklagen hin entscheidet man also über Glück und Unglück der Bürger?»

Sie warf sich ihm zu Füßen und erbat sich schluchzend die Freiheit des Huronen. Noch nie war sie so berückend schön und rührend gewesen. Saint-Pouange verlor alle Fassung und gab ihr zu verstehen, alles solle ihr gewährt werden, wenn sie ihm zugestehe, was sie dem Verlobten zugedacht habe.

Entsetzt wich sie zurück und wollte seine Andeutungen nicht verstehen; er mußte deutlicher werden. Nun sprudelten die Worte des Ministers hervor, immer unzweideutiger und schamloser; er versprach nicht nur die Aufhebung des Haftbefehls, er stellte Belohnungen, Geld, Ehrenstellen in Aussicht, und je weniger Erhörung er fand, um so weiter ging er in seinen Versprechungen. Das Fräulein weinte fassungslos; erstickt unter Tränen, sank sie auf ein Ruhebett hin; sie konnte kaum glauben, was sie sah und hörte. Und nun lag der Minister vor ihr auf den Knien. Er war kein häßlicher Mann und wäre bei einem weniger treuen Herzen vielleicht zu seinem Ziel gelangt. Doch die Liebe des Fräuleins war rein und aufrichtig, und es wäre ihr als ein Verbrechen erschienen, den geliebten Mann zu verraten, um ihm zu helfen. Der Minister wiederholte ungestüm seine Bitten und Versprechungen; er schwur, es gebe kein anderes Mittel, den Mann, an dem sie so zärtlich hing, aus dem Kerker zu befreien.

So dauerte die seltsame Unterredung eine geraume Zeit. Die fromme Freundin im Vorzimmer las ihr Traktätlein, verwundert, was wohl die beiden so lange zu verhandeln hätten. «Noch nie hat Saint-Pouange eine so lange Audienz erteilt. Da läßt er sich wohl nicht erweichen, und das arme Mädchen bestürmt ihn immer wieder von neuem.»

Endlich trat das Fräulein ganz verstört und sprachlos aus dem Kabinett, in tiefen Gedanken über den Charakter der Großen und ihrer Kreaturen, die so leichten Herzens die Freiheit der Männer und die Ehre der Frauen zu opfern bereit sind.

Unterwegs sagt sie kein Sterbenswörtchen. Erst zu Hause schluchzt sie laut auf und erzählt alles. Die fromme Dame bekreuzt sich erschreckt.

«Da müssen wir den Père Tout-à-tous, meinen Beichtvater, zu Rate ziehen. Er ist bei Saint-Pouange gut angeschrieben; alle Zofen seines Hauses gehen bei ihm zur Beichte; er ist fromm und immer hilfsbereit und hat auch mit großen Damen zu tun. Verlaß dich auf ihn; ich habe es nie bereut, wenn ich ihn um Beistand bat. Was vermögen wir armen Frauen ohne die Leitung eines Mannes?»

«Nun gut! Morgen gehe ich zum Père Tout-à-tous!»

SECHZEHNTES KAPITEL

Sie fragt einen Jesuiten um Rat

Weinend berichtete das trostlose Fräulein dem Jesuiten, was für furchtbare Dinge ein mächtiger Wüstling von ihr verlangt habe und welches der einzige Weg sei, ihren Verlobten aus dem Gefängnis zu befreien. So etwas würde sie sich aber nie zuschulden kommen lassen; lieber wolle sie sterben.

«Was ist das für ein schrecklicher Sünder!» rief da der Beichtvater. «Gleich mußt du bekennen, wer dieser Bösewicht ist. Sicher wieder ein Jansenist! Den werde ich Seiner Hochwürden, dem Père La Chaise, verzeigen; dann kann er die Wohnung beziehen, die jetzt dein lieber Bräutigam inne hat.»

Da wurde das Fräulein verlegen, besann sich lange und sagte dann zögernd, es sei niemand anders als der Herr Minister Saint-Pouange.

«Seine Exzellenz Saint-Pouange!» rief der Jesuit. «Das ist freilich etwas ganz anderes. Das ist ja ein Vetter unseres großen Louvois, des gepriesenen Ministers unseres Königs! Ein guter Christ, ein eifriger Förderer des Ordens. Unmöglich kann er so etwas tun; da liegt sicher ein Mißverständnis vor.»

«Ich habe ihn nur zu gut verstanden, ehrwürdiger Vater. Ich bin verloren, was ich auch tue. Mir bleibt nur die Wahl zwischen Unglück und Schande. Entweder bleibt mein Geliebter in seinem Kerker lebendig begraben, oder ich mache mich unwürdig, weiterzuleben. Ich kann ihn nicht zugrunde gehen lassen, und retten kann ich ihn auch nicht.»

Der Père Tout-à-tous suchte sie mit sanften Worten zu beruhigen. «Zum ersten, meine Tochter», sagte er, «ist es nicht schicklich, von einem Geliebten zu sprechen; mit so weltlichen Gedanken beleidigst du Gott. Nenn ihn lieber deinen Gatten; ist er es auch noch nicht, so hältst du ihn doch dafür, und damit ist dem Anstand Genüge geleistet. – Zum andern begehst du ja keinen Ehebruch. Das allein wäre eine schreckliche Sünde, die man vermeiden muß. Denn er ist ja dein Gatte nur in der Vorstellung, aber nicht in Wirklichkeit. – Zum dritten werden wir nicht schuldig, wenn unsere Absicht rein ist, und keine Absicht kann reiner sein als die deinige. – Zum vierten gibt es Beispiele genug aus den heiligen Schriften, die dich rechtfertigen. Der heilige Augustin erzählt, unter dem Prokonsulat des Septimius Acyndimus, im Jahre des Heils 340, sei ein armer Mann, der dem Cäsar nicht geben konnte, was des Cäsars ist, zum Tode verurteilt worden, dem Sprichwort zu Trotz: ‚Wo nichts ist, hat auch der Kaiser das Recht verloren.' Er konnte ein Pfund Gold nicht auftreiben. Er hatte eine Frau, die Gott mit Schönheit und Klugheit gesegnet hatte. Ein reicher Mann versprach ihr das Pfund Gold und mehr, wenn sie ihm zu Willen sei. Da glaubte die Frau, nichts Böses zu tun, wenn sie das Leben ihres Gatten rette. Der heilige Augustin lobt ihren Entschluß höchlich, obwohl sie der reiche Mann betrog und der Gatte doch gehängt wurde; denn sie hatte getan, was sie konnte, um ihn zu retten. Zweifle nicht, meine Tochter, wenn dir ein Jesuit den heiligen Augustin zitiert, so hat der Heilige gewiß recht. Einen Rat gebe ich dir nicht; du bist klug und wirst deinem Gatten wohl zu helfen wissen. Der Minister Saint-Pouange ist ein Ehrenmann und wird dich nicht betrügen. Mehr will ich dir nicht sagen. Ich werde für dich beten und hoffe, daß alles zur höheren Ehre Gottes geschehe.»

Über die Worte des Jesuiten erschrak das Fräulein nicht weniger als über die Zumutungen des Ministers; in furchtbarer Erregung kehrte es zu seiner Freundin zurück. Am liebsten hätte es sich durch den Tod von seiner Gewissensnot befreit.

SIEBZEHNTES KAPITEL

Sie fällt aus Tugend

Als das Fräulein, laut schluchzend, der frommen Freundin seine Todesnöte bekannte, mußte es erleben, daß diese noch weniger streng als ein Jesuit war. Sie schenkte ihm gleich klaren Wein ein.

«Glaubst du denn, mein liebes Kind», sagte sie, «daß es an unserem galanten und berühmten Hof jemals anders zu und her ging? Die kleinen Pöstchen und die großen Gnaden gibt es nur um den Preis, den man heute von dir verlangt. Ich hab' dich liebgewonnen und darf ein Wort im Vertrauen mit dir reden. Glaubst du, mein Mann hätte die Stelle gekriegt, von der wir leben, wenn ich Schwierigkeiten gemacht hätte wie du? Das weiß er wohl und dankt mir dafür; niemals hat er mir das übelgenommen und sieht in mir seine Wohltäterin. Glaubst du, das sei anders bei den Männern, die Statthalter oder Generale werden? Meinst du wirklich, ihr Verdienst hätte ihnen das eingebracht? Niemand bringt das zuwege als ihre höchst ehrenwerten Damen. Wer die schönste Frau hat, bekommt das beste Amt, im Frieden wie im Krieg.

In deinem Fall ist es, genau besehen, lange nicht so schlimm. Du kannst deinen Freund aus dem Gefängnis erretten und ihn heiraten; das ist doch eine heilige Pflicht und keine Liederlichkeit. Niemand hat die großen Damen getadelt, wenn sie für die Laufbahn ihrer Männer besorgt waren; hier handelt es sich nicht bloß um die Laufbahn, und da wird dir keiner das Lob versagen, daß du aus reinem Herzen gehandelt hast.»

«Das nennt ihr also Tugend!» rief das arme Fräulein entrüstet; «das ist ja ein wahres Labyrinth von Niedertracht. Muß ich so die Menschen kennenlernen! Der fromme Père La Chaise und der täppische Amtmann lassen meinen Verlobten einsperren; mein eigener Bruder verfolgt mich, und wer mir helfen will, weiß keinen andern Rat, als mich in Schande zu stürzen! Ein Jesuit bringt einen Ehrenmann ins Unglück; ein anderer Jesuit will mich entehrt sehen. Überall stellt man mir Fallen; ich bin am Rande der Verzweiflung. Ich will mit dem König reden; ich werfe mich ihm zu Füßen, wenn er vorbeikommt; ich passe ihm auf, wenn er zur Messe oder in die Oper geht.»

«Man läßt dich nicht an ihn heran», sagte die Freundin, «und wenn du zu deinem Unglück mit ihm sprechen könntest, so würden der Père La Chaise und Louvois dich für den Rest deiner Tage in ein Kloster sperren.»

Während die gute Dame so die Ratlosigkeit des verzweifelten Fräuleins noch steigerte und ihr den Dolch tiefer ins Herz stieß, kam ein Lakai des Mini-

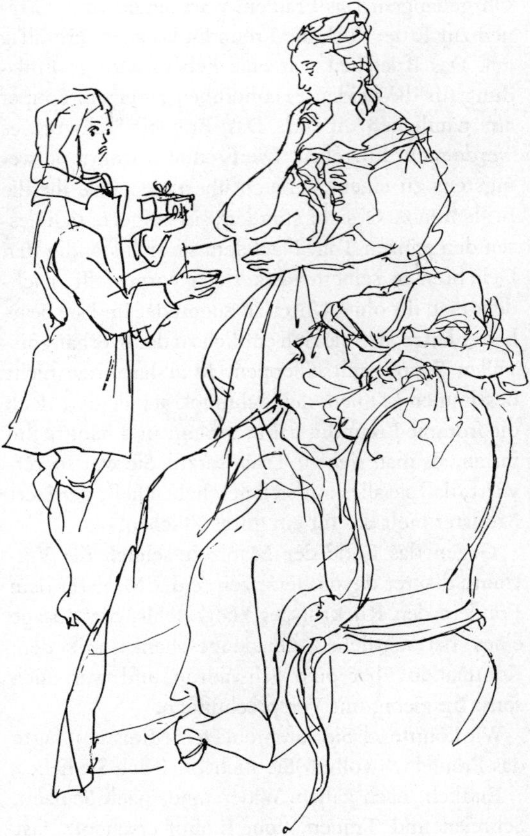

sters mit einem höflichen Briefchen und prächtigen Ohrgehängen. Das Fräulein warf beides unter Tränen zur Erde; doch die Freundin las alles sorgfältig auf. Das Briefchen war eine liebenswürdige Einladung für die beiden Freundinnen zu einem Souper am nämlichen Abend. Das Fräulein schwur, es werde nicht hingehen. Die Freundin wollte sie wenigstens zu einem Versuch überreden, wie ihr die Brillanten zu Gesicht ständen; sie weigerte sich dessen den ganzen Tag. Nachdem sie sich ständig den Geliebten in seinem Kerkerloch vorgestellt, nachdem man ihr ohne Unterlaß zugeredet und sie bearbeitet hatte, ließ sie sich endlich zu dem verhängnisvollen Souper mitschleppen. Man hatte sie nicht bestimmen können, den Schmuck anzulegen; doch die fromme Freundin nahm ihn mit und hängte ihn ihr an, als man sich zu Tisch setzte. Sie war so verwirrt, daß sie alles mit sich geschehen ließ; der Herr Minister hielt das für ein gutes Zeichen.

Gegen das Ende der Mahlzeit schlich die Vertraute diskret davon. Jetzt zeigte der Minister dem Fräulein den Rückruf des Haftbefehls, die Zusage eines beträchtlichen Gnadengeschenks mit dem Kommando über eine Schwadron und war auch sonst freigiebig mit Versprechungen.

«Wie könnte ich Sie verehren, Herr Minister», sagte das Fräulein, «wollten Sie nicht, daß ich Sie liebe.»

Endlich, nach zähem Widerstand, nach Seufzen, Schreien und Tränen, vom Kampf erschöpft, fast von Sinnen, mußte sie sich ergeben. Sie nahm sich vor, nur an den Geliebten zu denken, während der Grausame erbarmungslos ihre Notlage ausnützen würde.

ACHTZEHNTES KAPITEL

Sie befreit ihren Geliebten und einen Jansenisten

Am frühen Morgen eilte sie mit dem Befehl des Ministers nach Paris. Ihr Zustand während der Fahrt war entsetzlich. Eine tugendhafte, reine Seele, war sie durch Schande gedemütigt und voll der zärtlichsten Liebe; von Gewissensqualen gepeinigt, daß sie den Geliebten verraten hatte, war sie zugleich von der Sehnsucht beflügelt, dem Verratenen die teuer erkaufte Freiheit zu bringen.

Sie war nicht mehr das einfache Landmädchen, das in Vorurteilen aufgewachsen war. Liebe und Unglück hatten sie gereift. Sie hatte ebenso schnelle Fortschritte im Fühlen gemacht wie ihr unglücklicher Freund im Denken. Bei den Mädchen entwickelt sich das Gefühl leichter als bei den Männern der Verstand. Durch ihr Erlebnis hatte sie mehr gelernt, als wenn sie vier Jahre im Kloster geblieben wäre.

Sie war wieder recht einfach angezogen. Mit Abscheu hatte sie die Gewänder von sich getan, in denen sie sich dem verruchten Wohltäter hingegeben hatte; die Brillanten hatte sie der Freundin überlassen, ohne sie nur anzusehen. Beschämt und beglückt, voll Verehrung für den Geliebten und Abscheu vor sich selbst, kam sie am Tor der Bastille an.

Als sie aus dem Wagen stieg, verließen sie die Kräfte; man mußte sie stützen. Mit bebendem Herzen und nassen Augen betrat sie das düstre Gemäuer. Man bringt sie zum Gouverneur; sie will sprechen und bringt kein Wort über die Lippen. Schließlich weist sie den Befehl vor und stammelt einige Worte. Der Gouverneur hatte seinen Gefangenen liebgewonnen und freute sich über dessen Freilassung. Er war nicht so hartherzig wie die meisten Kerkermeister, die nichts anderes im Sinne haben als die Einkünfte, die sie aus der Bewachung der Gefangenen ziehen, und so an den Tränen der Unglücklichen, von denen sie leben, eine geheime Freude haben.

Der Gouverneur ließ Treuherz kommen. Kaum erblicken sich die Liebenden, so verlieren sie das Bewußtsein; es geht geraume Zeit, bis das Fräulein wieder zu sich kommt; ihr Verlobter bemüht sich zärtlich um sie.

«Das ist sicher Ihre Gattin?» fragt der Gouverneur, «ich habe nicht gewußt, daß Sie verheiratet sind. Ich vernehme, daß Sie die Freilassung ihren Bemühungen verdanken.»

«Ich bin nicht würdig, seine Gattin zu sein», flüstert

das arme Fräulein mit zitternder Stimme, und wieder wird es ihr schwarz vor den Augen.

Als sie wieder ihrer Sinne mächtig ist, zeigt sie Treuherz auch die Urkunden mit der Verleihung eines Gnadengeschenks und der Bestallung zum Rittmeister einer Schwadron. Der war nicht weniger erstaunt als gerührt; er glaubte in einem Traum zu leben.

«Warum hat man mich denn eingesperrt? Und wieso bin ich befreit worden? Was sind das für Unmenschen, die mir so etwas antun konnten? Und du kommst wie ein Engel vom Himmel und bringst mir Glück und Freiheit.»

Das schöne Fräulein senkte die Augen, sah dann lange auf den Geliebten, wurde rot, wandte sich voller Tränen zur Seite. Dann berichtete sie, was sie über seine Verhaftung erfahren und was sie ausgestanden, nur das eine nicht, was sie sich am liebsten nicht eingestanden und was jeder andere, der Welt und Hof gekannt, sogleich erraten hätte.

«Ist es denn möglich, daß ein Elender wie dieser Amtmann die Macht hatte, mir die Freiheit zu rauben? Ach, ich sehe jetzt ein, daß es sich mit den Menschen nicht anders verhält als mit den niedrigsten Tieren: alle können schaden. Aber wie hat denn ein Mönch, ein Beichtvater des Königs, mit diesem Amtmann gemeinsame Sache machen können, ohne daß ich auch nur ahne, unter welchem abscheulichen Vorwand dieser Schurke mich verfolgt hat? Hat er mich für einen Jansenisten ausgegeben? Und wieso hast du noch an mich gedacht? Ich war ja fast ein Wilder, als du mich kennenlerntest. Ohne Rat und Hilfe bist du nach Versailles geritten! Und kaum bist du da, so fallen meine Fesseln! Liegt denn in Schönheit und Unschuld ein Zauber, der eiserne Pforten zerbricht und steinerne Herzen erweicht?»

Bei dem Wort Unschuld rang sich wieder ein schwerer Seufzer aus der Brust des guten Mädchens, das nicht ahnte, was für eine heldische Tugend in jener Handlung lag, die es sich als Schuld vorwarf.

Treuherz fuhr fort: «Du Engel, der du meine Bande gelöst hast, wenn du, was ich noch nicht begreife, so viel Einfluß hattest, daß du mir zu meinem Recht verholfen hast, hilf doch auch einem Greis, der mich das Denken gelehrt hat wie du die Liebe. Das Unglück hat uns zu Freunden gemacht; ich liebe ihn wie einen Vater und kann ohne ihn so wenig leben wie ohne dich.»

«Wie, ich soll noch einmal den Menschen anflehen!» rief sie entsetzt.

«Ja, dir allein will ich alles verdanken: schreib diesem Mächtigen, vollende, was du begonnen hast, tu noch ein Wunder!»

Sie fühlte, daß sie ihrem Geliebten nichts abschlagen konnte. Mehrmals setzte sie zu einem Briefe an und zerriß wieder, was sie geschrieben hatte; endlich rang sie sich ein paar Zeilen ab, und die beiden Liebenden verließen die Stätte des

Schreckens, nachdem sie den greisen Märtyrer der wirksamen Gnade gerührt umarmt hatten.

Das arme Fräulein hatte erfahren, wo ihr Bruder wohnte; dorthin begab sie sich und besorgte ihrem Verlobten ein Zimmer im nämlichen Hause.

Bald traf der Befehl zur Freilassung Gordons ein. Der mächtige Beschützer verlangte das Fräulein nochmals zu sehen; es wußte, was das zu bedeuten hatte. Für jede edle Tat, da gab es keinen Ausweg, mußte der Preis der Schande bezahlt werden. Ihr graute vor diesem Brauch, Glück und Unglück zu verkaufen. Sie gab den Freilassungsbefehl ihrem Verlobten und wies es von sich, den Minister nochmals zu sehen, vor dem sie ein unüberwindlicher Ekel erfaßt hatte. Treuherz trennte sich mit schwerem Herzen von ihr, um den Freund zu befreien. Er dachte über den seltsamen Verlauf der Geschehnisse nach, voll Bewunderung für den Mut des trefflichen Mädchens, dem zwei Unglückliche mehr als ihr Leben verdankten.

NEUNZEHNTES KAPITEL

Treuherz, die schöne Saint-Yves und ihre Verwandten sind wieder vereint

So saßen sie nun wieder zusammen, das aus lauterster Treue untreu gewordene Fräulein, ihr Bruder, der Pfarrer, der Prior unserer Lieben Frau vom Berglein und dessen Schwester. Alle wunderten sich über den Gang der Ereignisse; doch waren sie von sehr verschiedenen Gefühlen beseelt. Der Pfarrer bereute tief, was er seiner Schwester anzutun versucht hatte, und sie verzieh ihm großmütig. Der Prior und seine Schwester vergossen Tränen der Freude. Der gewalttätige Amtmann und sein tölpelhafter Sohn waren zum Glück nicht dabei; kaum hatten sie vernommen, daß Treuherz frei war, fuhren sie sofort in ihre Provinz zurück, um dort ihre Dummheit und Angst zu begraben.

So erwarteten sie die Rückkehr des Huronen mit seinem greisen Freunde. Der Pfarrer wagte kaum, vor der Schwester die Augen aufzuschlagen. Die gefühlvolle Tante rief einmal ums andere: «Endlich haben wir ihn wieder!»

«Der hat sich sehr verändert», bemerkte das Fräulein; «er ist zum Manne gereift; man sieht es an seiner Haltung, am Ton seiner Stimme, an seinen Gedanken. Er ist klug und ernsthaft geworden und hat sein kindlich ahnungsloses Wesen abgelegt. Er wird die Ehre und der Trost seiner Familie sein. Könnte ich das doch auch von mir sagen!»

«Auch du bist anders geworden, mein Kind», sagte der Prior. «Was ist mit dir geschehen? Warum hast du dich so sehr verändert?»

Bei diesen Worten traten die beiden Freunde ein. Sie wurden aufs herzlichste begrüßt. Onkel und Tante schlossen den zum zweitenmal geschenkten Neffen in die Arme. Der Pfarrer gab Treuherz, der nun kein Wildling mehr war, ergriffen die Hand. Die beiden Liebenden sprachen durch lange Blicke aus, was sie beseelte; Glück und Dankbarkeit strahlten aus den Augen des jungen Mannes; schamhafte Verlegenheit trübte die zärtlichen Blicke des Mädchens. Niemand konnte sich erklären, warum sich so tiefer Schmerz in ihr Glück mischte.

Alle gewannen den alten Gordon lieb. Er hatte die Verzweiflung des Gefangenen zu mildern gewußt; dafür fühlten sich ihm alle verpflichtet, und er verdankte den Liebenden die Freiheit. So hatte er erfahren, was echte Liebe ist und daß die Regungen des Herzens nicht als Sünde gedeutet werden müssen. Er war zum Menschen geworden wie der Hurone. Vor dem Essen erzählten sie, was sie alles erlebt hatten. Die geistlichen Herren und die Tante horchten zu wie Kinder, denen man Märchen erzählt, und wie Erwachsene, die am Unglück anderer teilnehmen.

«Nicht weniger als fünfhundert Unschuldige», berichtete Gordon, «schmachten heute noch in den Fesseln, aus denen uns das Fräulein befreit hat; man weiß nichts von ihrem Unglück. Viele Hände sind bereit, die Unglücklichen zu schlagen, aber nur wenige, ihnen zu helfen.»

Diese so wahre Überlegung vermehrte noch seine Rührung und Dankbarkeit. Alle bewunderten den Mut und die Seelenstärke des schönen Fräuleins, und zugleich empfand man vor ihr den Respekt, den man unwillkürlich einer bei Hofe einflußreichen Persönlichkeit entgegenbringt. Nur der Pfarrer fragte sich kopfschüttelnd, wie seine Schwester so schnell einen solchen Einfluß erlangt habe.

Als man sich zu Tisch setzte, erschien die Freundin aus Versailles; in einer sechsspännigen Staatskarosse kam sie herangejagt, und das Fräulein erriet sofort, wem diese gehörte. Sie trat mit der wichtigen Miene einer Person herein, der ein hohes Amt obliegt, grüßte die Gesellschaft mit leichtem Kopfnicken und zog das Fräulein in eine Ecke: «Was läßt du so lang auf dich warten? Komm sofort mit, hier sind die Brillanten, die du vergessen hast.»

So leise sie das sagte, der hellhörige Hurone hatte es doch verstanden; er sah den Schmuck in ihren Händen, der Bruder zeigte sich bestürzt, Onkel und Tante staunten wie Provinzler, die nie etwas so Herrliches erblickt haben. Der Hurone, der in einem Jahr des Nachdenkens gereift war, dachte sich sein Teil und schien einen Augenblick verwirrt. Das bemerkte das Fräulein; es erblaßte, ein Schauer befiel es; kaum konnte es sich auf den Füßen halten.

«Ich bin verloren», sagte es zu der unseligen Freundin, «du gibst mir den Tod!»

Diese Worte verstand der Hurone nur allzu gut; doch hatte er gelernt, sich zu beherrschen, und so sagte er nichts, um die Geliebte nicht vor dem Bruder bloßzustellen. Daß er aber totenblaß wurde, konnte er nicht verhindern.

Da packte das Fräulein die Kupplerin, schleppte sie aus dem Zimmer in den Vorraum und warf ihr die Brillanten vor die Füße.

«Du weißt wohl», flüsterte es bebend, «daß diese

Steine mich niemals verführt hätten. Der Unmensch, der sie mir geben wollte, wird mich nie wieder sehen.»

Die Freundin las den Schmuck zusammen und vernahm noch die Worte: «Er mag sie zurücknehmen oder dir schenken! Und du, mach mich nicht noch unglückseliger, als ich bin!»

Die Abgesandte ging kopfschüttelnd davon; sie konnte solche Gewissensstürme nicht verstehen.

Das Fräulein fühlte sich seelisch und körperlich so erschüttert, daß es sich gleich zu Bett legen mußte. Um den Schrecken der andern nicht zu vermehren, ließ sie kein Wort laut werden über das, was sie litt. Sie schützte Müdigkeit vor und verlangte nach Ruhe, indem sie die andern durch tröstende Worte beruhigte. Dem Geliebten goß sie durch ihre Blicke Feuer ins Herz.

Die Stimmung bei dem Abendessen, dem ihre belebende Gegenwart fehlte, war zuerst traurig; aber es war jene anziehende Trauer, die zu fesselnden und ergiebigen Gesprächen führt, während die oberflächliche Freude, der man nachjagt, gewöhnlich nur ein lästiges Geräusch ist.

Gordon erzählte kurz die Geschichte des Jansenismus und des Molinismus, wie eine Partei die andere verfolgte und wie starrsinnig beide an ihren Lehren festhielten. Der Hurone fand das verkehrt. Er bedauerte die Menschen, die schon genug Streitigkeiten um materielle Interessen haben und sich obendrein noch wegen eingebildeter Interessen und unverständlicher Abgeschmacktheiten befehden. Gordon erzählte, er kritisierte; die Gäste hörten gespannt zu und gewannen neue Einsichten. Man redete von der Länge unserer Leiden und der Kürze des Lebens. Man fand, jeder Beruf habe seine besonderen Mängel und Gefahren, und vom Prinzen bis zum letzten Bettler klage alles die Natur an. Wie kommt es, daß so viele Menschen für ein bißchen Geld zu Verfolgern, Schergen, Henkern ihrer Mitmenschen werden? Mit welch unmenschlicher Gleichgültigkeit unterzeichnet ein Machthaber den Untergang einer Familie, und mit welch noch barbarischerer Freude führen feile Kreaturen ihn herbei!

«Als ich jung war», erzählte Gordon, «kannte ich einen Vetter jenes Marschalls Marillac, der eine Verschwörung gegen Richelieu anzettelte und auf dem Schaffott endigte. Da alle seine Verwandten mit ihm verfolgt wurden, verbarg sich mein Bekannter unter falschem Namen in Paris; er war ein Greis von zweiundsiebzig Jahren und seine Frau vom selben Alter. Sie hatten einen Tunichtgut von Sohn, der mit vierzehn Jahren dem väterlichen Haus entlief; er wurde Soldat und dann fahnenflüchtig, trieb jedes jämmerliche Gewerbe und ließ sich dann in die Leibgarde des Kardinals anwerben; denn dieser Priester hatte eine Garde wie sein Nachfolger Mazarin. Er brachte es zum Konstabler. Er bekam den

Befehl, den Greis und seine Frau festzunehmen und führte ihn mit jener Härte aus, die jeder dienstfertige Schurke so gern bezeigt. Unterwegs vernahm er, wie die beiden Alten über den Unstern klagten, der sie zeit ihres Lebens verfolgt hatte; das Schlimmste von allem sei der Verlust und die Entartung ihres Sohnes gewesen. Da erkannte er, mit wem er es zu tun hatte. Dennoch führte er sie ins Gefängnis; der Dienst seiner Eminenz ging allem vor. Und die Eminenz belohnte ihn für seinen Diensteifer.

Auch einen Spion des Père La Chaise kannte ich, der den eigenen Bruder verriet, um eine Pfründe zu erhalten, die er dann doch nicht erhielt. Er starb nicht etwa aus Reue, sondern aus Verdruß, daß ihn der Jesuit hintergangen hatte.

Als Beichtvater habe ich in viele Familien hineingesehen; es war keine darunter, in der nicht Bitternis und Enttäuschung herrschten, wenn sie sich auch bemühten, als glücklich zu gelten und in eitel Freude zu glänzen. Immer mußte ich erkennen, daß jeder große Kummer die Folge unserer zügellosen Begehrlichkeit ist.»

«Ich meinerseits», sagte Treuherz, «glaube, daß ein edler, dankbarer und tiefempfindender Mensch glücklich leben kann; und ich hoffe, an der Seite der schönen und hochgesinnten Saint-Yves ein ungetrübtes Glück zu genießen. Ich schmeichle mir, daß Sie, mein verehrter Herr Pfarrer, mir heute dieses Glück nicht mehr verwehren. Bin ich doch nicht mehr der Wilde von dazumal, der so verwegen ins Zeug ging.»

Der Pfarrer entschuldigte sich für das Vergangene und versicherte den Huronen seiner unwandelbaren Anhänglichkeit.

Der Onkel Kerkabon meinte, einen schönern Tag werde er nie erleben. Die gute Tante rief unter Freudentränen: «Ich hab's ja immer gesagt, du wirst kein Geistlicher. Nun, das Sakrament der Ehe ist besser als das der Priesterweihe. Wollte Gott, es wäre mir zuteil geworden! Aber ich werde nun an dir Mutterstelle vertreten.» Alle überboten sich in Lobeserhebungen des zärtlichen Fräuleins.

Ihrem Verlobten war das Herz zu voll von dem, was sie erreicht hatte, als daß die Geschichte mit dem Brillantenschmuck ihn tiefer beeindruckt hätte. Doch hatten ihn die Worte: «Du gibst mir den Tod», gewaltig erschreckt und ihm seine Freude vergällt – alle schönen Worte halfen ihm nicht darüber hinweg. Mit halbem Ohr vernahm er nur, wie man über sein künftiges Glück sprach; man dachte sich, die beiden würden in Paris leben und machte sich mancherlei Pläne über ihre Zukunft. Alle schwammen in frohen Hoffnungen; doch der Hurone fühlte sich durch eine quälende Angst bedrückt, die ihn an diese Pläne nicht glauben ließ. Er las nochmals still für sich, was ihm Saint-Pouange alles zugesagt hatte, und betrachtete seine von Louvois unterzeichnete Bestallung. Man schilderte ihm diese beiden, wie sie waren oder wie man sie sich dachte. Jeder sprach von den Ministern und der Regierung mit jener Freiheit des Tischgesprächs, die in Frankreich für die kostbarste aller Freiheiten gilt.

Man erschrak heftig, als man wieder nach dem Fräulein sah. Ihr Unwohlsein hatte sich in eine schwere Krankheit verwandelt; ihr Gesicht glühte, ihr Blut raste in heißem Fieber durch die Adern. Sie atmete schwer; doch klagte sie nicht, um den Freunden die Festfreude nicht zu vergällen. Alle liefen herbei; ihr Verlobter war trostlos, doch hatte er gelernt, sich zu beherrschen und auf die andern Rücksicht zu nehmen.

Man holte sogleich einen Arzt aus der Nachbarschaft. Er war einer von denen, die ihre Kranken im Galopp besuchen und die Krankheiten des vorigen Patienten mit der des nächsten verwechseln, die eine blinde Routine befolgen in einer Wissenschaft, die auch bei reiflicher Überlegung noch genug Gefahr und Unsicherheit birgt. Er machte das Übel noch größer, indem er hastig ein Mittel verordnete, das damals gerade Mode war. Mode in der Medizin! Das war in Paris nur zu üblich. Doch die Patientin verschlimmerte ihr Leiden noch mehr als der Arzt. Ihre Seele tötete den Körper. Die Gedanken, die sie quälten, gossen ein gefährlicheres Gift in ihre Adern, als es das hitzigste Fieber hätte tun können.

ZWANZIGSTES KAPITEL

Wie die schöne Saint-Yves stirbt und was daraus entsteht

Man rief einen andern Arzt; statt der Natur zu helfen und sie in diesem jungen Körper, dessen Organe noch voll Leben waren, wirken zu lassen, dachte er nur daran, die Anordnungen seines Kollegen zu durchkreuzen. In zwei Tagen war die Krankheit tödlich geworden. Das Gehirn, wie man annimmt, der Sitz des Verstandes, war ebenso angegriffen wie das Herz, in dem, wie man sagt, die Leidenschaften wohnen. «Durch welchen unbegreiflichen Mechanismus sind die Organe dem Fühlen und Denken unterworfen? Wie kann ein einziger schmerzlicher Gedanke den Blutkreislauf stören? Und wie kann das Blut seinerseits durch seine Unregelmäßigkeit den Verstand in Mitleidenschaft ziehen? Was ist das für ein unbekanntes, aber doch sicher vorhandenes Fluidum, das schneller und wirksamer als das Licht in einem Augenblick durch alle Lebensadern fliegt, Sinneswahrnehmungen, Gedächtnis, Freude oder Trauer, Vernunft oder Schwindel hervorruft, das, was man gern vergäße, zu unserm Entsetzen zurückruft und ein denkendes Lebewesen zum Gegenstand der Bewunderung oder mitleidiger Tränen macht?»

Das sagte der gute Gordon: und diese so natürliche Überlegung, welche die Menschen selten anstellen, minderte in nichts seine Rührung; denn er gehörte nicht zu jenen traurigen Philosophen, die ihren Stolz darein setzen, nichts zu empfinden. Das Schicksal dieses jungen Mädchens ging ihm nahe wie einem Vater, der seine geliebte Tochter dahinsiechen sieht. Der Pfarrer war der Verzweiflung nahe; der Prior und seine Schwester lösten sich in Tränen auf. Am furchtbarsten litt der arme Verlobte; keine Sprache könnte seinen Schmerz schildern.

Die Tante hielt den Kopf der Todkranken in ihren Armen, ihr Bruder kniete am Fußende des Bettes; Treuherz drückte ihre Hand und netzte sie mit Tränen. Er nannte sie seine einzige Hoffnung, sein Leben, die Hälfte seiner selbst, seine Geliebte, seine Gattin. Bei diesem Wort schluchzte sie auf; sah ihn mit unaussprechlicher Liebe an und brach dann in einen herzzerreißenden Schmerzensschrei aus; und als sie für einen Augenblick aus der Betäubung erwachte und die Kraft und Freiheit ihrer Seele zurückgewann, rief sie: «Deine Gattin! Niemals! Diese Seligkeit ist mir nicht bestimmt. Ich sterbe; ich verdiene meinen Tod. Ich habe dich höllischen Dämonen geopfert, liebes Herz! Jetzt ist alles aus. Ich bin bestraft. Lebe glücklich!»

Niemand konnte diese Worte verstehen; doch erfüllten sie alle mit Schrecken und Rührung. Jetzt fand sie den Mut, alles zu sagen. Jedes einzelne ihrer stockenden Worte ließ die Freunde vor Schmerz

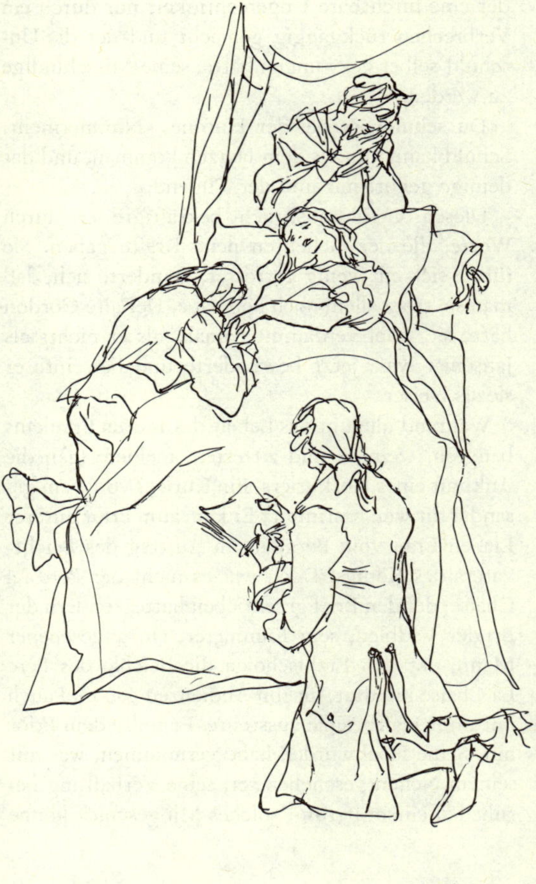

und Mitleid erbeben. Alle verfluchten den Mann, der eine furchtbare Ungerechtigkeit nur durch ein Verbrechen rückgängig gemacht und der die Unschuld selber gezwungen hatte, seine Mitschuldige zu werden.

«Du schuldig?» rief der Hurone. «Nimmermehr. Schuld kann nur aus dem Herzen kommen, und das deinige gehört mir und der Tugend.»

Diesen Gefühlsausbruch bekräftigte er durch Worte, die der Geliebten neue Kräfte gaben. Sie fühlte sich ein wenig getröstet, wunderte sich, daß man sie trotz allem noch lieb habe. Der alte Gordon hätte sie wohl verdammt damals, als er nichts als Jansenist war; jetzt bewunderte und beweinte er sie als Weiser.

Während alle um das Leben des teuren Fräuleins bangten, weinten und zitterten, meldete man die Ankunft eines Hofkuriers. Ein Kurier? von wem gesandt? für wen bestimmt? Er kam zum Prior unserer Lieben Frau vom Berglein im Auftrag des Beichtvaters des Königs. Doch war es nicht der Père La Chaise, der den Brief geschrieben hatte, sondern der Bruder Vadbled, sein Kämmerer, ein angesehener Mann, der den Erzbischöfen die Befehle des Père La Chaise kundtat, für ihn Audienzen gab und auch mitunter Haftbefehle ausstellte. Er teilte dem Prior mit, Seine Hochwürden habe vernommen, was mit seinem Neffen geschehen sei; seine Verhaftung beruhe auf einem Irrtum; solches Mißgeschick könne nicht immer vermieden werden. Man möge das aber nicht so schlimm aufnehmen; der Prior möge so freundlich sein, ihm morgenden Tages den Neffen vorzustellen; auch den Herrn Gordon möge er mitbringen. Er, der Bruder Vadbled, werde sie dann bei Seiner Hochwürden und beim Herrn Minister Louvois einführen, der gern ein Wort mit ihnen in seinem Vorzimmer gesprochen hätte.

Er fügte bei, der König habe die Geschichte des Huronen und seines Kampfes gegen die gelandeten Engländer vernommen und werde ihm gnädig zunicken, wenn er durch die große Galerie schreite. Und am Ende hieß es, Treuherz dürfe hoffen, die Damen des Hofes würden ihn bei der Toilette empfangen, die eine oder andere möchte ihm guten Tag sagen, und vielleicht werde gar beim Souper des Königs von ihm die Rede sein.

Der Prior las den Brief vor; sein Neffe geriet in Zorn und wußte sich kaum zu beherrschen. Dem Kurier sagte er kein Wort; den alten Leidensgenossen fragte er nur, was er von diesem Stil halte, und der sagte: «Nicht anders als Affen behandelt man hier die Menschen; man prügelt sie, und dann läßt man sie tanzen!»

Da fühlte sich Treuherz wieder ganz als Hurone wie immer, wenn ihm das Herz überfloß; er riß den Brief in Stücke, warf sie dem Kurier ins Gesicht und schrie: «Da hast du meine Antwort!»

Der erschreckte Onkel glaubte, Blitz und Donner

und zwanzig Haftbefehle würden über ihn stürzen. Rasch schrieb er ein paar Zeilen und entschuldigte, so gut er konnte, den Zornausbruch des jungen Mannes.

Dann galt ihre schmerzliche Sorge wieder der Todkranken. Sie fühlten, wie es dem Ende entgegenging; es zeigte sich die schreckliche Ruhe der Entkräftung; sie gab sichtlich den Kampf um das Leben auf. «Mein einzig Geliebter», sprach sie mit brechender Stimme, «so muß ich denn mit dem Tode meine Schwächen bezahlen. Mir bleibt nur der Trost, daß du jetzt frei bist. Auch in meiner Untreue hab' ich dich immer sehr, sehr lieb gehabt. Ich sage dir auf ewig Lebewohl»

Sie bemühte sich nicht, einen stoischen Gleichmut zu zeigen, nur damit die Nachbarn sagen sollten: «Sie ist tapfer gestorben!» Wer verlöre mit zwanzig Jahren den Geliebten, das Leben und was man die Ehre nennt, ohne daß es ihm das Herz bräche? Sie war sich ihres Zustandes bewußt, wie man aus ihren Worten und aus den sterbenden Blicken sah, die so eindrucksvoll sprechen. Mit einem Wort, sie weinte wie die andern, wenn sie die Kraft zum Weinen fand.

Mögen andere den theatralischen Tod derer preisen, die gefühllos der Auflösung entgegengehen: das ist ja auch das Los aller Tiere. Wir sterben gleichgültig wie sie nur, wenn Alter oder Krankheit uns durch die Abstumpfung unserer Organe ihnen ähnlich gemacht haben. Wer einen großen Verlust erleidet, empfindet auch großen Schmerz. Wenn er ihn unterdrückt, so beweist er damit nur, daß er auch angesichts des Todes noch eitel ist.

Niemand konnte die Fassung bewahren, als der Tod erlösend an sie herantrat. Treuherz sank bewußtlos zusammen; die starken Herzen empfinden den Schmerz am tiefsten. Gordon, der ihn am besten kannte, befürchtete, er möchte sich den Tod geben, wenn er wieder bei Sinnen sei. Man verbarg alle Waffen; der Unglückliche bemerkte es und sagte leise, ohne Tränen oder sichtliche Erregung: «Glaubt ihr, es habe jemand das Recht oder die Macht, mich zu hindern, wenn ich meinem Leben eine Ende machen will?»

Gordon hütete sich wohl, ihn mit den abgedroschenen Gemeinplätzen zu langweilen, mit denen man zu beweisen sucht, daß man seine Freiheit nicht gebrauchen darf, um seinem Leben ein Ende zu machen, wenn dies Leben zur Qual geworden ist, daß man sein Haus nicht verlassen darf, wenn man nicht mehr darin wohnen kann, daß der Mensch auf Erden aushalten muß wie der Soldat auf seinem Posten – als ob dem höchsten Wesen daran gelegen wäre, ob die Verbindung einiger Bestandteile der Materie hier oder dort ist! –, lauter nichtige Argumente, die eine tiefwurzelnde und klarblickende Verzweiflung anzuhören verschmäht und auf die Cato mit einem Dolchstoß die Antwort gegeben hat.

Während die Leiche am Haustor aufgebahrt ist, wo zwei Priester neben einem Weihwasserkessel gedankenlos Gebete murmeln, die Vorübergehenden zerstreut ein paar Tropfen Weihwasser sprengen, andere gleichgültig ihren Weg fortsetzen, während die Angehörigen weinen und der Bräutigam nahe daran ist, sich das Leben zu nehmen, da fährt vor diesem Haus des Todes eine Karosse vor mit Saint-Pouange und der Versailler Freundin.

Da die flüchtige Laune des Ministers nur einmal befriedigt worden war, hatte sie sich zur Leidenschaft gesteigert. Die Verschmähung seiner Wohltaten hatte ihn gereizt. Dem Père La Chaise wäre es nicht in den Sinn gekommen, in dies Haus zu gehen. Aber Saint-Pouange hatte täglich das Bild der schönen Saint-Yves vor Augen. Er verzehrte sich in einer Begierde, die durch den Genuß nur noch mehr entfacht worden war, und so zögerte er nicht, persönlich das Mädchen aufzusuchen, das er vielleicht nicht dreimal hätte wiedersehen mögen, wenn sie von sich aus zu ihm gekommen wäre.

Er springt aus dem Wagen, sieht eine Totenbahre, von der er als Genußmensch, dem das Bild des Todes widerwärtig ist, den Blick wendet, und will die Treppe hinaufspringen. Die Freundin aus Versailles fragt aus bloßer Neugier, wer da gestorben sei, und erfährt es mit lähmendem Schreck; sie erbleicht und stößt einen fürchterlichen Schrei aus. Da wendet sich Saint-Pouange und zuckt wie ein getroffenes

Wild zusammen. Gordon unterbricht seine Gebete und berichtet dem Minister unter Tränen, was sich ereignet hat. Saint-Pouange war im Grunde kein böser Mensch; doch hatte er in der Flut der Geschäfte und des Hoflebens nie die Muße gefunden, über sein besseres Selbst nachzudenken. Auch war sein Herz nicht durch das Alter verhärtet, wie das bei Ministern nicht selten geschieht. Er hörte tief beschämt und ergriffen zu, was ihm Gordon mit beredter Aufrichtigkeit erzählte; auch ihm standen die Tränen im Auge, und er wunderte sich selbst, wie ihm das geschehen konnte.

Vor der Majestät des Todes lernte er die Reue kennen. «Ich möchte den Mann sehen, dem ich so schweres Unrecht angetan habe», sagte er. «Sein Zustand geht mir nicht weniger nahe als das Schicksal dieser Schuldlosen, an deren Tod ich Schuld trage.» Gordon geleitete ihn in das Zimmer, wo der Prior und seine Schwester, der Pfarrer Saint-Yves und einige Nachbarn versammelt waren und sich um Treuherz bemühten, der meist ohne Bewußtsein dalag.

«Ich habe Ihr Unglück verschuldet», stammelte der Minister, «ich will alles tun, um wieder gutzumachen, was möglich ist.»

Zuerst wollte ihn der Hurone töten und sich dann selber den Tod geben. Doch war er ohne Waffen und scharf bewacht. Saint-Pouange ließ sich durch seine Weigerungen, seine Vorwürfe, seine Verachtung nicht abschrecken; er fühlte wohl, wie sehr er das alles verdient hatte.

Die Zeit mildert alles. Louvois gelang es endlich, aus dem Huronen einen ausgezeichneten Offizier zu machen, der unter einem andern Namen bei Hof und bei der Armee hohen Ruhm erwarb und gleich tapfer war als Krieger wie als Denker. Doch konnte er die furchtbare Geschichte seiner Liebe nie verwinden; er erzählte sie bisweilen unter Seufzern und Tränen einem erprobten Freunde, und dann war es ihm ein Trost, davon zu sprechen.

Der Prior und der Pfarrer erhielten gute Pfründen; die Tante freute sich nun doch, daß ihr Neffe nicht geistlich, sondern ein Offizier wie sein seliger Vater geworden war. Die fromme Dame in Versailles behielt ihre Ohrringe und bekam noch ein schönes Präsent. Dem Père Tout-à-tous schenkten seine schönen Beichtkinder nicht wenig Schokolade, kandierte Früchte und feingebundene Andachtsbücher. Gordon blieb ein treubedachter Freund unseres Helden, solange er lebte. Auch er erhielt eine Pfründe und vergaß darüber seine trockenen jansenistischen Glaubenssätze. Sein Wahlspruch blieb: «Unglück hat auch seine gute Seite», und er wunderte sich, daß ihm die Weltleute das nicht glauben wollten.

Voltaire als Erzähler

Voltaire war sich wohl bewußt, daß nicht alles, was er geschrieben hatte, ihn überleben werde. «Ich habe zuviel Gepäck, um auf die Nachwelt zu kommen», pflegte er zu sagen. Aber er wäre doch wohl sehr erstaunt gewesen, wenn ihm jemand prophezeit hätte, daß man von den siebzig Bänden seiner gesammelten Werke in hundert Jahren nur noch die paar Erzählungen lesen werde. Seine Tragödien, in denen er mit Corneille und Racine wetteiferte, werden nicht mehr aufgeführt, seine *Henriade,* mit der er Frankreich ein nationales Epos geschenkt zu haben glaubte, interessiert kaum noch den Literarhistoriker, seine Geschichtswerke, auf die er Jahre redlicher Arbeit verwendet hatte, sind längst überholt, einzig die kleinen Novellen, die er fast improvisierend hingeworfen und anonym veröffentlicht hatte, sind noch heute lebendig. Aus der räumlichen Distanz, die oft den Blick für das Wesentliche ebenso schärft wie sonst die zeitliche Ferne, hat Lessing schon bei

Voltaires Tod das Urteil gefällt, das dann die Nachwelt bestätigt hat, als er dem Dichter die Grabschrift verfaßte:

> «Hier liegt – wenn man euch glauben wollte,
> Ihr frommen Herrn! –, der längst hier liegen sollte.
> Der liebe Gott verzeih aus Gnade
> Ihm seine *Henriade*
> Und seine Trauerspiele
> Und seiner Verschen viele:
> Denn was er sonst ans Licht gebracht,
> Das hat er ziemlich gut gemacht.»

Der Poet Voltaire ist als Epigone des Klassizismus vergessen; aber der Aufklärer ist seiner Zeit so weit vorausgeeilt, daß er auch uns noch etwas zu sagen hat. Den Kampf gegen die Unterdrückung der Geister auf allen Gebieten, dem politischen, dem sozialen, dem religiösen, gegen Vorurteile und Mißbräuche aller Art führt er nicht nur in seinen philosophischen und historischen Schriften, sondern auch in seinen Erzählungen, hier zwar versteckter, aber um so wirksamer; sagt er doch selbst: «Die nützlichsten Bücher sind die, die der Leser zur Hälfte selber macht; er entwickelt die Gedanken, deren Keime man ihm darbietet.»

Das war die entscheidende Neuerung Voltaires, daß er die Form des Romans, die bisher nur der oberflächlichen Unterhaltung gedient hatte, mit einem bedeutenden Gehalt erfüllte, so daß Friedrich der Große nach der Lektüre des *Candide* ausrief: «Das ist die einzige Art Roman, die man lesen kann!» In der Widmung zu *Zadig*, der ersten seiner Erzählungen (1748), spricht Voltaire seine philosophische Absicht deutlich aus, wenn er ihn ein Werk nennt, das mehr sagt, als es zu sagen scheint, und es den damals in Frankreich bekannt gewordenen Märchen aus *Tausend und einer Nacht* gegenüberstellt, die «ohne Sinn und Verstand sind und nichts bedeuten». Der Untertitel «das Schicksal» bezeichnet den roten Faden, der sich durch das Ganze hindurchzieht, und an dem die einzelnen, vielfach aus orientalischer Tradition entlehnten Episoden wie Perlen an einer Schnur aufgereiht sind. Persönliche Erfahrungen und historische Studien hatten Voltaire zu der Überzeugung geführt, die er in einem Brief an d'Argenson (17. Juli 1748) so formuliert: «Ich glaube, die erste Pflicht eines Geschichtsschreibers ist, zu zeigen, wie sehr das Glück oft unrecht hat, wie die gerechtesten Maßnahmen, die besten Absichten, die nützlichsten Dienste oft eine unerfreuliche Auswirkung haben.» Zadigs Erlebnisse bestätigen diese These: als Weiser, der nur das Beste will, wird er doch vom Mißgeschick verfolgt, ja, gerade was er in redlichster Absicht tut, schlägt ihm zum Unglück aus, während ein gewalttätiger Räuber sich zum Herren einer Provinz aufschwingt und ein eitler Feigling ihn um den Siegespreis betrügt. So kommt er schließlich dazu, an der Vorsehung zu zweifeln und an ein grausames Schicksal zu glauben, das die Guten verfolgt und die

Schlechten begünstigt. Freilich wagt Voltaire damals noch nicht, sich offen zu dieser Konsequenz, die er für sich bereits gezogen hatte, zu bekennen. Er läßt den verzweifelten Zadig einem Eremiten begegnen, der ihn zuerst durch eine Reihe unbegreiflicher Handlungen, womit er die Guten straft und die Bösen belohnt, empört und ihm dann als Engel, der im Buch des Schicksals lesen kann, den tieferen Sinn der Geschehnisse enthüllt. Die Lehre ist deutlich: der Mensch kann die Absicht der Vorsehung nicht durchschauen. Ihm ziemt nicht zu murren, sondern zu schweigen und anzubeten. Voltaire bedient sich hier einer talmudischen, ursprünglich von Moses erzählten Legende, die, vom Koran übernommen, in mittelalterliche Erzählungen übergegangen und 1721 von dem Engländer Parnell in seinem Gedicht *The Hermit* erneuert worden war. Aber während hier der Engel einfach Unterwerfung verlangt («Where you can't unriddle, learn to trust» – «Wo du nicht deuten kannst, da lern zu glauben!»), sucht er bei Voltaire zu überzeugen. Er gebraucht die Argumente, mit denen Leibniz und Pope die Existenz des Übels in der Welt zu erklären meinten: Aus jedem Übel entsteht ein Gutes; eine Welt ohne Übel, das heißt eine vollkommene Welt, wäre nur denkbar als Behausung des höchsten Wesens; die Erde ist notwendig so, wie sie ist. Doch Zadig setzt bezeichnenderweise all diesen Beweisgründen ein «Aber» entgegen, ein Zeichen, daß Voltaire selbst nicht überzeugt war. Wenn der Held schließlich doch noch glücklich wird und, als König mit der Geliebten vereint, die Vorsehung anbetet, so bleibt das Problem doch philosophisch in der Schwebe. Voltaire macht der Gesinnung seiner Freundin, der Marquise du Châtelet, an die er wohl auch bei der Widmung dachte und die eine begeisterte Jüngerin von Leibniz war, eine Konzession; aber er selbst ist damals schon mißtrauisch gegen das System des Optimismus, wonach diese Welt zwar nicht vollkommen, aber doch die beste aller möglichen (daher der Name O.) sein soll. Als Anhänger Lockes, der alle Erkenntnis auf die Erfahrung gründet, findet er die Metaphysiker ebenso unglaubwürdig wie die Theologen – gegen beide Fronten schießt er schon im *Zadig* gelegentlich satirische Pfeile (Seite 40, 43) –, und die Erfahrung zeigt ihm immer deutlicher die Existenz des Übels in der Welt.

Bald nach der Vollendung des *Zadig* war die Marquise du Châtelet unter traurigen Umständen, infolge der Geburt eines Kindes, dessen Vater weder ihr Gatte noch Voltaire, sondern der junge Offizier Saint-Lambert war, gestorben, und damit hatte Voltaire sein Asyl in ihrem Schloß Cirey, wo er jahrelang nach seinem eigenen Ausdruck «wie im Paradiese» gelebt hatte, verloren. Der Versuch, am Hof Friedrichs II. eine neue Zuflucht zu finden, war kläglich gescheitert (1753). So versteht man, daß Voltaires Briefe seit jener Zeit immer pessimistischer werden. Nachdem er auf Befehl des preußischen Königs in Frankfurt am Main sogar verhaftet worden war, schreibt er: «Das Schicksal spielt mit den armen Sterblichen wie mit Federbällen.» Ein Jahr später gesteht der Sechzigjährige: «Alle Illusionen verfliegen, sobald man ein wenig gelebt hat. Das Schicksal treibt seinen Spott mit uns und reißt uns fort ... Nichts hängt von uns ab, wir sind Uhren, Maschinen!» Die ausgedehnten Studien, die er für seine geplante Weltgeschichte, den *Essai sur les mœurs et l'esprit des nations,* unternahm, weiten diesen persönlich begründeten Pessimismus zu einem universalen: die Welt erscheint ihm als ein «Schauplatz von Räubertaten, der der Fortuna preisgegeben ist». Da erfolgt am 1. November 1755 die furchtbare Naturkatastrophe des Erdbebens von Lissabon, das in jenen friedlichen Zeiten als wahrer Schock die Menschen aus ihrem optimistischen Schlummer weckte. Verspürte doch auch der sechsjährige Knabe Goethe seine Wirkung so stark, daß er noch als Greis in *Dichtung und Wahrheit* schrieb: «Vielleicht hat der Dämon des Schreckens zu keiner Zeit so schnell und so mächtig seine Schauer über die Erde verbreitet.» Jetzt schien Voltaire, der bisher der Öffentlichkeit immer noch als Anhänger Popes und des Optimismus gegolten hatte, der Augenblick gekommen, um deutlich den Trennungsstrich zu ziehen. In einem bereits im Dezember desselben Jahres veröffentlichten Lehrgedicht *Le désastre de Lisbonne* weist er die

Popesche These: «Tout est bien» («Whatever is, is right»), die noch vor dem Erdbeben durch eine auch von Lessing und Moses Mendelssohn bearbeitete Preisfrage der Berliner Akademie der Wissenschaften erneut zur Diskussion gestellt worden war, als durch die Tatsachen aufs furchtbarste widerlegt zurück. Er findet freilich keine Antwort auf die Frage, wie die Existenz des Übels sich mit der eines allmächtigen und gütigen Gottes vereinigen läßt, und weiß dem Menschen nur den Trost einer besseren Zukunft, nicht im Jenseits, sondern auf Erden:

«Un jour tout sera bien, voilà notre espérance.
Tout est bien aujourd'hui, voilà l'illusion.»

(«Alles wird einmal gut, das ist die Hoffnung.
Schon heut ist alles gut, das ist der Trug.»)

Gegen diese, wie ihm schien, den Leser zur Verzweiflung treibende Haltung protestierte Jean-Jacques Rousseau in einem leidenschaftlichen Brief (18. August 1756), der unter Berufung auf den Glauben und das Gefühl, aber auch auf *Zadig*, die Vorsehung verteidigte. Seine Argumente mußten freilich Voltaires Spott reizen, so wenn er etwa meint, die Katastrophe sei nur deshalb so furchtbar gewesen, weil die Menschen eine Großstadt mit mehrstöckigen Häusern gebaut hätten, statt wie im Naturzustand in Hütten verstreut zu wohnen. Voltaires Antwort auf diese und andere Versuche, den

Optimismus trotz des furchtbaren Dementis durch die Tatsachen aufrechtzuerhalten, war die 1759 erschienene Erzählung *Candide*. An Stelle der philosophischen Kritik tritt jetzt die ironische Satire. Nach dem echt französischen Grundsatz: «Lächerlichkeit tötet», verkörpert Voltaire das von ihm abgelehnte System in der Gestalt des Philosophen Pangloss, der allen bitteren Erfahrungen zum Trotz an seiner These «Tout est bien» festhält, obwohl er schließlich im Grunde seines Herzens selber nicht mehr daran glaubt. Daß Pangloss Deutscher ist, war dadurch bedingt, daß der damals auch in Frankreich bekannte und geschätzte Philosoph Wolff mit seinem pedantisch-starren, von Voltaire (Seite 147) parodierten Stil und seinen oft trivialen Beispielen für die zweckmäßige Einrichtung der Welt im Hinblick auf den Menschen (Seite 128) eine bessere Zielscheibe des Spottes abgab als der geistvolle Dichter Pope. Persönliche Eindrücke von seinem Berliner Aufenthalt – westfälische Primitivität, preußische Werbemethoden, Exerzierkunst und Disziplin, deutscher Adelsstolz – lieferten weitere pittoreske Züge, die im Gegensatz zu dem recht konventionellen orientalischen Kolorit des *Zadig* ein für die damalige Zeit erstaunlich realistisches Zeitbild ergaben. Die Forschung hat gezeigt, wie vieles, was man zunächst für dichterische Phantasie halten könnte, auf dem Quellenstudium beruht, das Voltaire für seinen *Essai sur les mœurs* betrieb: so etwa die Schilderung des Erdbebens, des Autodafés, der Verhältnisse in Paraguay, der Behandlung der Negersklaven; auch die Teilnehmer am Souper der Exkönige (Seite 252) sind historisch. Candide selbst entspricht in seiner Naivität der Vorstellung, die Voltaire sich vom deutschen Charakter machte: schon 1733 empfiehlt er einem Freund «un honnête Hambourgeois, candide et gauchement courtois». Zugleich aber ist sein Wesen bedingt durch die Rolle, die er zum Erweis der These im Roman zu spielen hat. Er ist nicht aktiver Held, wie Zadig, der sich in allen Lebenslagen als Weiser bewährt, sondern passiver Zeuge, der durch die auf ihn herabprasselnden privaten und öffentlichen Schicksalsschläge allmählich zum Zweifel an dem ihm von Pangloss gelehrten Optimismus geführt wird, bis er ihn schließlich beim Anblick eines grausam verstümmelten Negers ganz abschwört (Seite 208). Er neigt jetzt zum anderen Extrem und assoziiert sich mit dem ausgesprochenen Pessimisten oder vielmehr Manichäer Martin, der glaubt, die Welt sei einem bösen Geist ausgeliefert. Vor ihm hat Candide, wie der Voltaire des *Désastre de Lisbonne,* die Hoffnung voraus, in seinem Fall auf das Wiedersehen mit der Geliebten. Aber der skeptischer gewordene Dichter verzichtet hier auf das billige *happy end* des *Zadig:* als Candide Kunigunde endlich wiederfindet, ist sie häßlich und zänkisch geworden! Ein einfacher türkischer Bauer zeigt ihm schließlich den Weg zum Glück, das er weder durch die Philosophie noch durch den Reichtum noch durch die Liebe hat finden können: man muß seinen Garten bebauen. Es ist die Weisheit, zu der Voltaire sich selbst durchgekämpft hatte: «Je weiter ich auf der Lebensbahn fortschreite, um so notwendiger finde ich die Arbeit. Sie wird schließlich die größte aller Freuden und ersetzt uns alle verlorenen Illusionen», schreibt er schon 1751 in einem Brief. Als er *Candide* verfaßte, hatte er sich bereits angeschickt, dessen Moral im wörtlichsten und weitesten Sinne zu verwirklichen: er bebaute seinen Garten auf dem 1758 erworbenen Schloßgut Ferney bei Genf; aber er entfaltet auch eine segensreiche Wirksamkeit zum Wohle seiner Untertanen, so daß der armselige Weiler von fünfzig Seelen bei seinem Tode ein blühender, Strumpf- und Uhrenfabrikation treibender Flecken von tausendzweihundert Einwohnern geworden ist. Zugleich tritt er nun, da er sich auf eigenem Grund und Boden unabhängig und sicher fühlt, gegen die Übergriffe des verhaßten Fanatismus offen in die Schranken. Im *Zadig* verhüllte noch das orientalische Kostüm die wahren Opfer von Voltaires Satire. Aber mit den Magiern, die physikalische Wahrheiten für Staatsverbrechen erklären, das Essen von Greifen und Hasen wie das Mosaische Gesetz (4. Mose, Kapitel 14), verbieten und über Äußerlichkeiten des Kultus streiten, sind offenbar die Priester gemeint, und ihr Haupt, der Erzmagier Ybor, verrät schon durch den Namen, daß er niemand anders ist als der

Voltaire besonders verhaßte bigotte Bischof von Mirepoix, Boyer. Umgekehrt erscheint der weise Zadig, der Setok und die Kaufleute zu Bassora von der abergläubischen Anbetung der Geschöpfe zur vernünftigen Verehrung des Schöpfers führt, als Vertreter des Deismus, der Naturreligion, die Voltaire wie Lessing den historischen, positiven Religionen als den wahren Glauben gegenüberstellt. Im *Candide* werden dann die Gegner schon direkt getroffen: der portugiesische Großinquisitor, der ein Autodafé als Mittel gegen Erdbeben veranstaltet, die Jesuiten von Paraguay, die die Eingeborenen aussaugen und gegen christliche Könige Krieg führen, der Pariser Geistliche, der Beichtzettel als Wechsel auf die Seligkeit verkauft, der mondäne Abbé, der den naiven Fremden ausplündert und dann verhaften läßt. Eldorado, das Utopia der Philosophen, ist eben darum ein glückliches Land, weil es dort weder Priester noch Mönche noch Gerichte, dafür aber ein reich ausgestattetes physikalisches Kabinett und geschickte Ingenieure gibt.

Die religiös-soziale Satire, die im *Zadig* wie im *Candide* hinter dem philosophischen Problem des Schicksals und des Übels zurücktritt, ist dann das eigentliche Thema des *Ingénu* (1769), dem dafür eine das Ganze zusammenhaltende Zentralidee fehlt. Wie Montesquieu in den *Lettres persanes* (1721) einen Perser nach Paris versetzt, der aus der Distanz einer anderen Welt die den Franzosen durch die Nähe und

Gewohnheit natürlich erscheinenden Verkehrtheiten ihrer Sitten und Institutionen entdeckt, so Voltaire einen Huronen, freilich französischer Abstammung. Er ist nicht durch besondere Weisheit ausgezeichnet wie Zadig, aber auch nicht durch eine falsche Erziehung verbildet wie Candide, der nie selbständig denken gelernt hat, und infolgedessen zwar etwas roh und naiv, aber entwicklungsfähig. So übt er als wahrhaft freier Geist sowohl am Fanatismus und der Heuchelei der Jesuiten wie an der Borniertheit der an ihrer Prädestinations- und Gnadenlehre starr festhaltenden Jansenisten scharfe Kritik. Das Kühnste an *L'Ingénu* aber ist, daß Voltaire hier neben dem religiösen Fanatismus auch den politischen Absolutismus offen angreift. Die Handlung, die der Erzählung zugrunde liegt, folgt äußerlich dem alten, auch in *Zadig* und *Candide* angewandten Romanschema: Trennung und schließliche Wiedervereinigung zweier Liebender. Aber während dort eine Reihe abenteuerlicher Zufälle eine Zickzacklinie ergibt, die ziemlich unvermittelt in das *happy end* mündet, führt hier eine Gerade mit unerbittlicher Konsequenz von der Verwicklung zur Katastrophe: der Held, der infolge einer Denunziation durch einen Willkürakt in die Bastille gesperrt worden ist, kann von seiner Geliebten nur um den Preis ihrer Ehre befreit werden, und sie kann die Schande nicht überleben. Obwohl die Geschichte unter Ludwig XIV. spielt, war doch der Mißbrauch der königlichen Verhaftbefehle, der *lettres de cachet*, durch Minister auch im 18. Jahrhundert noch in voller Kraft, wie Voltaire zweimal zu seinem eigenen Schaden hatte erfahren müssen. Ein Saint-Pouange war zwar tatsächlich Kriegskommissar unter Louvois, ist aber zugleich ein Porträt des wegen seiner Willkür und Sittenlosigkeit berüchtigten Staatssekretärs Saint-Florentin, der bis 1775 die Polizei unter sich hatte. So ist Voltaires eigenes Urteil durchaus berechtigt: «*L'Ingénu* ist mehr wert als *Candide*, weil er unendlich viel wahrscheinlicher ist.» Sind die Personen in den philosophischen Erzählungen Marionetten, mit denen der Autor nach Belieben agiert, um seine These zu beweisen, und die so wenig wie die Holzpuppen die Schläge fühlen, die sie abbekommen, so sind der Hurone und seine Braut fühlende und leidende Menschen, denen wir unsere Teilnahme nicht versagen können. Voltaire zeigt uns in ihnen Opfer des Fanatismus und Absolutismus wie die Calas, Sirven, de la Barre, für deren Rettung oder doch Rehabilitierung er in jenen Jahren leidenschaftlich kämpfte. So heiter, ja manchmal frivol und zynisch sich der Erzähler Voltaire gibt, so hat doch der Mensch Voltaire bewiesen, daß es ihm mit dem Kampf für Menschenwürde, Freiheit und Recht heiliger Ernst war, und das gibt seinen Erzählungen, auch abgesehen von ihrem künstlerischen Reiz, gerade heute wieder eine tiefere Bedeutung.

Zur vorliegenden Übersetzung sagt ihr Verfasser, der 1949 verstorbene Dr. Albert Baur: «Diese Übertragung ist durchaus nicht wörtlich; Pedanterie und Voltaire lassen sich nicht auf einen gemeinschaftlichen Nenner bringen. Doch wurde überall der Sinn des Originals nach sorgfältigen Überlegungen treu gewahrt.» Ich habe bei der im Auftrag des Verlegers unternommenen Revision mich bemüht, diesen Grundsatz konsequent durchzuführen.

Ernst Merian-Genast